汽车专业职业教育情境化教学通用教材

QICHE ZHUANYE ZHIYE JIAOYU QINGJINGHUA JIAOXUE TONGYONG JIAOCAI

发动机构造与维修

主编　谭本忠

山东科学技术出版社
www.lkj.com.cn

图书在版编目（CIP）数据

发动机构造与维修 / 谭本忠主编. —济南：山东科学技术出版社，2009.12（2019.8重印）

汽车专业职业教育情境化教学通用教材

ISBN 978-7-5331-5439-4

Ⅰ. ①发… Ⅱ. ①谭… Ⅲ. ①汽车—发动机—构造—高等学校：技术学校—教材 ②汽车—发动机—车辆修理—高等学校：技术学校—教材 Ⅳ. ①U472.43

中国版本图书馆CIP数据核字（2009）第201305号

发动机构造与维修

FADONGJI GOUZAO YU WEIXIU

责任编辑：宋　涛

主管单位：山东出版传媒股份有限公司

出 版 者：山东科学技术出版社

地址：济南市市中区英雄山路189号

邮编：250002　电话：（0531）82098088

网址：www. lkj. com. cn

电子邮件：sdkj@sdcbcm.com

发 行 者：山东科学技术出版社

地址：济南市市中区英雄山路189号

邮编：250002　电话：（0531）82098071

印 刷 者：济南鲁艺彩印有限公司

地址：济南工业北路182-1号

邮编：250101　电话：（0531）88888282

开本：889mm × 1194mm　1/16

印张：11

版次：2009年12月第1版　2019年8月第14次印刷

定价：38.00元

从书序

当前，我国职业教育正大力推行以就业为导向培训实用型人才。怎样培养出优秀的实用型人才？解决这个问题需要从改变传统的教学模式、方法入手，各地职业学院也纷纷进行教学改革，包括教材的改编与更新。这其中就包括情境化教学的试点与推广。

什么叫情境化教学？就是模拟实际的工作情境和工作任务来设置学习任务，围绕完成这项工作所需掌握的知识和技能对学生进行培训。这样，学生在学校就能学到真正实用的知识和技能，上岗后马上就能适应工作环境，胜任工作任务。

用于汽车专业的情境化教学教材按汽车结构的特点和维修分工的不同，分为发动机构造、电控发动机、底盘构造、自动变速器、电器、空调、安全舒适系统、汽车电脑、汽车美容与装饰、汽车文化等十八个分块。以上各个系统总成又按结构功能细分到部件，针对各部件在实际工作中可能遇到的故障，我们收集了大量的案例并进行了归纳总结，提取出最典型的事件作为学习情境的设置。

每一个学习情境就相当于一个工作任务。那么，完成这个任务必须掌握哪些理论知识（必知），需要具备哪些技能（必会），同时，在完成任务的过程中要注意哪些事项（如作业安全与环保），又有哪些经验技巧可供参考，这些内容的讲述就构成教材情境的“骨肉”。

做什么，学什么；学什么，用什么。学以致用，为实用而学，这是情境化教学的最大特点。

为了突出教学效果，提高学员对知识与技能的理解程度和学习兴趣，我们为这套教材开发了相应的多媒体教学课件（与教材同步，综合教学所要用到的图片、动画、视频、文本、PPT等）和电子教学讲义（可扫描相关内容二维码获取）。技能实际操作部分，我们全部拍制成实况录像，使学员可以身临其境地进行模仿和学习。教师若有需要可向出版社免费索取（0531-82098053）。

汽车专业职业教育情境化教学通用教材的模块组成如下：

- 发动机构造与维修
- 汽车底盘构造与维修
- 汽车电器构造与维修
- 电控发动机原理与维修
- 自动变速器原理与维修
- 汽车安全舒适系统原理与维修
- 汽车空调原理与维修
- 电控柴油发动机构造与维修
- 汽车电脑原理与维修
- 汽车车身构造与修复
- 汽车保养与维护
- 汽车检测与故障诊断技术
- 汽车机械基础
- 汽车电学基础
- 汽车美容与装饰
- 汽车构造
- 汽车电子控制技术
- 汽车文化与概论

各汽车院校与职业培训机构可以根据自开专业的教学需要选取不同的模块教材。本套教材的目的在于采用情境化教学，实施情境化教学，大大提升学生的学习兴趣、分析问题的能力和动手能力，同时也为教师教学带来更多方便，使专业教学更轻松、更具实效性。

目 录

第一部分

发动机维修基础

汽车发动机是汽车的动力源，是汽车的核心部分。在汽车故障的维修中，发动机的检修占了很大的比重。

本情境的学习我们首先来认识各种类型的发动机，了解汽车发动机的总体组成、发动机型号的识别方法，为后面的学习打下基础。

情境一：发动机的分类与组成

一、发动机的分类

发动机种类繁多，根据不同特点有不同分类。

按发动机工作冲程的不同，汽车发动机可分为四冲程发动机（如图1-1所示）与二冲程发动机（如图1-2所示）。

发动机的分类

1. 按照冲程分类

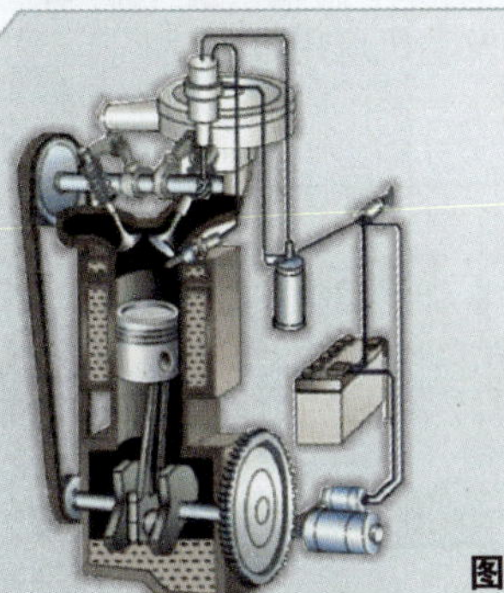

四冲程发动机： 曲轴转两圈（720°），活塞在气缸内上下往复运动四个冲程，完成一个工作循环的内燃机。汽车发动机广泛使用四冲程内燃机。

图1-1 四冲程发动机

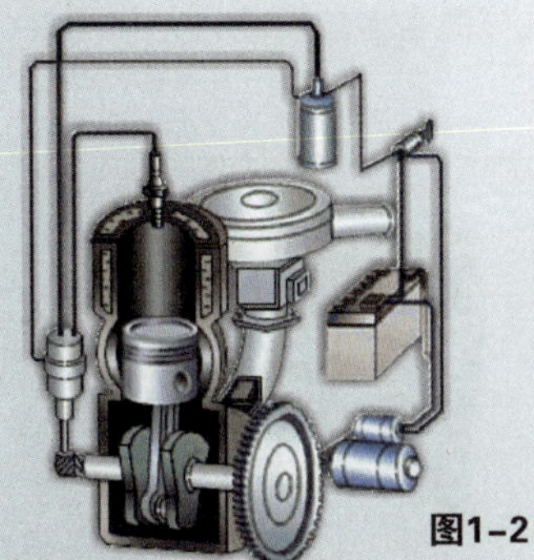

二冲程发动机： 曲轴转一圈（360°），活塞在气缸内上下往复运动两个行程完成一个工作循环的内燃机。

图1-2 二冲程发动机

2. 按照冷却方式分类

按发动机冷却方式的不同，汽车发动机可分为水冷式发动机（如图1-3所示）和风冷式发动机（如图1-4所示）两种。

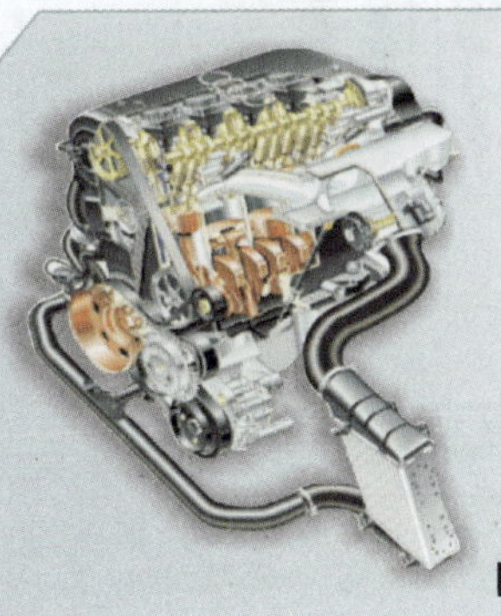

水冷式发动机： 是利用在气缸体和气缸盖冷却水套中循环的冷却液作为冷却介质进行冷却的。水冷式发动机应用广泛。

图1-3 水冷式发动机

风冷式发动机： 是利用流动于气缸体与气缸盖外表面散热片之间的空气作为冷却介质进行冷却的。

图1-4 风冷式发动机

3. 按照气缸布置方式分类

有直列、斜置、对置、V形式等，如图1-5所示。

(a) 直列

特点：具有两个或两个以上直立气缸，并呈一列布置。

(b) 斜置

特点：气缸中心线与水平面呈一定角度（不是直角）。

(c) 对置

特点：两个或两列气缸分别排列在同一曲轴的两边呈180° 夹角。

(d) V 型

特点：两个或两列气缸，其中心线夹角呈V形，并共用一根曲轴输出功率。

图1-5 不同气缸布置的发动机

4. 按照气缸数目分类

按发动机气缸体气缸数目的不同，发动机可分为单缸、双缸及多缸发动机。仅有一个气缸的发动机称为单缸发动机；有两个气缸的发动机称为双缸发动机；有两个以上气缸的发动机称为多缸发动机，如三缸、四缸、五缸、六缸、八缸、十二缸等都是多缸发动机，如图1-6所示。其中四缸、六缸、八缸发动机应用最广泛。

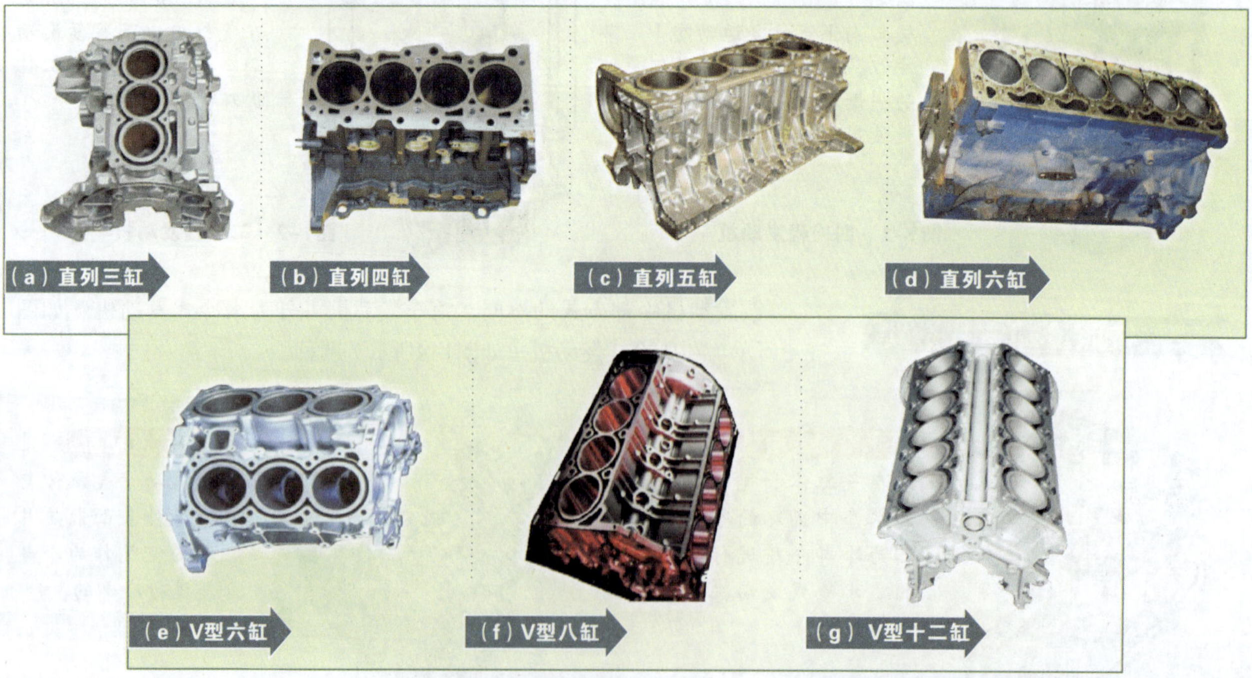

图1-6 不同气缸数目的多缸发动机

5. 按照活塞运动方式分类

按活塞运动方式的不同，发动机可分为往复活塞式与转子活塞式两种，如图1-7所示。

（a）往复活塞式

活塞在气缸内作往复直线运动。一般的发动机多采用这种形式。

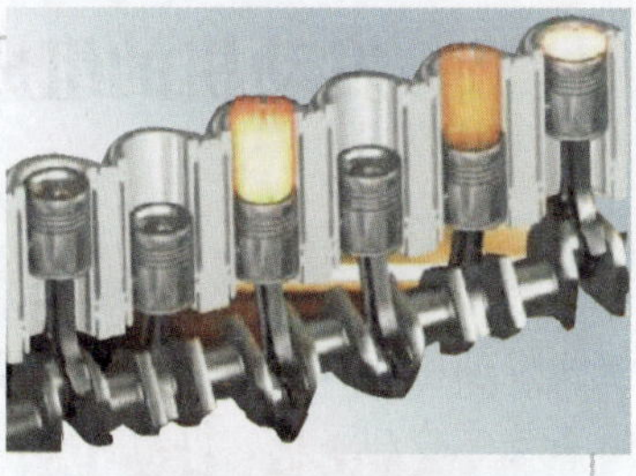

（b）转子活塞式

活塞在气缸内作旋转运动。

图1-7 不同工作方式活塞发动机

6. 按照进气状态分类

按进气状态来分类，有自然吸气（非增压）式发动机和强制进气（增压）式发动机两种，如图1-8所示。

自然吸气式发动机

进入气缸前的空气或可燃混合气未经压缩的内燃机。汽油机常采用自然吸气式。

增压式发动机

进入气缸前的空气或可燃混合气先经过压气机压缩，藉以增大充量密度的内燃机。柴油机为了提高功率有采用增压式的。

图1-8 自然吸气（非增压）式发动机与强制进气（增压）式发动机

7. 按照使用燃料种类分类

按使用燃料的不同，汽车发动机可以分为汽油发动机、柴油发动机、气体燃料发动机（CNG发动机、LPG发动机），如图1-9所示。

汽油发动机

使用汽油为燃料的内燃机。其优点是：转速高，质量轻，噪音小，启动容易，制造成本低。

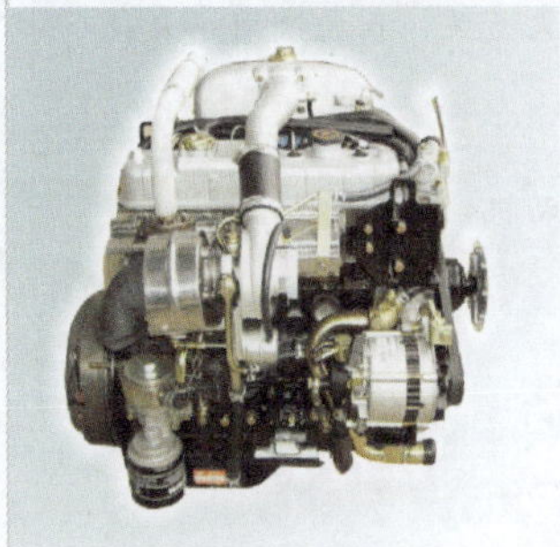

柴油发动机

使用柴油为燃料的内燃机。其优点是：压缩比大，热效率高，经济性能和排放性能都比汽油机好。

CNG发动机

LPG发动机

气体燃料发动机：使用天然气（CNG）燃料、液化石油气（LPG）燃料和其他气体燃料的内燃机。

图1-9 各种燃料的发动机

二、发动机的组成

发动机结构形式多种多样，其构造也千差万别，但由于基本原理相同，所以其基本结构也大体相同。就往复式发动机而言，通常由两大机构、五大系统组成。两大机构是：曲柄连杆机构和配气机构；五大系统是：润滑系统、冷却系统、供给系统、点火系统、启动系统。如表1–1、表1–2所示。

表1–1 发动机的两大机构

名称	功用	主要部件
曲柄连杆机构	将燃料燃烧产生的热能，经机构由活塞的往复直线运动转变为曲轴旋转运动而对外输出动力。其中机体组还是发动机的骨架，它是其他各个机构、各个系统的安装基础	气缸体、气缸盖、气缸盖罩、气缸垫、活塞、连杆、曲轴、飞轮等
配气机构	按照发动机各缸工作顺序和工作循环的要求，定时地将各缸进、排气门打开或关闭，以便发动机进行换气	进气门、排气门、凸轮轴、挺柱、推杆、摇臂机构等

表1–2 发动机的五大系统

名称	功用	主要部件
供给系统	汽油机供给系统的作用是向气缸提供一定浓度的适量混合气	电喷汽油机：汽油箱、电动汽油泵、滤清器、压力调节器、喷油器、进气道、空气流量计、节气门等 化油器式汽油机：油箱、汽油泵、滤清器、化油器、进气道等
	柴油机供给系统的作用是向气缸内定时地喷射雾化良好的柴油	油箱、输油泵、喷油泵、调速器、滤清器、喷油器等
润滑系统	润滑摩擦件，减小摩擦力和机件的磨损，并冷却摩擦零件和清洗摩擦表面	机油泵、集滤器、限压阀、油道、机油粗滤器、机油散热器等
冷却系统	冷却受热件，保持发动机正常的工作温度	冷却水泵、风扇、节温器、散热器、冷却水道等
点火系统	按一定时刻向气缸内提供电火花以点燃缸内可燃混合气	蓄电池、点火开关、点火线圈、火花塞等
启动系统	使静止的发动机启动并转入自行运转状态	蓄电池、启动机、启动继电器等

三、国产发动机型号的识别

1. 国产汽车发动机型号编制规则

国产汽车发动机型号编制规则如图1-10所示。

- 首部：系列符号；换代标志符号
- 中部：缸数符号；气缸排列式符号；行程符号；缸径符号（气缸直径用mm表示）
- 后部：结构特征符号；用途特征符号
- 尾部：区分符号（ME表示多点电控燃油喷射系统）

气缸排列式符号：

P	平卧型
V	V型
无符号	直列/单缸/卧列

行程符号：

E	二行程
无符号	四行程

结构特征符号：

Z	增压
D_2	可倒转直接换向
S	十字头式
N	凝气冷却
F	风冷
无符号	水冷

用途特征符号：

C_1	船用主机左机基本型
C	船用主机右机基本型
D	发电机组
J	铁路机车
G	工程机械
M	摩托车
Q	汽车
T	拖拉机
无符号	通用型

图1-10 国产发动机型号图示

2. 型号编制举例

汽油机型号编制

型号	编号含义
1E65F	单缸二行程，缸径65mm，风冷通用型
4100Q-4	四缸四行程，缸径100mm，水冷车用，第四种变型产品
CA6102	六缸四行程，缸径102mm，水冷通用型，CA表示中国第一汽车制造厂
8V100	八缸四行程，缸径100mm，V型，水冷通用型
TJ376Q	三缸四行程，缸径76mm，水冷车用，TJ表示天津汽车制造厂
EQ6100	六缸四行程，缸径100mm，水冷通用型，EQ表示第二汽车制造厂

柴油机型号编制

型号	编号含义
195	单缸，四行程，缸径95mm，水冷通用型
165F	单缸，四行程，缸径65mm，风冷通用型
YZ6102Q	六缸，四行程，缸径102mm，水冷车用
495Q	四缸，四行程，缸径95mm，水冷车用
CA6110	六缸，四行程，缸径110mm，水冷通用
X4105	四缸，四行程，缸径105mm，水冷通用型，X表示系列代号

要全面地了解发动机，必须要了解发动机的工作原理，在这一情境中，我们将介绍发动机中常用的专业术语，详细讲解二冲程、四冲程汽油机和柴油机的工作原理。

情境二：发动机工作原理

一、基本结构

发动机的基本结构如图1-11所示。

发动机的基本结构

图1-11

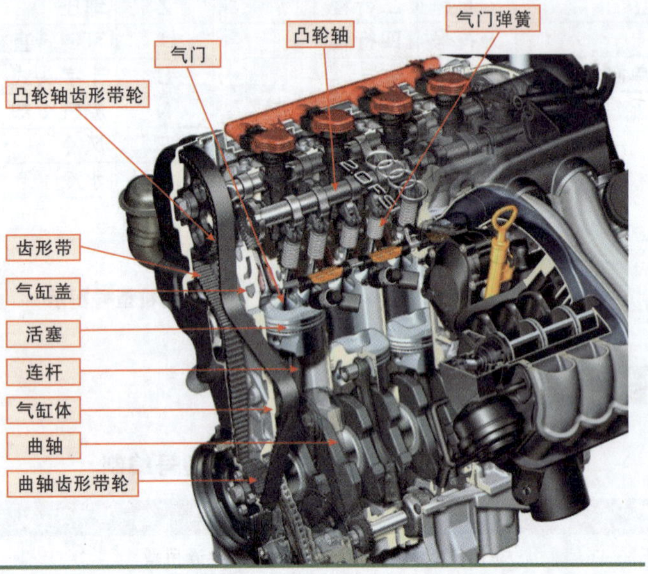

二、专业术语

汽车发动机常用到冲程/行程、上止点、下止点、燃烧室容积、气缸总容积、气缸工作容积等基本术语如图1-12所示，下面就分别对这些术语进行解释。

专业术语

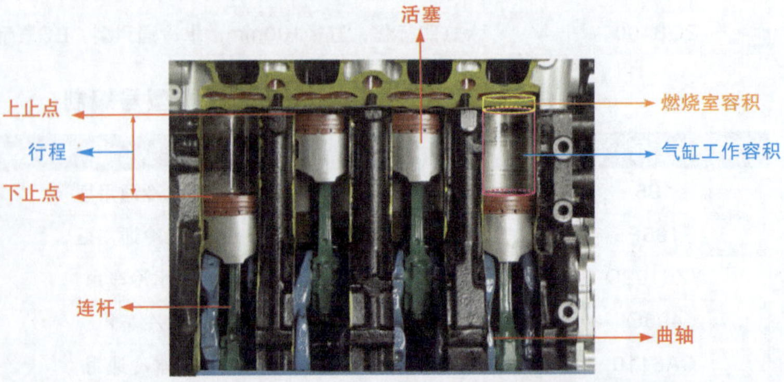

图1-12　发动机术语表示图（取自凌凯发动机示教台）

1. 工作循环

发动机的工作过程是一个周期性地将热能转变为机械能的过程。发动机每一次将热能转变为机械能都必须经过进气、压缩、作功和排气四个冲程。每进行一次这样的过程就叫作一个工作循环。

2. 上止点

活塞在气缸内做往复运动时，活塞顶部距离曲轴旋转中心最远的位置。

3. 下止点

活塞在气缸内做往复运动时，活塞顶部距离曲轴旋转中心最近的位置。

4. 行程

活塞从一个止点到另一个止点移动的距离，称为活塞行程。

5. 燃烧室容积

活塞位于上止点时其顶部与气缸盖之间的容积称为燃烧室容积。

6. 气缸工作容积

上、下止点间所包容的气缸容积称为气缸的工作容积。

7. 气缸总容积

气缸工作容积与燃烧室容积之和称为气缸总容积。

8. 排量

多缸发动机各缸工作容积的总和，称为发动机排量。

9. 压缩比

气缸总容积与燃烧室容积之比称为压缩比。压缩比的大小表示活塞由下止点运动到上止点时，气缸内的气体被压缩的程度。压缩比越大，压缩终了时气缸内的气体压力和温度就越高。

10. 工况

发动机在某一时刻的运行状况简称工况，以该时刻发动机输出的有效功率和曲轴转速表示。曲轴转速即为发动机转速。

三、工作原理

（一）四冲程汽油机的工作原理

四冲程汽油机的活塞每运动四个冲程，完成一个工作循环：进气、压缩、做功、排气。在此循环中，发动机的曲轴旋转2周，进、排气门各开闭一次。如图1-13所示。

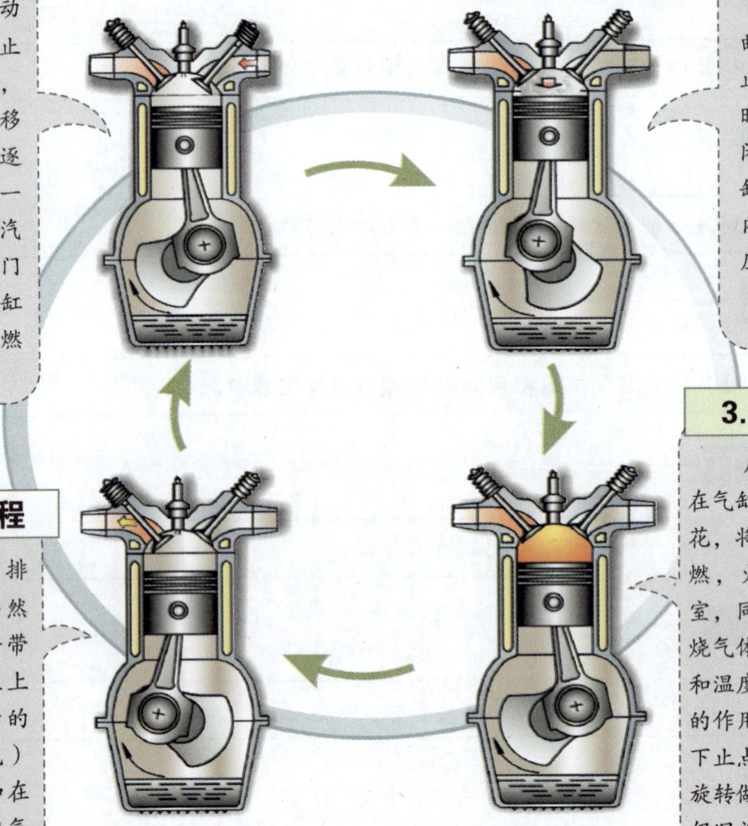

1. 进气冲程

活塞在曲轴的带动下由上止点移至下止点。此时排气门关闭，进气门开启。在活塞移动过程中，气缸容积逐渐增大，气缸内形成一定的真空度。空气和汽油的混合物通过进气门被吸入气缸，并在气缸内进一步混合形成可燃混合气。

2. 压缩冲程

进气行程结束后，曲轴继续带动活塞由下止点移至上止点。这时，进、排气门均关闭。随着活塞移动，气缸容积不断减小，气缸内的混合气被压缩，其压力和温度同时升高。

3. 做功冲程

压缩行程结束时，安装在气缸盖上的火花塞产生电火花，将气缸内的可燃混合气点燃，火焰迅速传遍整个燃烧室，同时放出大量的热能。燃烧气体的体积急剧膨胀，压力和温度迅速升高。在气体压力的作用下，活塞由上止点移至下止点，并通过连杆推动曲轴旋转做功。这时，进、排气门仍旧关闭。

4. 排气冲程

排气行程开始，排气门开启，进气门仍然关闭，曲轴通过连杆带动活塞由下止点移至上止点，此时膨胀过后的燃烧气体（或称废气）在其自身剩余压力和在活塞的推动下，排出气缸。

图1-13　四冲程汽油机原理

总结：

四冲程汽油机经过进气、压缩、做功和排气四个冲程，完成一个工作循环。一个接一个的工作循环，维持了发动机的连续运转。

（二）二冲程汽油机工作原理

二冲程内燃机的工作循环是在两个活塞行程即曲轴旋转一周的时间内完成的。在四冲程内燃机中，常把排气过程和进气过程合称为换气过程，而在二冲程内燃机中换气过程是指废气从气缸内被新气扫除并取代的过程。这两种内燃机工作循环的不同之处主要在于换气过程。如图1-14所示。

1. 第一冲程

活塞在曲轴带动下由下止点移至上止点。

当活塞上行至关闭扫气孔和排气孔时，已进入气缸的新鲜混合气被压缩，活塞继续上移至上止点时，压缩结束；与此同时，在活塞上行时，其下方曲轴箱内形成一定真空度，当活塞裙部将进气孔开启时，新鲜的混合气被吸入曲轴箱，开始进气。

2. 第二冲程

活塞在曲轴带动下由上止点移至下止点。

在压缩过程结束时，火花塞产生电火花，将气缸内的压缩混合气点燃。燃烧气体膨胀作功。此时进气孔仍然开启，混合气继续进气到曲轴箱，直至活塞裙部将进气孔关闭为止。随着活塞向下止点运动，曲轴箱内的混合气被预压缩。当活塞下行至排气孔开启时，膨胀后的燃烧气体已成废气，经排气孔排出。至此作功过程结束，开始先期排气。随后活塞又将扫气孔开启，经过预压缩的可燃混合气从曲轴箱经扫气孔进入气缸，扫除其中的废气，开始扫气过程。这一过程将持续到下一个活塞行程中扫气孔被关闭时为止。

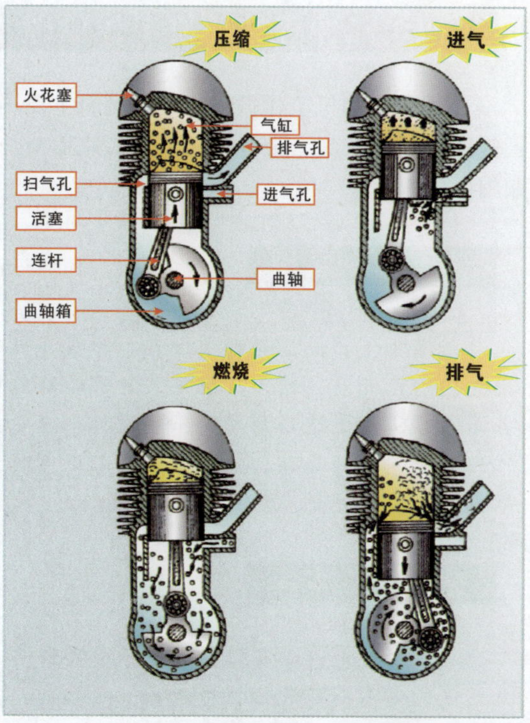

图1-14 二冲程汽油机工作原理

（三）四冲程柴油机工作原理

四冲程的柴油机和汽油机一样，每个工作循环也包括进气、压缩、做功和排气四个冲程（如图1-15所示），但由于柴油和汽油的使用性能不同，使柴油机和汽油机在混合气形成方法及点火方式上都与汽油机不同，主要区别如下：

进气冲程

在柴油机进气冲程中，被吸入气缸的只是纯净的空气。由于进气阻力小，上一循环残留在气缸内废气温度较低等原因，进气冲程终了的压力为80~95kPa，温度为320~350K。如图1-15（a）。

压缩冲程

压缩纯空气，由于柴油机的压缩比大，压缩终了的压力和温度都比汽油机高，压力可达3 000~5 000kPa，温度可达800~1 000K。如图1-15（b）。

做功冲程

在压缩冲程结束时，喷油泵将柴油泵入喷油器，并通过喷油器喷入燃烧室。因为喷油压力很高，喷孔直径很小，所以喷出的柴油呈细雾状。细微的油滴迅速蒸发汽化，与空气混合形成可燃混合气。由于气缸内的温度远高于柴油的自燃点，因此柴油随即自行着火燃烧。燃烧气体的压力、温度迅速升高，体积急剧膨胀。在气体压力的作用下，活塞推动连杆，连杆推动曲轴旋转作功。

燃烧的瞬时压力可达6~9MPa。瞬时温度可达1 800~2 200K。做功冲程终了时，压力为200~400kPa，温度为1 200~1 500K。如图1-15（c）。

排气冲程

排气冲程开始，排气门开启，进气门仍然关闭，燃烧后的废气排出气缸。排气终了气缸内压力为105~125kPa，温度为800~1 000K。如图1-15（d）。

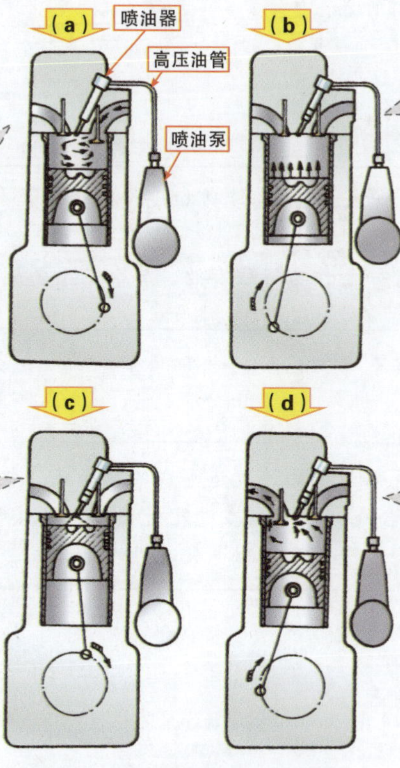

图1-15 四冲程柴油机工作原理

（四）二冲程柴油机工作原理

二冲程柴油机工作循环与汽油机的主要不同之处在于进入气缸的是纯空气，带有换气泵的二冲程柴油机的工作原理如图1-16所示。

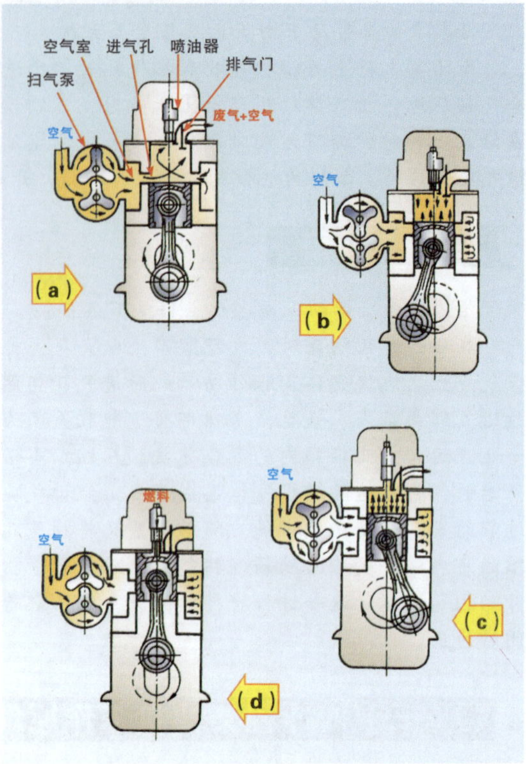

图1-16　二冲程柴油机工作原理示意图

1. 第一冲程

活塞由下止点运动到上止点。冲程开始时，进气孔和排气门均已开启，利用从扫气泵流出的空气使气缸换气。当活塞继续向上运动到进气孔关闭时，排气门也关闭，气缸内的空气被到压缩，当活塞接近上止点时，喷油器向气缸内喷入雾状柴油，并自行着火燃烧。

2. 第二冲程

活塞由上止点运动到下止点。活塞到达上止点后，着火燃烧的高温高压气体推动活塞下行做功，当活塞下行到约2/3行程时，排气门开启，排出废气，活塞继续下行，进气孔开启，进行换气，换气过程一直延续到活塞上移将进气孔关闭为止。如图1-16所示。

（五）汽油机和柴油机的比较

以四冲程汽油机和柴油机为例。

相同点

（1）每个工作循环都包含进气、压缩、作功和排气四个活塞行程，每个行程各占180° 曲轴转角，即曲轴每旋转两周完成一个工作循环。

（2）四个活塞行程中，只有一个作功行程有效，其余三个是辅助行程。

不同点

（1）汽油机的混合气是在气缸外部的进气道形成的，而柴油机的混合气是在气缸内部形成的。汽油机在进气行程时，吸入气缸的是混合气；柴油机在进气行程时，吸入气缸内的是纯空气。

（2）汽油机在压缩终了时，靠火花塞打出电火花点燃混合气，而柴油机靠高温使柴油自燃。

这一情境的学习我们将以捷达发动机为例，介绍其吊卸和装配步骤，以及拆装过程中的注意事项。

情境三：发动机的吊卸与装配

一、发动机的吊卸

发动机吊卸

（1）先拆下电瓶桩头上的启动线夹头，用举升机将车举起。拧下放油口螺栓，待机油放尽后，拧上放油口螺栓（如图1-17所示）。用扳手按规定力矩拧紧。

↓

（2）放下汽车。

↓

（3）打开副水箱盖，以卸压，如图1-18所示。不可在温度过高时打开水箱盖，以防烫伤。

↓

（4）卸下散热器下水管：松开卡箍，拔下水管接头，放尽管路的冷却液。

↓

（5）卸下蓄电池的负极搭铁线。打开电源盒盖，拧下蓄电池正极线（如图1-19所示），拔下电源盒插头，拧下蓄电池固定螺栓，松下固定夹，拔下蓄电池的正极线。取出蓄电池。

↓

（6）卸进气管：松开卡箍，用工具拔出进气管，取走空气滤清器上盖。

↓

（7）取出空气滤清器滤芯和下盖。

↓

（8）用工具卸下油管之前要卸压。

↓

（9）松开上水管两端卡箍，拔下上水管，取下下水管卡箍，取出下水管。

图1-17

图1-18

图1-19

开始取下发动机的相关线束

（1）拔下进气压力温度传感器，拔下发电机调节器插头，拔下活性炭罐的电磁阀，拔下冷却液温度传感器，拔下制动液位传感器，拔下倒挡开关，拔下车速传感器插头，拔下启动信号插头。拔下点火模块插头，拔下发动机转速传感器，拔下凸轮轴位置传感器。拔下爆燃传感器，拔下空调压缩机离合器插头。拔下机油压力传感器（如图1-20所示）。

↓

（2）清理相关线束。

↓

（3）拔下喷油嘴插头。

↓

（4）取出喷油器总成。

↓

（5）理清水管周围的线束，再拔下水管。

↓

（6）取离合器拉锁。

↓

（7）卸排气水管：用工具先松开水管卡箍，再拔出水管。

↓

（8）拔出真空管。

卸发电机

松开发电机固定螺栓。松开张紧轮的张紧度，取下多楔带，拧下紧固螺栓，将发电机倒置。拧下发电机输出接线柱。如图1-21所示。

拆卸压缩机

（1）松开压缩机的固定螺栓。摇动压缩机，取出，用细铁丝将压缩机固定在车身上。如图1-22所示。

注意：空调系统的管路在发动机拆卸的过程中，最好不要拆开，无需用制冷剂回收设备排空系统。

↓

（2）拧出螺母，取下搭铁线。

↓

（3）清理发动机的线束，为吊出发动机做准备。

↓

（4）取下副水箱装饰罩。用工具拧下副水箱紧固螺栓，取出副水箱。如图1-23所示。

卸下方向助力泵

拧松油管固定螺栓。拧松方向助力泵固定螺栓。如图1-24所示。

图1-20

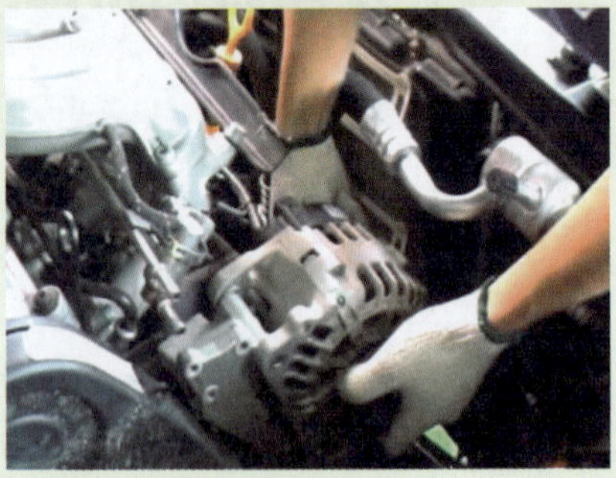
图1-21

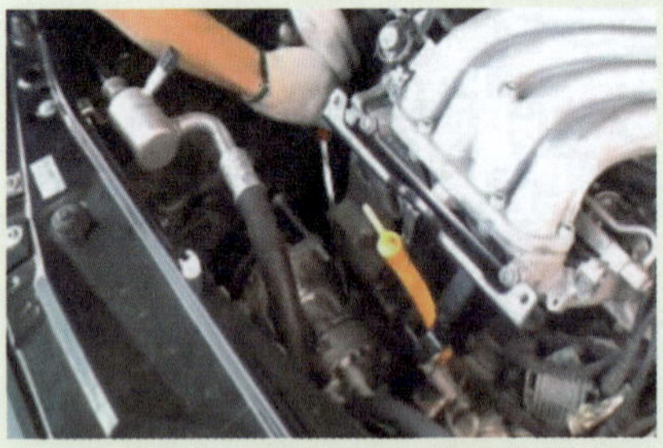
图1-22

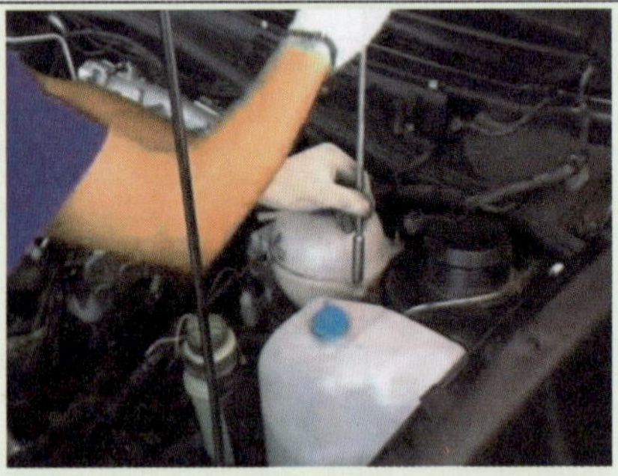
图1-23

图1-24

卸下防护板

卸下防护板。如图1-25所示。

图1-25

卸下方向助力泵轮盘

（1）卸下方向助力泵轮盘固定螺栓。

↓

（2）取下轮盘。拧下助力泵紧固螺栓，取出助力泵（图1-26），用铁丝将助力泵捆绑在车身上。

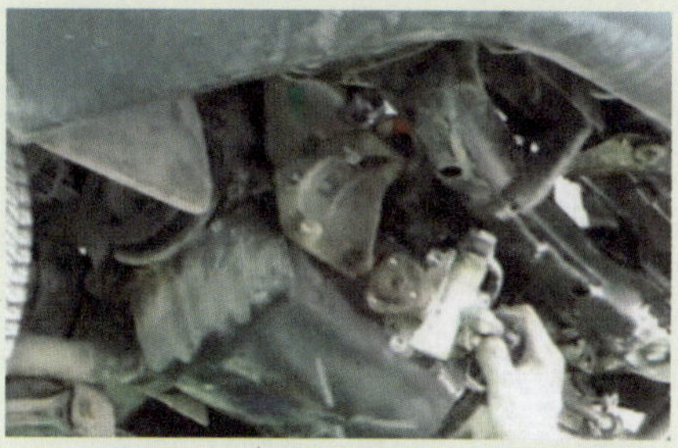

图1-26

↓

（3）拧下相关油管螺栓。

↓

（4）拆下左右轮胎。

↓

（5）用工具拧松内球头。

图1-27

拆卸半轴

（1）松开下摆臂和轮毂之间的连接，用工具顶出半轴，如图1-27所示。

↓

（2）将刹车轮盘装复。

↓

（3）拧出排气管螺母。

↓

（4）拆下挂挡连接机构。

↓

（5）卸下发动机机脚螺栓。

↓

（6）取出散热器风扇，取出散热器，如图1-28所示。

图1-28

↓

（7）用铁链钩住发动机钩儿，然后使用吊架吊出发动机，如图1-29所示。

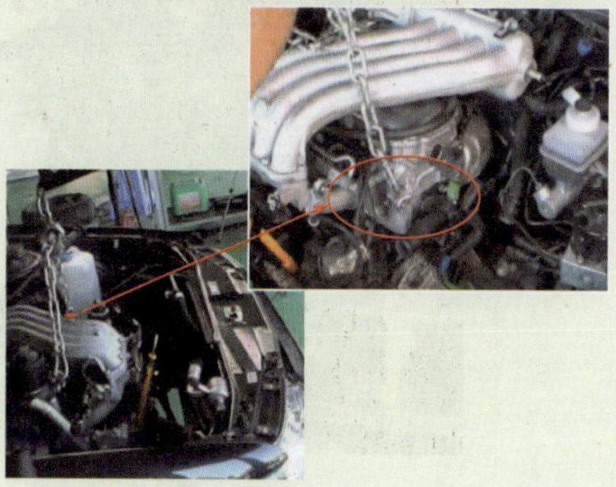

图1-29

二、发动机的装配

（1）在装配发动机之前要先装好悬架、制动盘、转向机以及变速器。

↓

（2）使用举升机将发动机和变速器整体放入发动机舱内，如图1-30所示。

↓

（3）吊入后，理清发动机周围的散件。

↓

（4）装入排气歧管衬垫。

↓

（5）拧紧机脚螺母。

↓

（6）从举升机上取下铁链，并移走举升机。从发动机吊架下取下铁链。

↓

（7）用工具按规定力矩拧紧机架固定螺栓，如图1-31所示。

↓

（8）装复选挡杆，并用工具夹紧。如图1-32所示。

↓

（9）装入换挡拉杆，如图1-33所示。

↓

（10）连接相关线束。将发动机线束移至相应的位置。

↓

（11）插入发动机ECU插头，如图1-34 所示。

↓

图1-30

图1-31

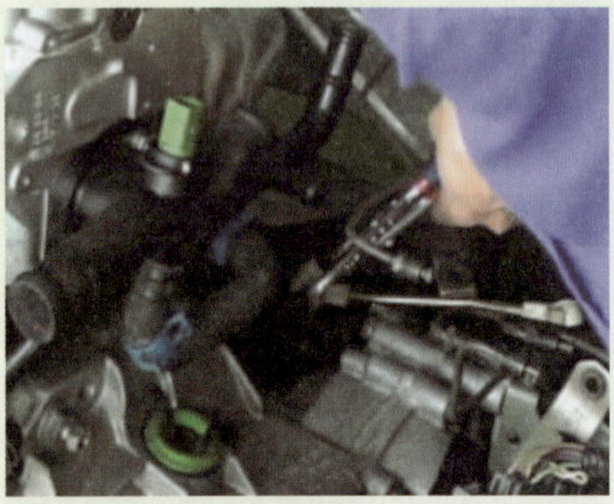

图1-32

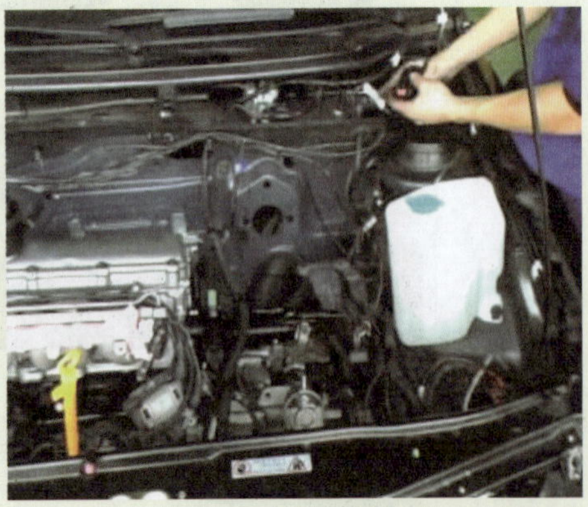

图1-34

图1-33

（12）将喷油嘴连接插头移至相应的位置。插上喷油嘴插头，如图1-35所示。

↓

（13）插入水温传感器插头。

↓

（14）插入凸轮轴位置传感器插头。

↓

（15）插入点火模块插头。

↓

（16）插入发动机转速传感器插头。

↓

（17）插入爆燃传感器插头。

↓

（18）装入多楔带张紧装置，拧紧紧固螺栓。

↓

（19）装入发电机，连接发电机线束，如图1-36所示。

↓

（20）将发电机推入发电机安装架，插入发电机紧固螺栓。按规定扭距拧紧紧固螺栓，拧紧发电机线束固定螺母。

↓

（21）插入发电机调节器插头，连接发电机搭铁线。

↓

（22）装入新的进气歧管垫，装入进气总管，将各孔一一对准，拧上紧固螺栓。

↓

（23）装入进气管后面的螺栓。

↓

（24）装入缸盖出水管连接头。

↓

（25）装入进气压力传感器座，按规定力矩拧紧紧固螺栓，装入进气压力传感器接头，如图1-37所示。

↓

（26）装入节气门体，按规定力矩拧紧紧固螺栓，如图1-38所示。

↓

（27）装入空调压缩机，戴上紧固螺栓，按规定力矩拧紧紧固螺栓。

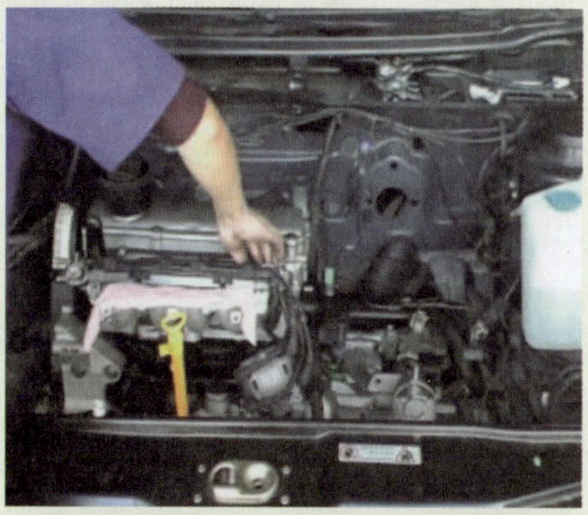

图1-35

图1-36

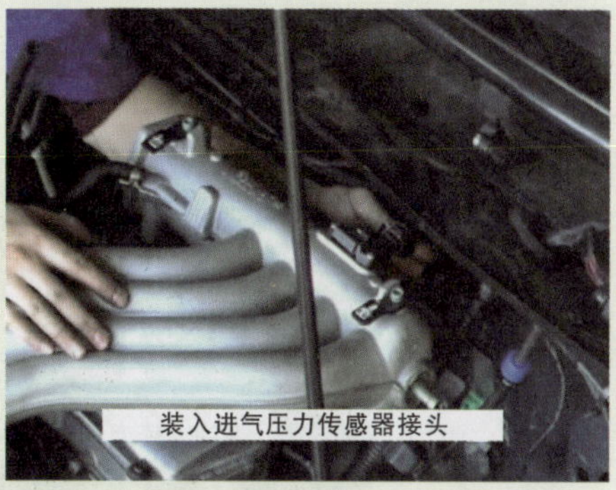

图1-37

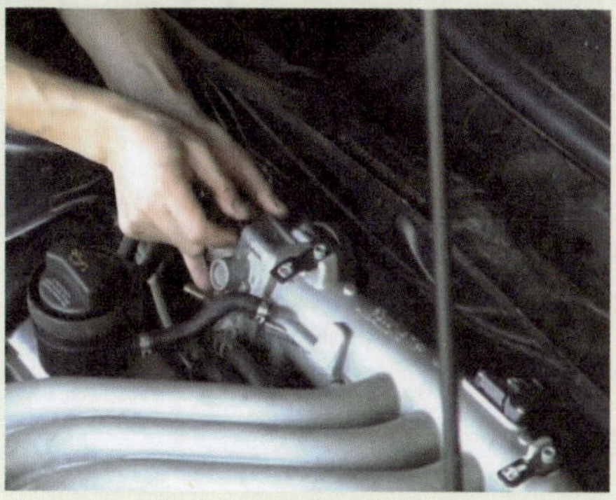

图1-38

（28）装入方向助力泵，拧紧紧固螺栓。拧紧油管固定螺栓。

↓

（29）装上方向助力泵轮盘，按规定力矩拧紧紧固螺栓，如图1-39所示。

图1-39

↓

（30）装入飞轮下盖板，拧上排气管螺母。

↓

（31）将前后排气管连接，按规定力矩拧紧锁紧螺栓，如图1-40所示。

图1-40

↓

（32）装入半轴：先装入内球头，再装入外球头。按规定力矩拧紧紧固螺栓，如图1-41所示。

图1-41

↓

（33）拧紧下摆臂紧固螺栓。

↓

（34）装入方向机球头，如图1-42所示。

图1-42

↓

（35）装入垫片及自锁螺母，以同样方式装入左半轴，如图1-43所示。

↓

图1-43

（36）将多楔带先套在曲轴带轮上，放松多楔带的张紧装置。

↓

（37）装好机油尺托架，拧紧机油尺托架固定螺栓，套上机油尺。

↓

（38）插上节气门体插头。

↓

（39）接上活性炭罐管。

↓

（40）然后接上曲轴箱废气循环管。

↓

（41）接上进出燃油管，套上卡箍。

↓

（42）插上活性炭罐电磁阀插头，套上卡箍。

↓

（43）装入空调冷凝器，装入发动机散热器。套上冷却系上水管，套上冷却系下水管。套上卡箍。套上上水管另一头，套上卡箍。

↓

（44）安装散热器风扇，拧紧风扇固定螺栓，如图1-44所示。

↓

（45）装暖风管：先在管口涂上润滑油，在装暖风管接口处涂上润滑油，装上暖风管，装复夹箍。

↓

（46）装复风扇控制器，拧上紧固螺栓。

↓

（47）装复副水箱，拧上副水箱紧固螺栓，加注冷却液，如图1-45所示。

至此，发动机装配结束。

图1-44

图1-45

思考与练习

一、填空题

1. 现代汽车的类型虽然很多，各类汽车的总体构造有所不同，但它们的发动机的基本组成大体相同，通常由两大机构、五大系统组成。两大机构是：__________和__________；五大系统是__________、__________、__________、__________和__________。

2. 上止点是指活塞顶部距离曲轴旋转中心__________的位置；下止点是指活塞顶部距离曲轴旋转中心的位置。

3. 压缩比是气缸__________容积与__________容积之比。压缩比越大，压缩终了时气缸内的气体__________和__________就越高。

4. 四冲程发动机曲轴转二周，活塞在气缸里往复__________个行程，进、排气门各开闭__________次，气缸里热能转化为机械能一次。

5. 发动机的一个工作循环中，包括__________、__________、__________和__________四个冲程。

二、判断题（正确的打“√”，错误的打“×”）

1. 二冲程发动机完成一个工作循环，曲轴共转2周。（　）
2. 四冲程发动机在做功行程时，进、排气门都是关闭的。（　）
3. 汽油机和柴油机在进气行程时，吸入的都是混合气。（　）

三、选择题

1. 发动机的排量是指各缸的（　）之和。

A. 气缸总容积　B. 燃烧室容积　C. 气缸工作容积　D. 燃烧室总容积

2. 四冲程发动机的有效行程是指（　）

A. 进气行程　B. 压缩行程　C. 做功行程　D. 排气行程

第二部分

曲柄连杆机构

本情境的学习中，我们一起来了解曲柄连杆机构的作用，曲柄连杆机构的大概组成，为后面的学习做一个铺垫。

情境一：曲柄连杆机构维修基础

一、曲柄连杆机构的作用

曲柄连杆机构是往复活塞式发动机将热能转换为机械能的主要机构。其作用是：将燃气作用在活塞顶上的压力转变为能使曲轴旋转运动而对外输出的动力。

二、曲柄连杆机构的组成

曲柄连杆机构由三部分组成，即机体组、活塞连杆组和曲轴飞轮组，如图2-1所示。

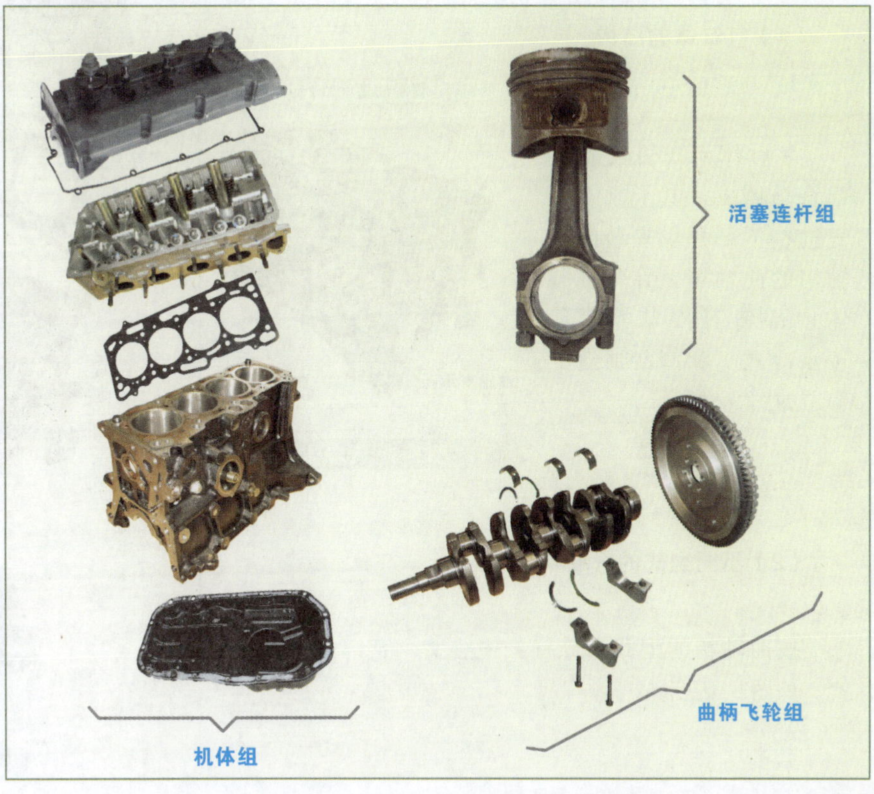

图2-1 曲柄连杆机构

一辆捷达轿车，气缸垫经常被冲破，更换一次新气缸垫只能行驶1 000公里，要求给予维修。

要完成这个工作任务，首先我们应知道汽车发动机机体组的组成，主要零部件的构造和检修方法，气缸盖的拆装方法。下面分步进行本学习情境的学习。

情境二：机体组结构与检修

一、机体组的组成

发动机机体组是发动机的骨架，是曲柄连杆机构、配气机构和发动机各系统主要零部件的装配基体。它主要由气缸体、气缸盖、气缸盖罩、气缸垫及油底壳等组成，如图2-2所示。

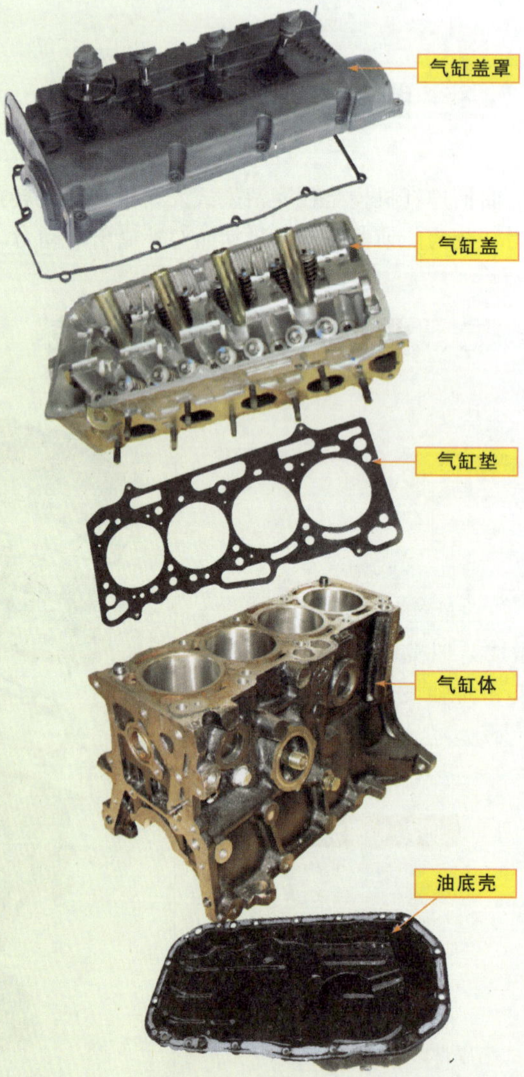

图2-2 机体组组成

1. 气缸体

（1）气缸体的结构

气缸体由灰铸铁或铝合金铸成。其上部有气缸，下部是供安装曲轴用的曲轴箱，在气缸体内部铸有冷却水套（水冷式）和润滑油道等，如图2-3所示。

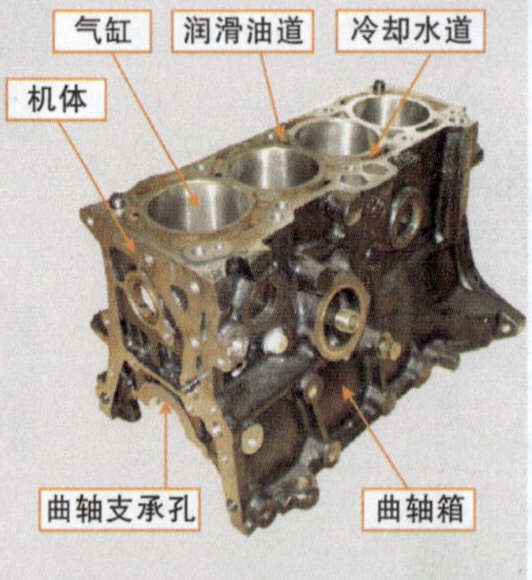

图2-3 气缸体

（2）不同型式的气缸体

按曲轴箱的型式来分有：一般式、龙门式、隧道式，如图2-4所示。

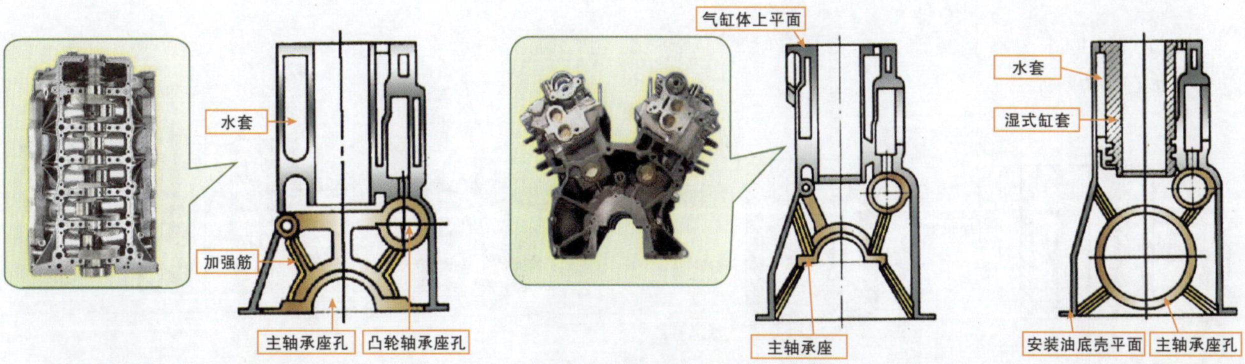

一般式缸体：

油底壳安装平面和曲轴旋转中心在同一高度。便于加工，但刚度和强度较差，一般多用于中小型发动机。如BJ492QA型发动机。

龙门式缸体：

油底壳安装平面低于曲轴的旋转中心。这种结构强度和刚度都好，但工艺性较差，加工较困难，一般在大中型发动机中被广泛采用。如解放CA6102、桑塔纳JV、捷达EA827型发动机。

隧道式缸体：

这种型式的气缸体曲轴的主轴承孔为整体式，其结构紧凑，刚度和强度好；但加工精度要求高，工艺性较差，曲轴折装不方便。如6135Q型发动机。

图2-4 不同曲轴箱的型式气缸体

按冷却方式来分有：水冷和风冷两种，如图2-5所示。汽车发动机上采用较多的是水冷式。

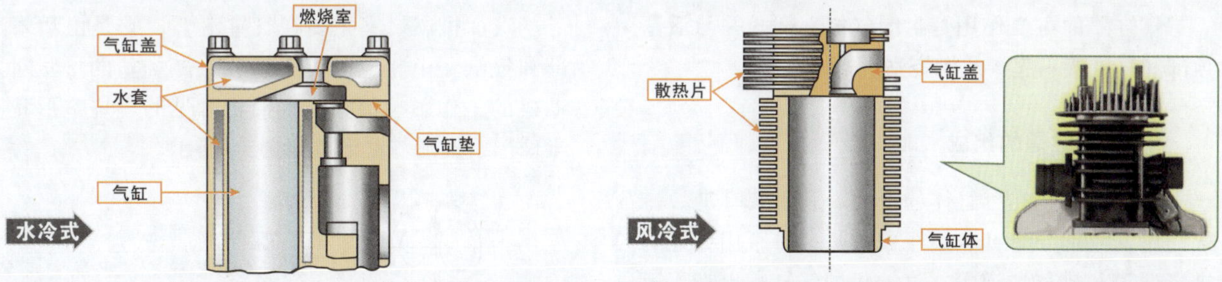

发动机用水冷却，气缸周围和气缸盖中均有用以充水的空腔，称为水套，气缸体和气缸盖上的水套是相互连通的。利用水套中的冷却水流过高温零件的周围而将热量带走。

发动机用空气冷却（风冷式），在气缸体和气缸盖外表面铸有许多散热片，以增加散热面积，保证散热充分。一般风冷式发动机的气缸体与曲轴箱是分开铸造的。

图2-5 水冷式和风冷式发动机气缸体

按气缸排列型式分有：有直列式（单列式）、对置式、V形等，如图2-6所示。

（a）直列式

各气缸排成一列，一般只用于六缸以下的发动机。

（b）对置式

两列气缸水平相对排列。

（c）V形

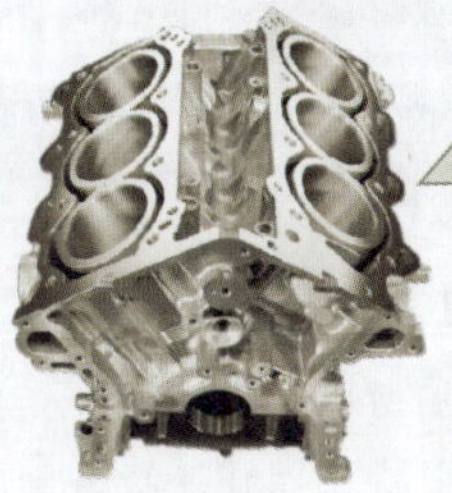

两列气缸成V形排列。多用于六缸（特别是八缸）以上的发动机。

图2-6 不同排列型式的气缸

按气缸结构来分有：整体式、湿气缸套式、干气缸套式等三类，如图2-7所示。

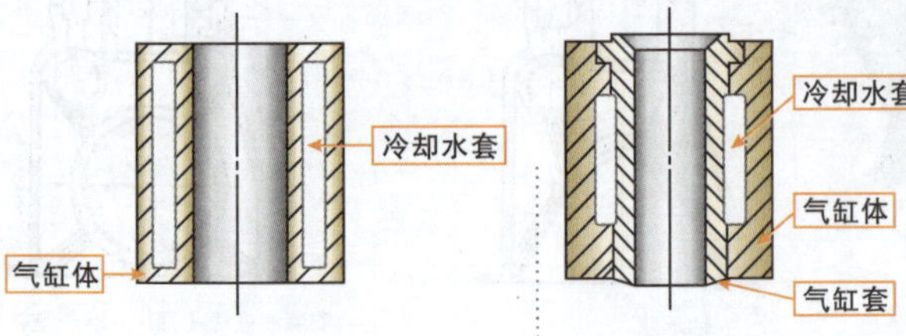

（a）整体式

整体式的缸筒是与缸体制成一体的，即缸筒是在机体上直接加工出来的。

（b）湿气缸套式

湿式气缸套外壁与冷却液直接接触。

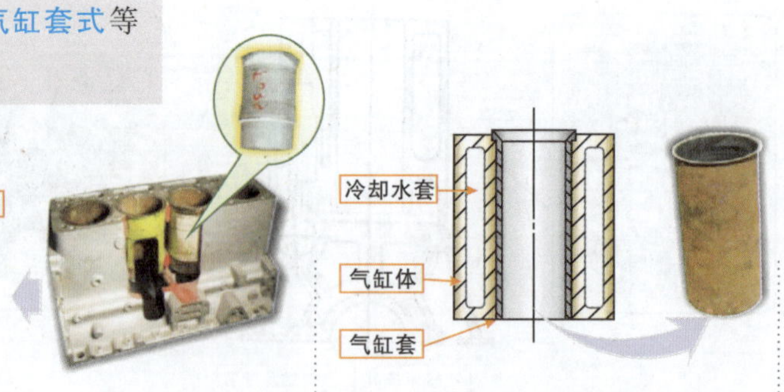

（c）干气缸套式

干式气缸套不与冷却液接触。

图2-7 不同气缸结构型式的缸体

汽油机燃烧室

2. 气缸盖

（1）气缸盖的作用

气缸盖的主要作用是封闭气缸上部，并与活塞顶部和气缸壁一起构成燃烧室。

（2）气缸盖的组成

气缸盖安装在气缸体的上面，其上装有进、排气门座，气门导管孔，用于安装进、排气门，还有进气通道和排气通道等。汽油机的气缸盖上加工有安装火花塞的孔，而柴油机的气缸盖上加工有安装喷油器的孔。顶置凸轮轴式发动机的气缸盖上还加工有凸轮轴轴承孔，用以安装凸轮轴。气缸盖实物如图2-8所示。

图2-8 气缸盖

（3）气缸盖的分类

气缸盖分为单体式、块状式和整体式三种。单体式只覆盖一个气缸；块状式气缸盖能覆盖部分（两个以上）气缸；整体式气缸盖能覆盖全部气缸。

（4）汽油机燃烧室

汽油机燃烧室主要在气缸盖上，它是由活塞顶部和气缸盖上相应凹坑所组成。燃烧室的形状对发动机的工作影响很大，汽油机常见的燃烧室形状有半球形、楔形与盆形。如图2-9所示。

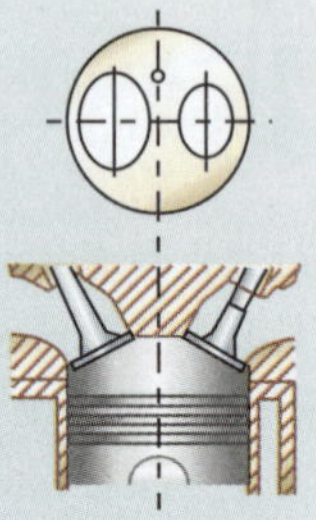

半球形燃烧室：结构紧凑，火花塞布置在燃烧室顶部中央，火焰行程短而均匀，故燃烧速率高，散热少，热效率高。排气净化好，在轿车发动机上被广泛地应用。

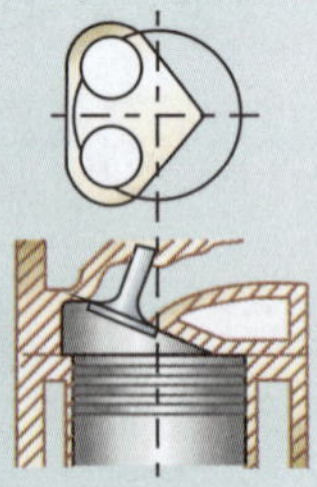

楔形燃烧室：结构简单、紧凑，散热面积小，热损失也小，能保证混合气在压缩行程中形成良好的涡流运动，有利于提高混合气的混合质量，进气阻力小，提高了充气效率。

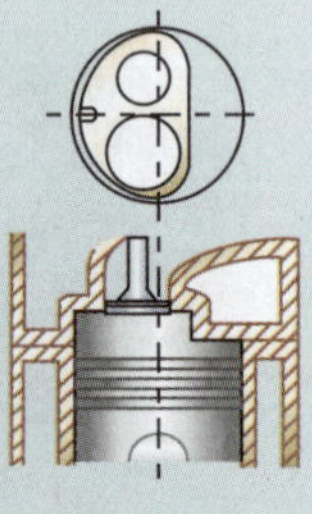

盆形燃烧室：结构简单，成本低，但不够紧凑，热损失大。

图2-9 汽油机的燃烧室形状

3. 气缸垫

气缸垫安装在气缸盖与气缸体之间，其作用是保证气缸盖与气缸体结合面间的密封，防止漏气、漏水和漏油。实物如图2-10所示。

目前气缸垫有金属—石棉衬垫、金属—复合材料衬垫和纯金属垫等多种。

发动机大修时须更换气缸垫。在安装气缸垫时，应将卷边背向需保护的零件，并且所有气缸垫上的孔要和气缸体上的孔对齐。

气缸垫

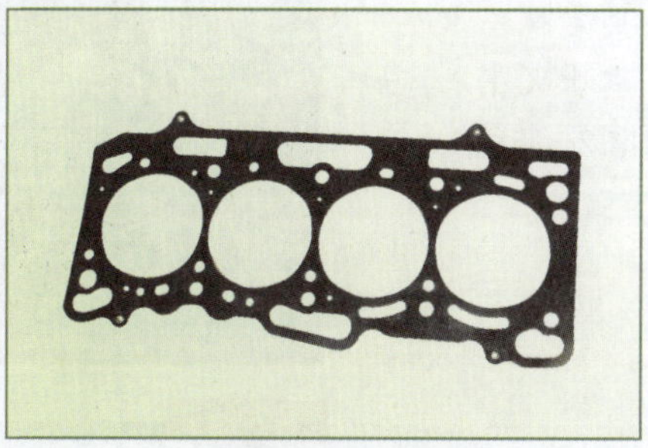

图2-10 气缸垫

4. 油底壳

油底壳的主要功用是储存机油并密封曲轴箱。为防止汽车行驶时油面波动过大，油底壳内设有稳油挡板。为保证发动机在纵向倾斜时机油泵能吸到机油，油底壳后部一般做得较深。油底壳底部装有放油塞，有的放油塞是磁性的，能吸附机油中的金属屑，起到清洁机油的作用，如图2-11所示。

油底壳

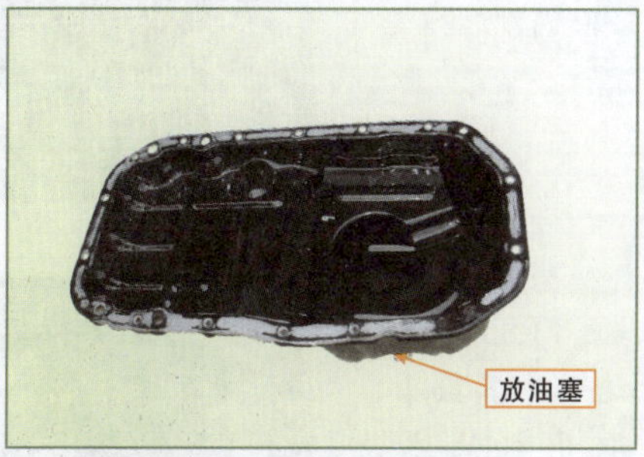

图2-11 油底壳

二、气缸盖的拆装

提示： 气缸盖的拆装操作应按发动机修理工艺中的要求进行，在拆装过程中应注意气缸盖螺栓的拆装顺序，一般采用对称法或螺旋法：装配时，由中间向两端分层次地逐个拧紧；拆卸时由两端向中间分层次地逐个拧松。

下面以捷达轿车为例，讲解发动机气缸盖的拆装过程。

1. 气缸盖的拆卸

应断开或松开与汽车其他系统联系的所有电路、气路、油路后，使用吊架吊出发动机。

图2-12

（1）松开固定螺母，取下排气歧管隔热罩，拧下排气管固定螺母，取出排气歧管及排气歧管密封垫，如图2-12所示。

（2）拧下机油盖，卸下机油尺托架紧固螺栓，取出机油标尺。拧下进气歧管固定螺栓，卸进气歧管，如图2-13所示。

图2-13

（3）松开喷油器固定螺栓，取下喷油器，如图2-14所示。

图2-14

（4）松开固定螺栓，逐一取出火花塞，如图2-15所示。

图2-15

（5）松开点火线圈固定螺栓，取下点火线圈座，如图2-16所示。

图2-16

（6）拧下螺母，取进气歧管及密封垫，卸下点火模块，如图2-17所示。

图2-17

（7）拧下固定螺栓，卸下机油滤清器，如图2-18所示。

图2-18
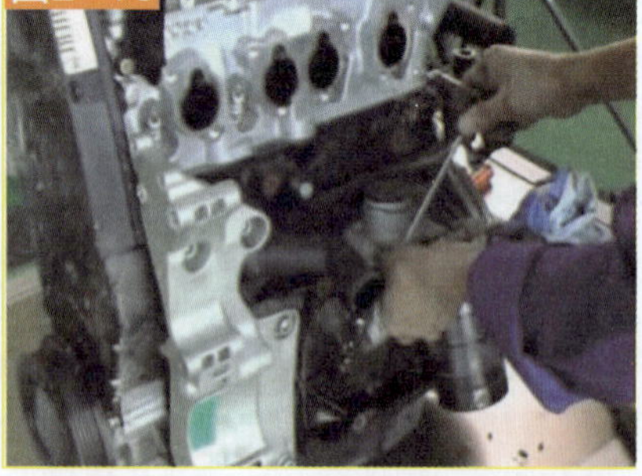

（8）取出转速传感器接头，取出机油滤清器，取出转速传感器，如图2-19所示。

图2-19
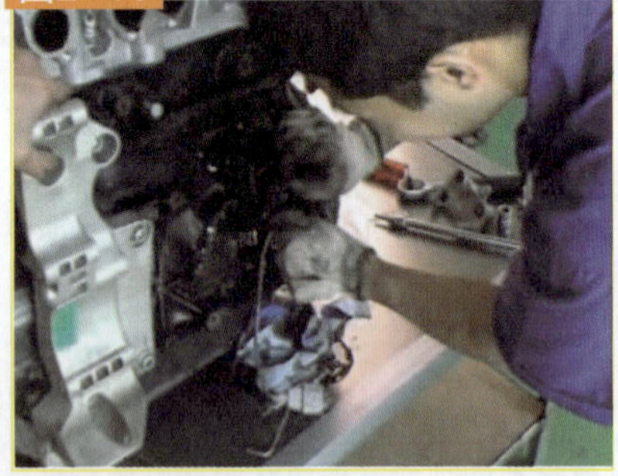

（9）卸下发电机、空调压缩机支架，拧下紧固螺母，取下时规上罩和后下罩，如图2-20所示。

图2-20

（10）拧下紧固螺母，卸下进水管，取出节温器，拿出节温器密封垫，如图2-21所示。

图2-21

（11）取下水管，卸下冷却液出水管，取下冷却液温度传感器，如图2-22所示。

图2-22
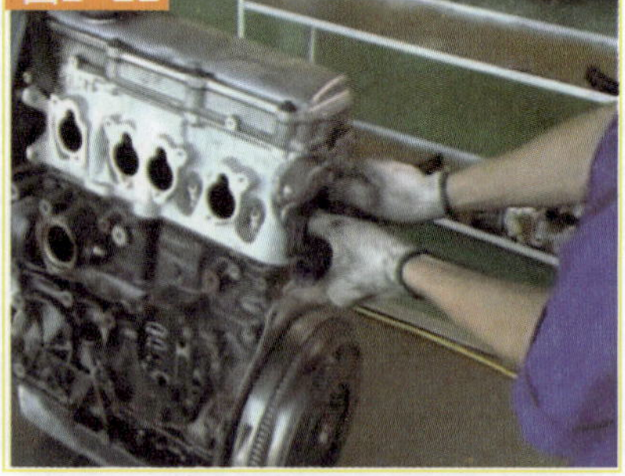

（12）卸下凸轮轴位置传感器，如图2-23所示。

图2-23
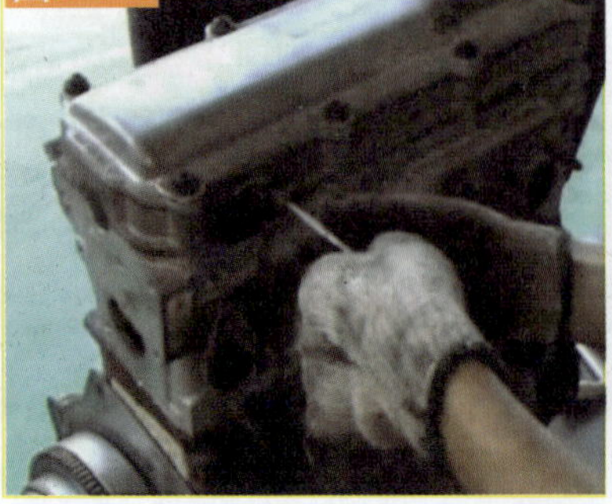

（13）拧下曲轴带轮紧固螺栓，取出曲轴带轮，取出曲轴带轮底座，如图2-24所示。

图2-24

（14）取出时规盖下部，取下正时皮带，拿出张紧轮，如图2-25所示。

图2-25

（15）卸下凸轮轴齿轮，如图2-26所示。

图2-26

（16）取下时规盖后罩壳，如图2-27所示。

图2-27

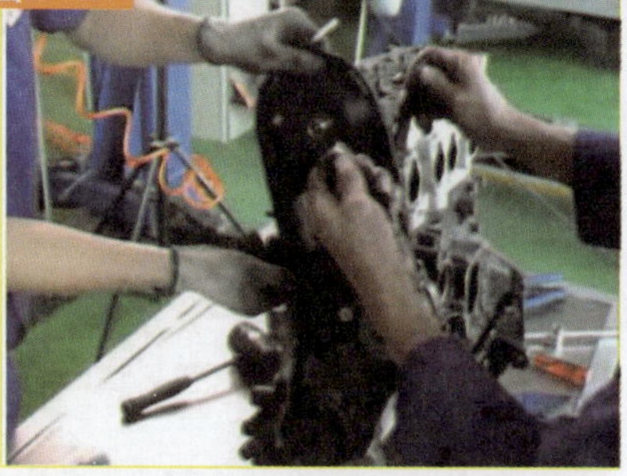

（17）拧下水泵紧固螺栓，取出水泵总成，如图2-28所示。

图2-28

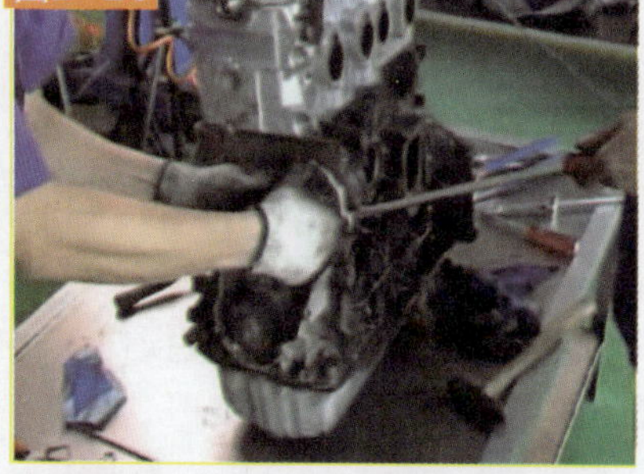

（18）拧下气门室罩盖紧固螺栓，拆下气门室罩盖，如图2-29所示。

图2-29

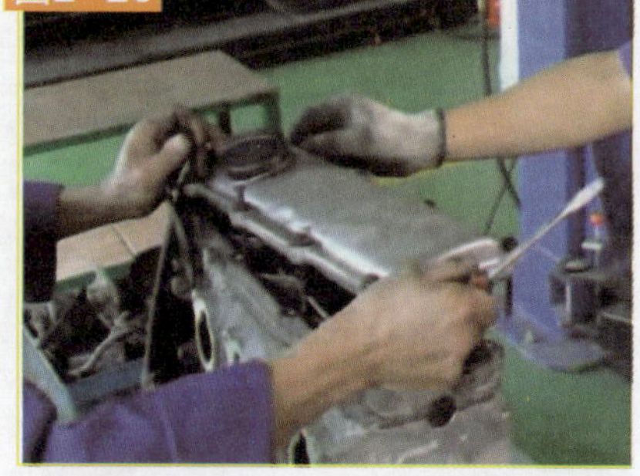

（19）取出导油板，如图2-30所示。

图2-30

（20）拧下凸轮轴轴承盖螺栓，用橡胶锤敲击，卸凸轮轴及凸轮轴承盖座，如图2-31所示。

图2-31

（21）取出液压挺柱及摇臂，如图2-32所示。

图2-32

（22）拧下气缸盖螺栓。**注意：**螺栓的拆卸顺序如图2-33所示。

图2-33

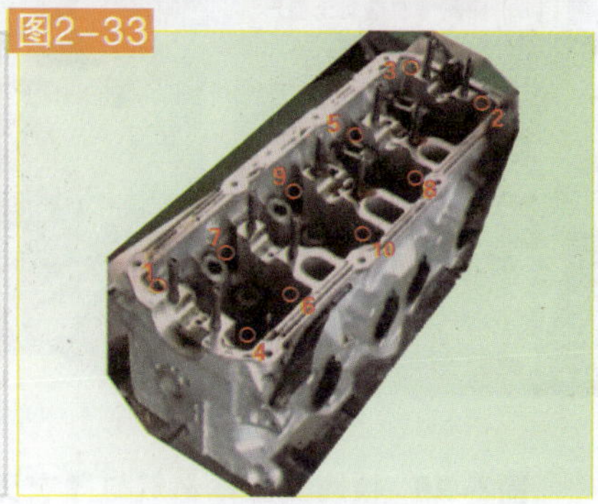

（23）卸气缸盖，如图2-34所示。

图2-34

2. 气缸盖的安装

按照与拆卸相反的顺序安装气缸盖，但应注意以下事项：

（1）在安装气缸盖之前，要将曲轴转动到第一缸的上止点位置。

（2）安装气缸垫时，有标号（配件号）的一面必须可见。

（3）更换气缸盖紧固螺栓，不能重复使用已经按照拧紧力矩拧紧过的螺栓。

（4）按照如图2-35所示的顺序，以规定的力矩拧紧气缸盖螺栓，然后再拧紧180°。

图2-35 气缸盖螺栓安装顺序

三、机体组的检测与维修

气缸体与气缸盖的主要损伤形式有裂纹、磨损和变形等。

1. 气缸体与气缸盖裂纹的检修

产生裂纹的部位常发生在主轴承隔墙、气缸套承孔、缸盖螺栓孔、火花塞孔（如图2-36所示）等处。

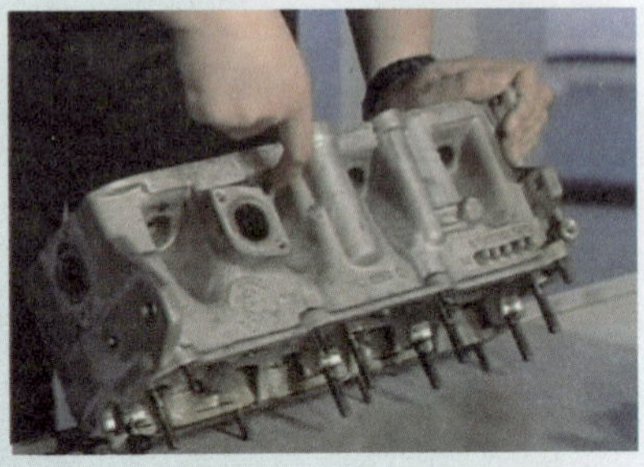

图2-36 检查火花塞孔周围的裂纹

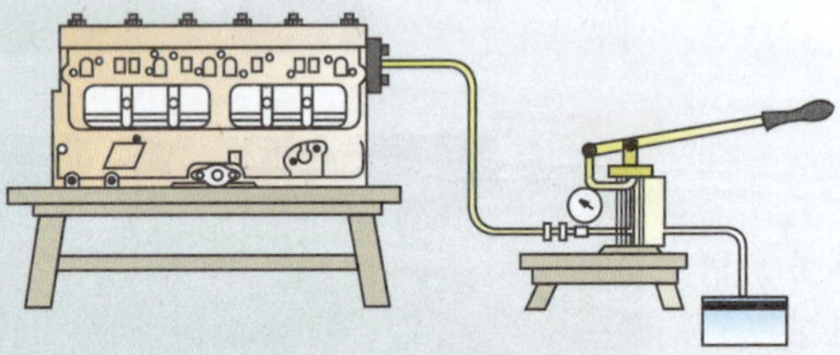

图2-37 用水压法检测气缸体

检测气缸体和气缸盖裂纹的方法常用水压法（如图2-37所示）。对于新镶气缸套的气缸体或修补过的气缸体，均应对其进行水压试验。试验时，应用专用的盖板封住气缸体水道口，用水压机将水压入缸体水道中，要求在300～400kPa的压力之间，保持约5min。如出现由里向外有水珠渗出，即表明该处有裂纹。

气缸裂纹的修理方法有： 粘结法、焊接法。气缸盖出现裂纹一般应予以更换。

气缸体与气缸盖变形的检修

2. 气缸体与气缸盖变形的检修

气缸体与气缸盖变形是指气缸盖与气缸体的结合平面翘曲变形，造成气缸密封不严、漏水、漏气等。

气缸体与气缸盖变形的检测方法： 用平尺放在平面上，然后用塞尺测量平尺与平面间的间隙，如图2-38所示，塞入塞尺片的最大厚度值就是变形量，一般气缸体上平面的平面度误差，每50mm×50mm范围内均应不大于0.05mm，与其配合的整个气缸体上平面应不大于0.20mm。

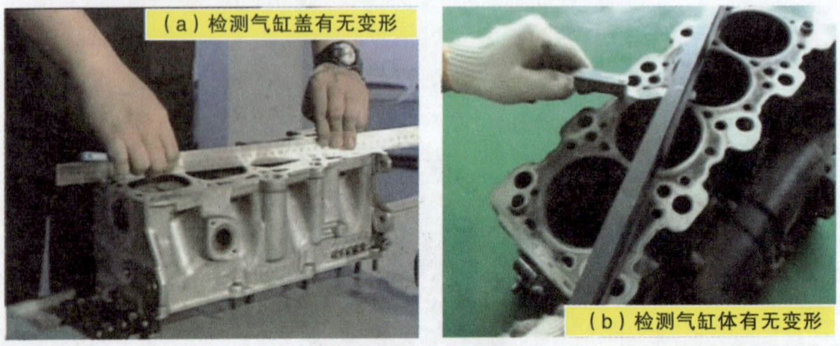

图2-38 检测气缸体与气缸盖有无变形

维修方法：

在气缸盖和气缸体变形较小时，可以在平面上涂些研磨膏，把气缸盖放在气缸体上扣合研磨修复。当变形量较大时，可采用铣、磨加工方法予以修整。在无铣、磨设备或平面度公差不大时，可用旧砂轮在其平面上进行手工推磨，直至平行度达到技术要求为止。

3. 气缸磨损的检修

（1）气缸磨损度的测量

气缸磨损的测量主要是确定气缸磨损后的圆度和圆柱度。

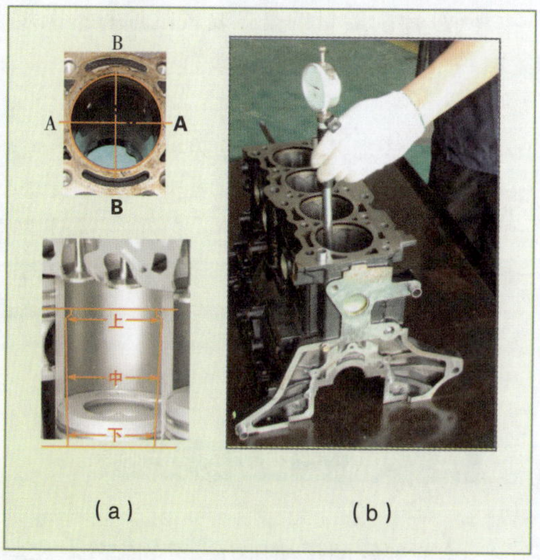

图2-39 测量气缸的磨损程度

气缸的圆度误差：在同一断面上测量到最大与最小值径差值的一半，即为圆度误差。

气缸的圆柱度误差：在三个断面内所测得的所有读数中最大与最小的直径差值的一半即为气缸的圆柱度误差。

测量方法：

①清洁气缸筒内部，并检查是否有明显的划痕；清洁工作台，检查工量具。

②游标卡尺清洁和校零，测量气缸直径。

使用游标卡尺测量缸径后获得基本尺寸，利用这些长度作为选择合适杆件的参考。

再根据所测缸径的基本尺寸选用合适的替换杆件和调整垫圈，使量杆长度比缸径0.5～1.0mm。

提示：替换杆件和垫圈都标有尺寸，根据缸径尺寸可任意组合。

将百分表插入表杆上部，预先压紧0.5～1.0mm后固定。

为了便于读数，百分表表盘方向应与接杆方向平行或垂直。

将外径千分尺调至所测缸径尺寸，并将千分尺固定在专用固定夹上，对量缸表进行校零。

③量缸表的设定

量缸表的检测：活动量杆伸缩灵活。

量缸表的设定

使用游标卡尺，测量缸径，然后获得标准尺寸。

根据游标卡尺测得的数据，选择一根合适的固定测量杆和一个调整垫圈。

当百分表安装到量缸表的规体上时，百分表的测量杆有0.5～1.0mm的移动量（指针向右旋转0.5～1圈）。锁紧百分表并将指针调回到“0”位。

气缸内径量缸表的零校准

将千分尺设置到由游标卡尺取得的标准尺寸，锁紧测微螺杆；用夹具固定住千分尺尺身。

将测量杆放入千分尺的两个测砧之间调整固定测量杆，使指针向右旋转0.5～1圈；锁紧固定螺母。

将量缸表的指针设定到“0”位。

注意：指针调到“0”位后，将量缸表取下后就不能再调整指针。

④确定测量位置

在量缸表上画出气缸上、中、下三个测量点的位置，测量位置在距气缸套上平面10mm处、气缸套中间位置和距气缸套下端面10mm处三个位置。每处测量位置都要测量其横向和纵向两个方向。

⑤气缸直径的测量

先将量缸表的活动测头以一定的角度放进气缸中，然后用手压住量缸表的杆身，慢慢地移动杆身使其与气缸的轴线平行。

左右(或者上下)移动量缸表寻找最短距离的位置，即气缸内径的最小值。

读出指针所指示的最小值。

⑥读取测量值

实际尺寸=标准尺寸±百分表读数，即表针在逆时针方向为“+”；在顺时针方向为“-”。例如，设标准尺寸为62.00mm，实际尺寸=62.00+0.13=62.13mm。

当气缸的圆度和圆柱度误差达到大修极限值时，如汽油机的圆度误差超过0.05mm，圆柱度误差超过0.175mm，柴油机的圆度误差0.063mm，圆柱度误差超过0.25mm，则应进行镗缸修理。测量捷达轿车气缸的磨损程度如图2-39所示。

（2）气缸的修理

气缸的修理通常是通过镗削或磨削加工，使气缸达到原来的技术要求。下面说说气缸的镗削。

气缸镗削的目的是恢复气缸原有的圆度、圆柱度和表面粗糙度要求，保证各缸中心线与曲轴主轴承孔中心线在一个平面内，并相互垂直。

气缸修理尺寸一般分为4～6级，每加大0.25mm为一级，最大不超过1.00mm或1.50mm。

气缸修理尺寸＝气缸最大缸径＋镗磨余量

镗磨余量一般选0.10～0.20mm，计算出修理尺寸后，以此选择相应活塞。使活塞尺寸略大于修理尺寸。同一台发动机上各活塞尺寸应相同，即同一级加大活塞。

然后根据活塞直径与气缸实际尺寸确定每缸的镗磨加工量。一般磨缸加工量取0.02～0.06mm。

4. 气缸压缩力的检测

检测气缸的压缩压力，可判定气缸密封性。

测量时，应使发动机运转至正常温度（水温80~90℃）后熄火进行。汽油机需要拆除全部火花塞，将节气门和阻风门全开，然后把气缸压力表的锥形橡胶头压紧在火花塞孔。用启动机转动曲轴3~5s，曲轴转速应保持150 ~180r/min，记录压力表指示读值。柴油机可将压力表接在喷油器安装孔上，以500r/min转速测定气缸压缩压力值。

图2-40 气缸压力的检测

各缸测量次数不少于两次，取平均值。对汽油机要求气缸压缩压力不低于原厂规定标准值的10%；对柴油机要求不低于原厂规定标准值的20%。各缸气缸压缩压力值差：汽油机要求应不超过其平均值的8%，柴油机应不超过其平均值10%。如图2-40所示。

四、机体组故障维修实际操作

在掌握了发动机机体组的基本知识，了解发动机气缸盖的拆装方法后，对于前面我们遇到的捷达气缸垫经常被冲破故障的维修，你是不是已经跃跃欲试了，下面就让我们一起来对该故障进行维修。

故障原因：

引起该故障的原因可能有：气缸盖或气缸体结合面不平度过大；气缸盖螺栓拧紧顺序不当；气缸垫质量过差；发动机压缩比过高；工作粗暴。

故障检查：

拆检该发动机，检查气缸盖和气缸体结合面不平度符合标准；气缸垫的质量优良；发动机的点火也正时。但在测量该发动机燃烧室容积时，发现各燃烧室容积均减小相同的容积。由此断定该发动机气缸有被铣削加工过。气缸加工后，使发动机压缩比增大，直接影响发动机的正常燃烧，引起爆燃，使气缸垫过早损坏。

故障排除：

采用铣削的方法，来加大燃烧室容积。采用使容积变大的方法修理后，故障即被排除。

思考与练习

一、填空题

1. 发动机机体组主要由_______、_______、_______、_______及_______等组成。
2. 汽油机燃烧室形状有_______、_______与_______三种。
3. 气缸垫的作用是____。

二、判断题（正确的打“√”，错误的打“×”）

1. 因汽车上有风扇散热，所以汽车发动机上采用较多的是风冷式。（　　）
2. 在安装气缸垫时，应将卷边背向需保护的零件，并且所有气缸垫上的孔要和气缸体上的孔对齐。（　　）
3. 在安装气缸盖时，螺栓的拧紧顺序与拆缸时的顺序相同。（　　）

三、选择题

1. 发动机气缸磨损圆度达到（　　）要进行大修。

   A. 0.05～0.07mm　B. 0.05～0.063mm　C. 0.10～0.15mm　D. 0.01～0.05mm

2. 气缸的最大磨损位置在第一道活塞环（　　）的部位。

   A. 上止点　B. 下止点　C. 中间　D. 中下部

3. 发动机气缸磨损圆柱度达到（　　）要进行大修。

   A. 0.10～0.20mm　B. 0.175～0.25mm　C. 0.20～0.30mm　D. 0.15～0.25mm

4. 拆卸气缸盖时，螺栓的拧松顺序是（　　）

   A. 从左到右的顺序逐个拧松　B. 从右到左的顺序逐个拧松
   C. 从中间向两端逐个对称拧松　D. 两端向中间逐个对称拧松

一辆捷达轿车，发动机在怠速时，气缸的上部发出清晰的敲击声，好像用一锤子轻敲水泥地面产生的“嗒嗒嗒”声。凭维修经验这一般是活塞连杆组异响，要修理此故障，我们必须了解活塞连杆组的结构、掌握活塞连杆组的拆装方法及检修方法。

情境三：活塞连杆组结构与检修

一、活塞连杆组的组成

活塞连杆组由活塞、活塞环、活塞销和连杆等组成，如图2-41所示。

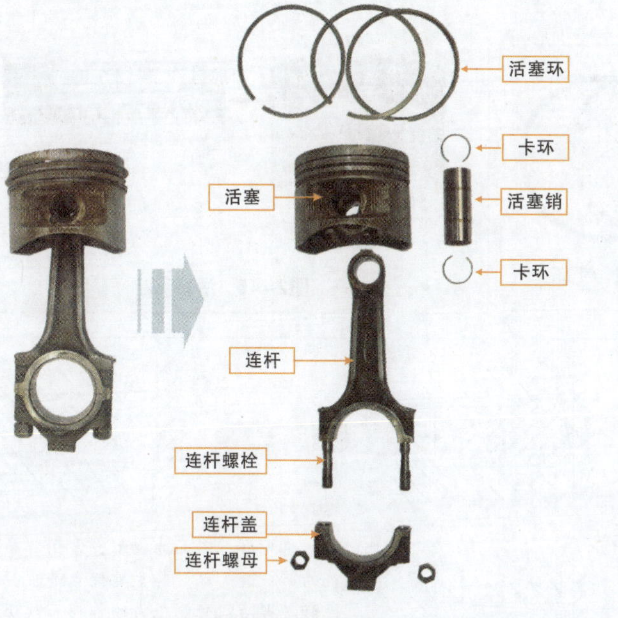

图2-41 活塞连杆组件

1. 活塞

活塞是用铝合金材料制成的，它与气缸盖、气缸壁等共同组成燃烧室。活塞的主要功用是承受燃烧气体压力，并将此力通过活塞销传给连杆以推动曲轴旋转。

活塞的基本结构可分为顶部、头部和裙部三个部分，如图2-42所示。

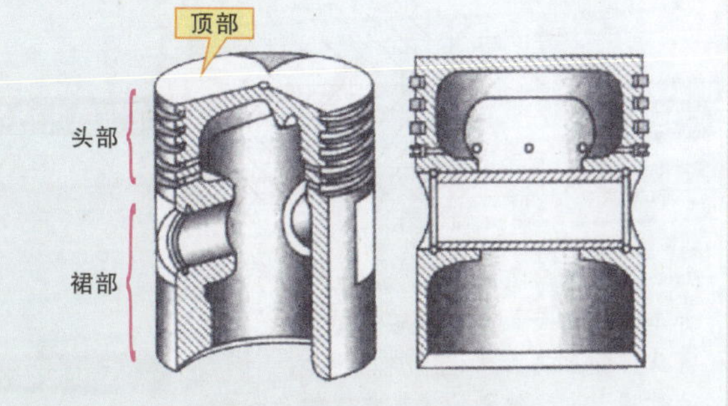

图2-42 活塞的基本结构

（1）活塞顶部

活塞顶部是燃烧室的组成部分，其形状与选用的燃烧室形式有关。汽油机活塞顶部形状如图2-43所示。

活塞顶部

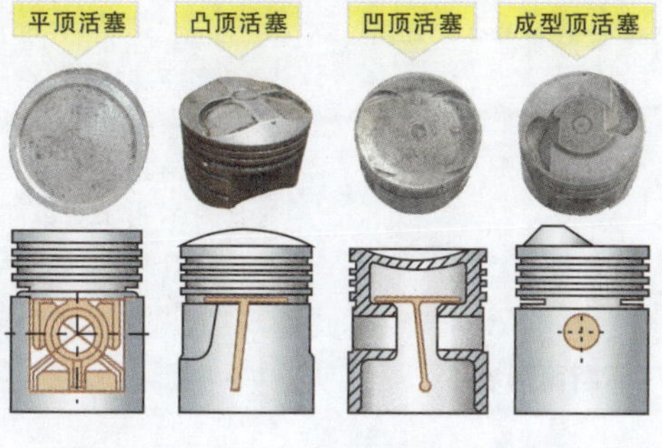

图2-43 活塞顶部形状

有的活塞顶部打有各种记号，用以显示活塞及活塞销的安装及选配要求。如图2-44所示的“→”，是装配方向记号，装配时箭头应指向发动机前方。

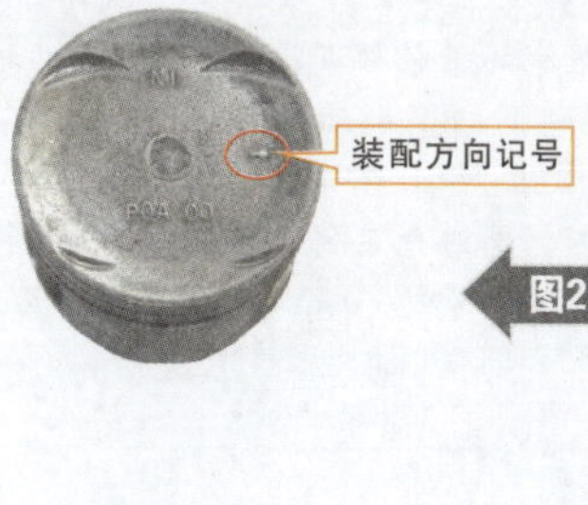

图2-44 活塞安装方向

（2）活塞头部

活塞头部是指活塞销孔以上的部分。

活塞头部有若干道用以安装活塞环的环槽。汽油机一般有三道环槽，上面第一、二道安装气环，下面一道安装油环。在油环槽侧面钻有许多径向小孔，被油环从气缸壁上刮下来的多余的机油可以经过这些油孔流回油底壳。

（3）活塞裙部

活塞裙部是指油环槽下端面起至活塞底部的部分，其作用是对活塞在气缸内的往复运动起导向作用，并承受侧压力。

2. 活塞环

活塞环

活塞环一般是由合金铸铁材料制造的，分为气环和油环，安装位置如图2-45所示。

（1）气环

实物如图2-46所示。气环的作用是密封和散热，即保证活塞与气缸壁之间的密封，防止漏气，同时还将活塞顶部的热量传导到气缸壁。

气环的断面形状有多种，如图2-47所示。

图2-46　气环

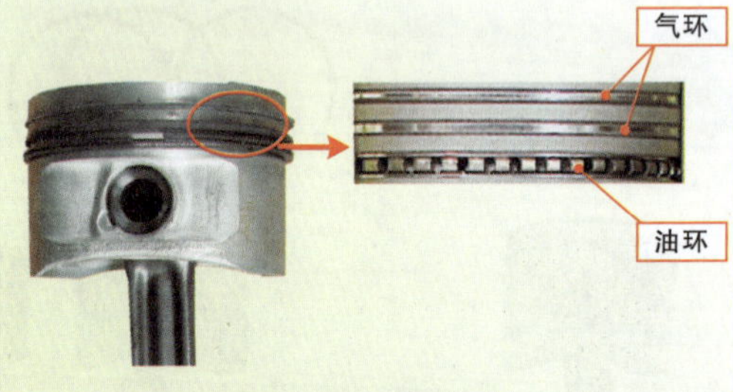

图2-45　活塞环

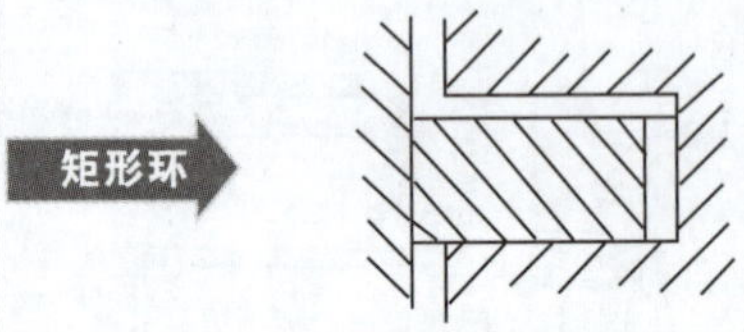

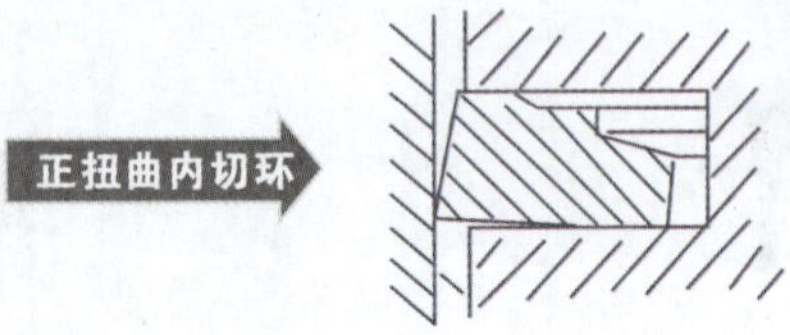

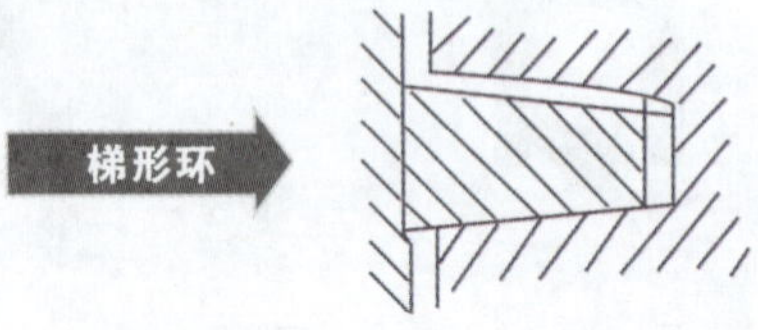

矩形环：断面为矩形。结构简单，加工方便，与气缸壁接触面积大，对活塞头部的散热有利。但磨合性差，“泵油作用”大，使机油消耗量增加、活塞顶及燃烧室壁面积炭。

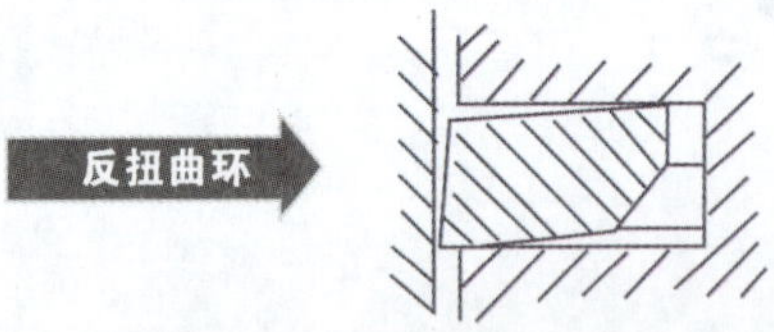

梯形环：断面为梯形，常用作柴油机的第一道气环。其主要优点是抗黏结性好。当活塞受侧压力的作用而改变位置时，环的侧隙相应地发生变化，使沉积在环槽中的润滑油被挤出去，避免了环被黏在环槽中而折断。

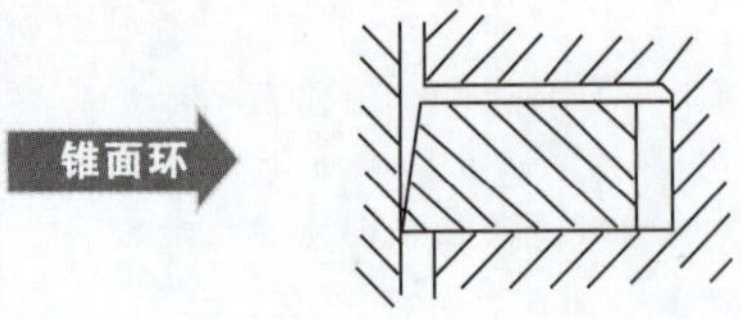

锥面环：锥面环与气缸壁为线接触，有利于磨合和密封。这种环在活塞下行时，锥面环能起到向下刮油的作用，上行时有布油作用。锥面环传热性差，安装时不能装反，为避免装错，在环的上侧面标有向上的记号。

扭曲环：是在矩形环的内圆上边缘或外圆下边缘切去一部分，使断面呈不对称形状。装入气缸后，由于环的弹性内力不对称而产生断面倾斜，使环发生扭曲。这种环有利于密封和磨合，还有利于刮油。

若将内圆面的上边缘或外圆面的下边缘切掉一部分，则称这种环为正扭曲环。

若将内圆面的下边缘切掉一部分，则称其为反扭曲环。

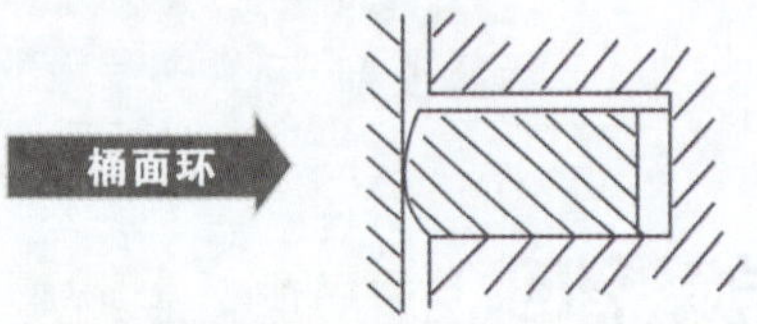

桶面环：环的外圆面为外凸圆弧形。其密封性、磨合性及对气缸壁表面形状的适应性都比较好。桶面环在气缸内不论上行或下行均能形成楔形油膜，将环浮起，从而减轻环与气缸壁的磨损。

图2-47 气环断面形状

（2）油环

油环有整体式油环（又称普通油环）和组合式油环两种，如图2-48所示。油环的作用是刮油和布油，即：下行时将气缸壁上多余的机油刮回油底壳，防止窜入气缸燃烧；上行时在气缸壁上布上一层均匀的油膜，减少活塞、活塞环与气缸壁的摩擦阻力。

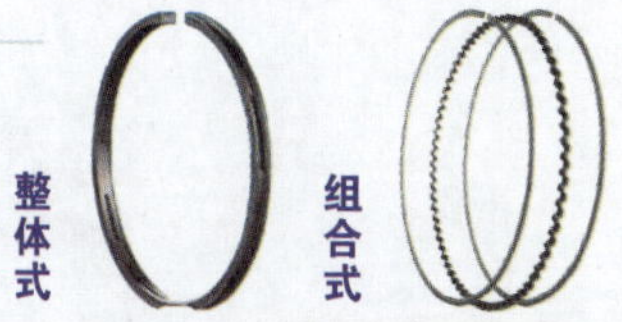

图2-48 油环

3. 活塞销

活塞销一般用低碳钢或低碳合金钢制造，为空心圆柱体，如图2-49所示。其功用是连接活塞与连杆小头，将活塞承受的气体作用力传给连杆。

图2-49 活塞销

活塞销与活塞销座孔和连杆小头的连接方式一般有全浮式和半浮式两种（见图2-50）。

全浮式：在发动机正常工作温度时，活塞销能在连杆衬套和活塞销座孔中自由转动，减小了磨损且使磨损均匀。此种活塞销应用广泛。

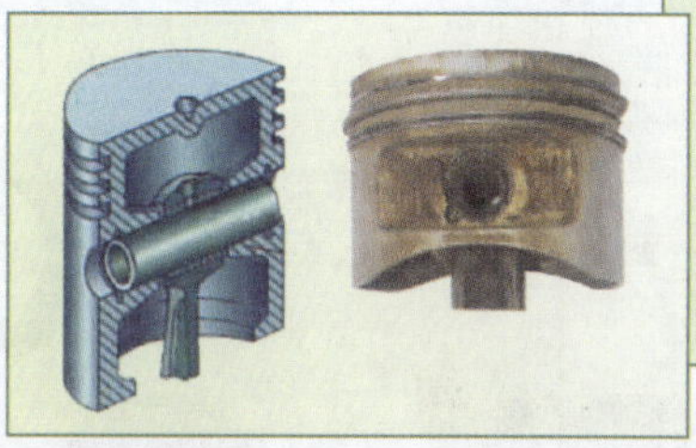

半浮式：活塞销中部与连杆小头采用紧固螺栓联接，活塞只能在两端销座内作自由摆动。这种连接方式省去了连杆小头衬套。

图2-50 活塞销的连接方式

4. 连杆

连杆的作用：将活塞承受的力传给曲轴，并将活塞的往复运动转变为曲轴的旋转运动。连杆组件主要由连杆小头、连杆杆身和连杆大头（包括连杆盖、连杆轴瓦和连杆螺栓）等部分组成，如图2-51所示。

连杆

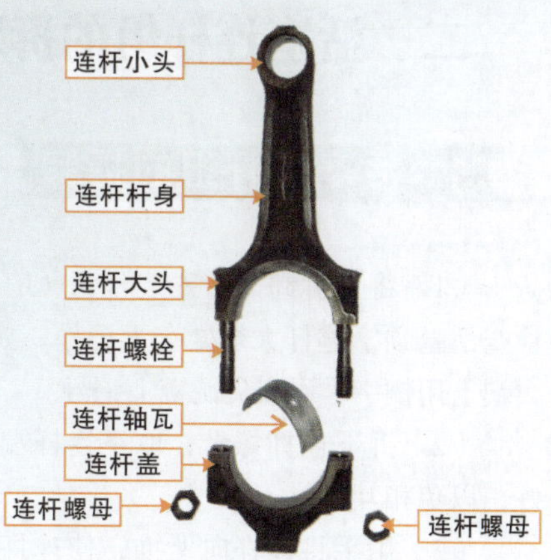

图2-51 连杆组件

连杆小头

用来安装活塞销（半浮式）或连杆套（全浮式）的圆形座孔。

连杆杆身

通常做成“工”字形断面，抗弯强度好，质量轻。有的连杆在杆身内加工有油道，用来润滑小头衬套和冷却活塞。

连杆大头

与曲轴的连杆轴颈相连，大头有整体式和分开式两种。一般多采用分开式，分开式又分为平分和斜分两种，即连杆大头的切口型式有平分切口和斜分切口两种，如图2-52所示。

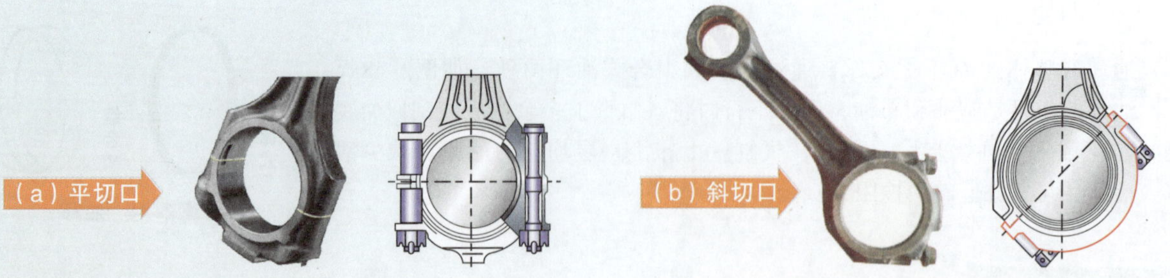

平切口连杆的剖分面垂直于连杆轴线。一般汽油机连杆大头尺寸都小于气缸直径，可以采用平切口

斜切口连杆的大头部分面与连杆轴线呈30° ~60° 的夹角

图2-52　连杆大头

斜切口连杆：为了保证连杆轴承及连杆端盖的位置稳定，此外考虑连杆螺栓由于承受较大的剪切力而容易发生疲劳破坏。为此，应该采用能够承受横向力的定位方法。定位方法主要有止口定位、套筒定位、锯齿定位，如图2-53所示。锯齿定位在斜切口连杆上应用最广泛。

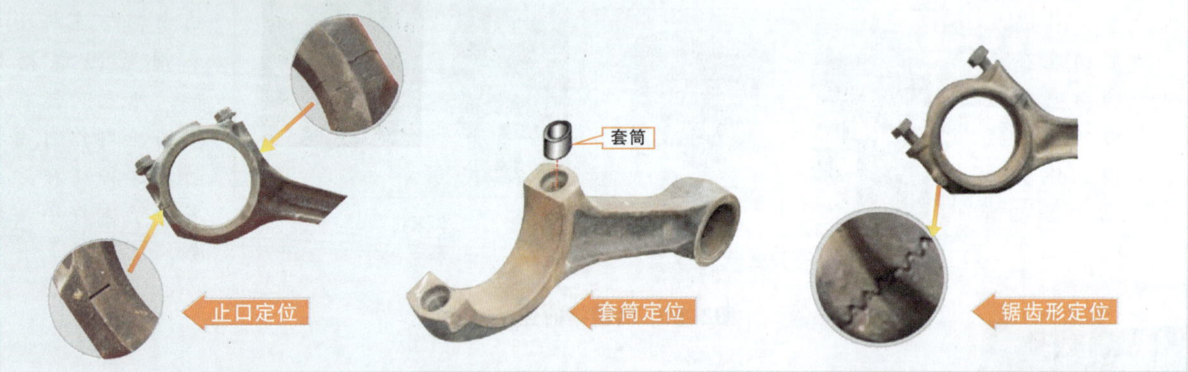

图2-53　斜切口连杆大头定位方法

二、活塞连杆组的拆装

1. 活塞连杆组的拆卸

（1）将要拆卸的活塞连杆组（有两个缸）转到活塞处于下止点，并检查活塞顶、连杆大端处有无记号。如无记号，应按次序在活塞顶、连杆大端上用钢字号码或尖铳铳上记号。

（2）拆下连杆螺母，取下连杆端盖、衬垫和连杆轴承，并按顺序放好，以免相互搞错。

（3）用手将连杆向上推，使连杆与连杆轴颈分离。用橡胶锤或手锤木柄推出活塞连杆组（如图2-54所示）。如缸口磨成了台肩或有积炭，应先刮平，以免损坏活塞环等，另外注意不要硬撬、硬敲，以免损伤气缸。

（4）取出活塞连杆组后，应将连杆盖、衬垫、螺栓和螺母按原样装回，不可错乱，如图2-55所示。

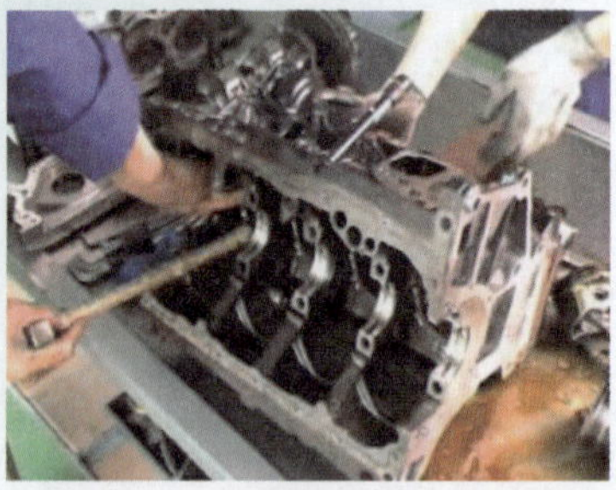

图2-54

图2-55

2. 活塞连杆组的分解

(1)

用活塞环装卸钳拆下活塞环（图2-56），观察活塞环装配记号。

图2-56 拆卸活塞环 →

(2)

将活塞连杆组浸入60℃热水中，并在热状态下拆下活塞销和活塞（图2-57）。

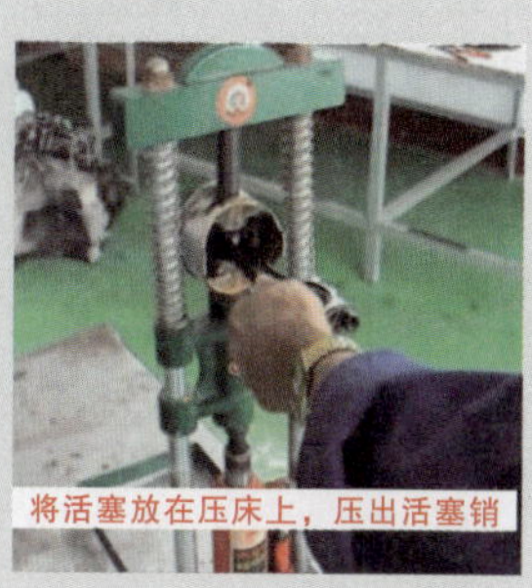

图2-57 拆卸活塞销 →

3. 活塞连杆组的组装

（1）用汽油清洗活塞组各零件，用钢丝通各油孔油道，清除污垢，然后用高压空气吹干各零件。

活塞连杆组的组装

（2）按顺序、标记分组放好，并清点零件。

（3）安装活塞销。将活塞置于水中加热到60～80℃后，取出活塞迅速擦净座孔，用拇指将涂有润滑油的活塞销推入活塞的一端销孔内，随即在连杆小头的衬套内涂上一层润滑油，将小头伸入活塞内；继续用拇指将活塞销推入连杆衬套，直至活塞的另一端销孔边缘，使活塞销端面与活塞销卡环槽的内端面平齐为止（严禁用手锤打入）；再装入卡环。卡环嵌入环槽中的深度，应不少于环径的2/3。卡环在环槽中与活塞销两端有间隙，以保证活塞销受热膨胀留有余地。

（4）安装活塞环。要用活塞环装卸钳依次装好第一道气环、第二道气环（图2-58）。第3道是油环（组合环）。**注意有字的一面朝上装配和活塞环开口方向**（图2-59）。

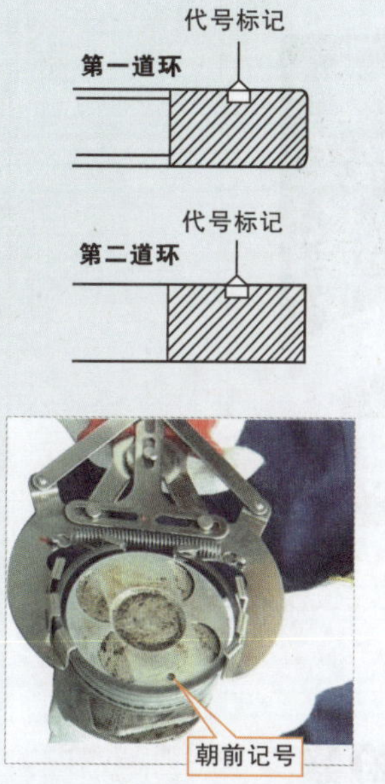

图2-58 活塞环装配记号

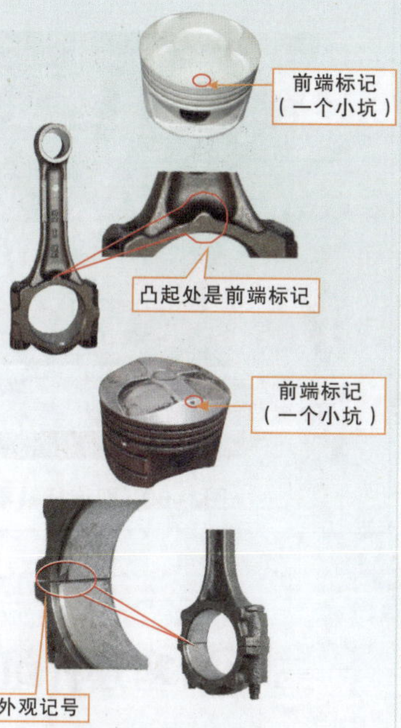

图2-59 活塞连杆组各零件的装配记号

4. 将活塞连杆组件装入气缸

（1）将第一缸曲柄转到下止点位置，取第一缸的活塞连杆总成。在瓦片、活塞环处加注少许机油，转动各环使润滑油进入环槽，并检验各环开口是否处于规定方位，如图2-60所示。

（a）

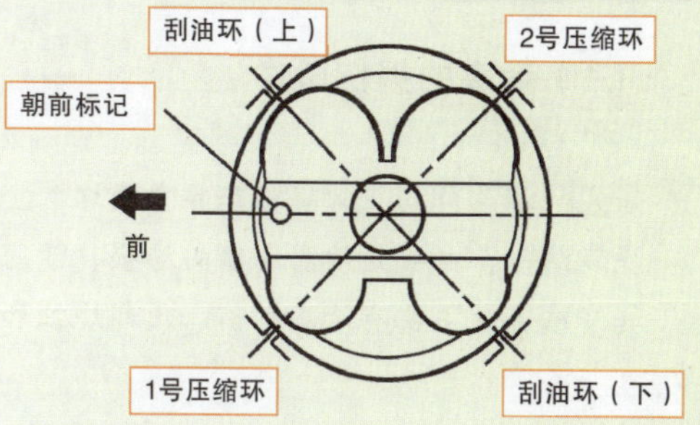

（b）

图2-60 各环开口方位

（2）用活塞环压缩器收紧各环，按活塞顶箭头方向，将活塞连杆组件从气缸顶部放入缸筒，用手引导连杆使其对准曲轴轴颈，用木锤柄将活塞推入（图2-61）。装入前注意检查装配记号如图2-62所示。

（a）　（b）

图2-61　木锤柄推入活塞

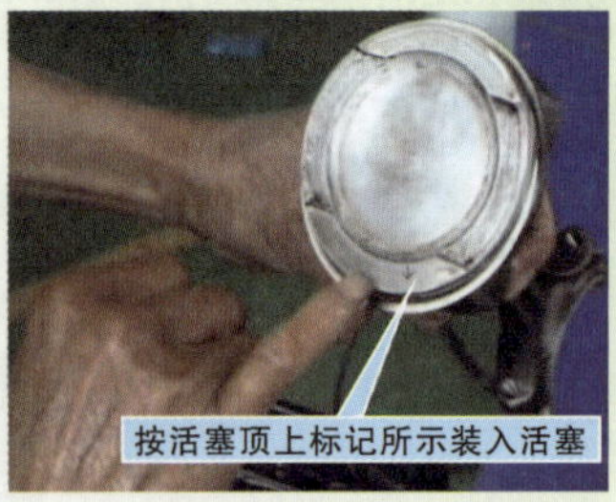

图2-62　检查装配记号

（3）取第一缸的连杆轴承盖（带有轴瓦），使标记朝前装在连杆上，并按规定力矩交替拧紧连杆螺母，如图2-63所示。

图2-63　取连杆轴承盖

（4）依同样方法，将其余各缸活塞连杆组件装入相应气缸。

（5）活塞连杆组装复后，用手锤朝曲轴轴线方向前后轻敲轴承时，连杆应能轻微移动；全部装复后，转动曲轴时，松紧度应适宜；所有连杆螺栓螺母应齐全可靠，如图2-64所示。

图2-64　组装活塞连杆

三、活塞连杆组的检修

活塞连杆组的修理主要包括活塞、活塞销的选配，连杆的检验与校正，以及活塞连杆组在组装时的检验校正。

1. 活塞的选配

（1）活塞的损伤形式

活塞的损伤包括正常磨损和异常损坏。

正常磨损：主要是活塞环槽的磨损、活塞裙部的磨损和活塞销座孔的磨损。

异常损坏：主要有活塞刮伤、顶部烧蚀和脱顶等属于非正常的损伤形式。

（2）活塞选配的注意事项

①选择与气缸同一修理尺寸的活塞。同一台发动机应选用同一厂牌的同一组活塞，以使活塞的材料、性能、质量、尺寸一致。

同组活塞裙部最大直径差值：CA141不大于0.02mm；EQ140不大于0.01mm；BJ492不大于0.02mm。质量差：CA141不大于8g；EQ140不大于8g；BJ492不大于4g。质量超过规定的，可在裙部内壁下部向上20mm处车削，予以调整。

②活塞裙部的锥形及椭圆应符合技术标准的规定。

③对膨胀槽应开到底，而未开通的活塞，装配前应将膨胀槽开通。

（3）活塞裙部尺寸的检测

镗缸时要根据选配活塞的裙部直径确定镗削量，活塞裙部直径的测量方法如图2-65所示。在活塞下部离裙部底边约15mm且与活塞销座轴线垂直方向处，用千分尺测量活塞裙部直径。

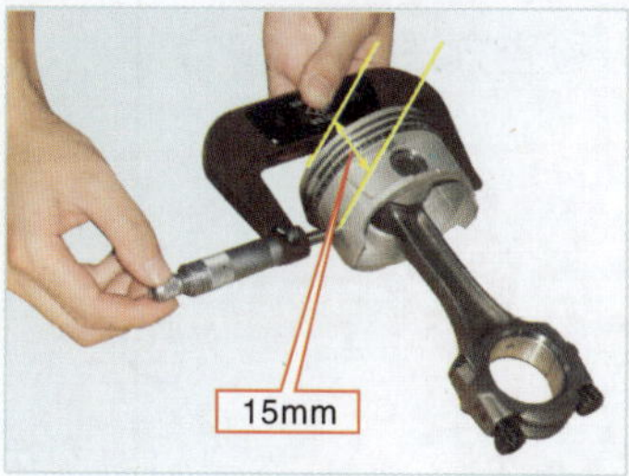

图2-65 活塞裙部尺寸的检测

2. 活塞环的选配

活塞环的损伤主要是活塞环的磨损、弹性减弱和折断等。

活塞环选配要求：

活塞环与气缸、活塞的修理尺寸要一致；要具有规定的弹力，以保证气缸的密封性；环的漏光度和端隙、侧隙和背隙应符合原厂的规定。

（1）活塞环的弹力检验

检验方法：将活塞环置于弹力检验仪上（如图2-66所示），使环的开口处于水平位置，移动活动量块，使环的端隙达到标准值。此时可由量块在秤杆上的位置读出作用于活塞环上的力，即为活塞环的弹力。几种国产车的活塞环弹力要求，如表2-1。

表2-1 几款国产车发动机活塞环弹力与端隙要求

车型	气环		油环	
	施加的力(N)	端隙(mm)	施加的力(N)	端隙(mm)
CA6102	49~78	0.5~0.7	11.8~31.4	0.3~0.5
EQ6100-1	41.1~56.8	0.35~0.55	34.3~49.0	0.5~1.0
492Q	17.2~24.5	0.2~0.4	15.7~21.6	0.2~0.4

图2-66 活塞环弹力检验仪

(2) 活塞环的漏光度检测

活塞环的漏光度检测目的

检测环的外圆表面与缸壁的接触和密封程度，漏光度（缝隙）过大，会造成漏气和窜机油的隐患。

检查方法

把环平装进气缸上部，然后用活塞头部将其推至气缸内该环相应的上止点位置（如图2-67），用一比缸径略小的遮光板盖在环的上侧，在气缸下部放置灯泡，从上面看环与缸壁间是否漏光。用塞尺和量角器测量其漏光度。

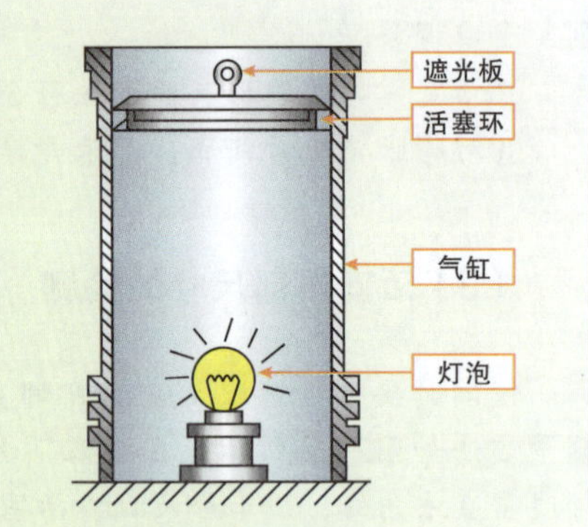

图2-67 活塞环漏光度的检查

活塞环漏光度的技术要求

活塞环开口处左右30° 范围内，不允许漏光。每处漏光弧长所对应的圆心角不超过25°，同一环上漏光弧长所对应的圆心角总和不超过45°。漏光处的间隙不大于0.03mm。

(3) 活塞环“三隙”的检测

活塞环的三隙是指端隙、侧隙、背隙。三隙大小的一般规律是：上环大于下环，柴油机环大于汽油机环、气缸直径大的环大于直径小的环、发动机压缩比大的环大于压缩比小的环。

几种常用汽车发动机活塞环的端隙和侧隙如表2-2。

表2-2 活塞环部端隙和侧隙

发动机型号	活塞环开口端隙（mm）			活塞环开口侧隙（mm）		
	第一道气环	第二道气环	油环	第一道气环	第二道气环	油环
捷达ATK	0.15~0.35	0.25~0.40	0.25~0.45	0.05~0.09	0.03~0.06	0.03~0.06
桑塔纳AYJ	0.20~0.40	0.20~0.40	0.25~0.50	0.06~0.09	0.06~0.09	0.03~0.06
奥迪ATX	0.35~0.50	0.50~0.70	0.25~0.50	0.02~0.08	0.02~0.08	0.02~0.08
丰田5R型	0.20~0.40	0.15~0.35	0.15~0.35	0.03~0.07	0.03~0.07	0.025~0.070
富康Tu5	0.30~0.50	0.40~0.70	0.30~0.50	0.04~0.07	0.03~0.063	0.035~0.07
夏利TJ376Q	0.20~0.70	0.20~0.70	0.20~1.10	0.03~0.12	0.03~0.12	0.03~0.12
五十铃4JB1	0.20~0.40	0.20~0.40	0.10~0.30	0.09~0.125	0.05~0.085	0.03~0.07
三菱10DC60A	0.40~0.60	0.40~0.60	0.40~0.60	0.10~0.13	0.05~0.08	0.025~0.070
解放CA6102	0.50~0.70	0.40~0.60	0.30~0.50	0.055~0.087	0.055~0.087	0.04~0.08
东风EQ6100	0.35~0.55	0.35~0.55	0.50~1.0	0.055~0.087	0.04~0.072	0.090~0.24

端隙的检验方法:

将活塞环置入气缸套内，并用倒置活塞的顶部将环推入气缸内相应上止点位置，然后用塞尺测量，如图2-68所示。若端隙大于规定值则应重新选配活塞环；若端隙小于规定值时，应利用细平锉刀对环口的一端进行锉修。锉修时只能锉修一端且环口应平整，锉修后应将毛刺去掉，以免在工作时刮伤气缸壁。

图2-68 活塞环端隙的检验

侧隙的检验方法:

将活塞环放入相应的环槽内，围绕环槽转动一圈，环在槽内应转动自如。然后用塞尺进行测量。侧隙的检测如图2-69所示。

图2-69 活塞环侧隙的检验

背隙的检验方法:

将活塞环放入活塞内，以环槽深度与活塞环径向厚度的差值来衡量的。测量时，将环落入环槽底，再用深度游标卡尺测出环外圆柱面沉入环岸的数值，该数值一般为0～0.35mm。如背隙过小时，应更换活塞环或车深活塞环槽的底部。

3. 活塞销的选配

发动机大修时，选择标准尺寸的活塞销，以便给小修留有修理余地。活塞销除标准尺寸以外，还有四级修理尺寸，每级直径加大0.04mm。

选配活塞销的原则是:

同一台发动机应选用同一厂牌、同一修理尺寸的成组活塞销，活塞销表面应无任何锈蚀和斑点，表面粗糙度≤0.20μm，圆柱度误差≤0.002 5 mm（活塞销的圆柱度误差的测量如图2-70所示），质量误差在10 g范围内。

活塞销与销座孔的配合要求很高，对全浮式活塞销与销座孔的配合，汽油机在常温时应有微量过盈（一般为0.002 5~0.007 5mm），发动机工作时又有微量间隙，使活塞销能在销座孔中转动。柴油机常温时为过渡配合，允许有微量间隙。

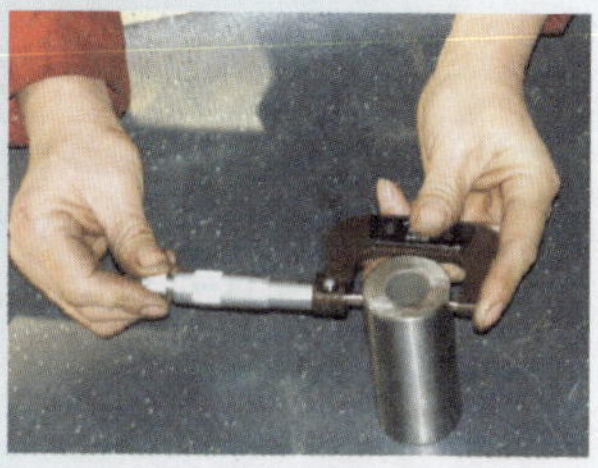
图2-70 活塞销圆柱度误差的测量

4. 连杆的检修

主要包括：连杆变形的检验与校正及连杆小端衬套的铰削。连杆变形后，使活塞在气缸中歪斜，引起活塞与气缸、连杆轴承与连杆轴颈的偏磨、敲缸、拉缸等。

连杆变形的检修

（1）连杆变形的检验

连杆变形的检验在连杆校验仪上进行，连杆校验仪能检验连杆的弯曲、扭曲、双重弯曲的程度及方位，如图2-71所示。

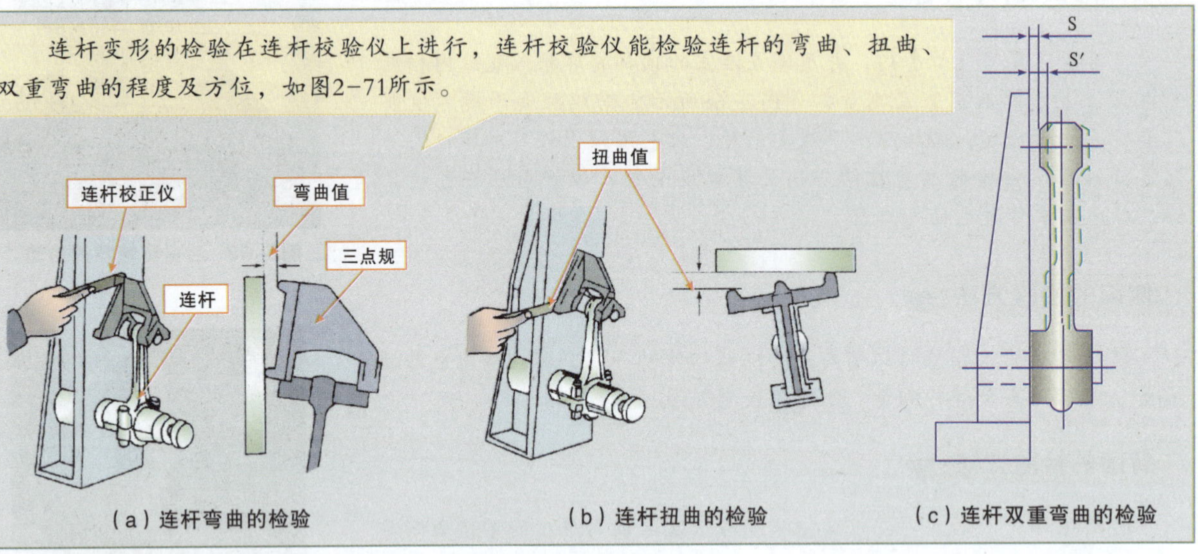

（a）连杆弯曲的检验　（b）连杆扭曲的检验　（c）连杆双重弯曲的检验

图2-71　连杆的检验

检验步骤：

①将连杆大端轴承取下，将承孔清洁干净，装好轴承盖，并按规定力矩拧紧连杆螺栓。

②把连杆大端安装在校正仪的可调横轴上，拧动调整柄使半圆键向外扩张，将连杆固定在校正仪上，使连杆大端承孔轴线与检验平板垂直。

③选用一个带有V形槽的三点规。三点规上的三个测点的端面构成的平面与V形槽的对称平面垂直。下面两个测点的距离为100mm。上测点位于两个下测点连线的垂直平分线上，与两下测点连线的距离也是100mm。将三点规的V形槽放在连杆小端的心轴（不装衬套时）或活塞销上，并推向检验平板。若三个测点都与平板接触，说明连杆不变形。不接触均表明连杆弯曲。

④用塞尺量出测点与平板的间隙，便是连杆在100mm长度上的弯曲度。若两个下测点一个接触，另一个不与平板接触，且上测点与平板的间隙等于另一个下测点间隙的一半，则表明连杆扭曲。下测点与平板的间隙即为连杆在100mm长度上的扭曲度。若一个下测点与平板接触，但上测点与平板的间隙不等于另一下测点与平板间隙的一半，则表明连杆同时存在弯曲和扭曲变形。此时下测点与平板的间隙为连杆扭曲度，上测点与平板的间隙为连杆弯曲度。

⑤检验时先测出连杆小端端面与平板距离S′，再将连杆翻转180°，测量出此距离S，若两次测出的距离值不等即说明连杆有双重弯曲。两距离之差即为连杆的双重弯曲度。

技术标准规定：

连杆的弯曲度应不大于0.03mm；扭曲度应不大于0.06mm。超过许用值时，应予校正。但连杆的双重弯曲极难校正，只能更换新连杆。

（2）连杆变形的校正

当连杆弯、扭变形并存时应先校扭后校弯。在校正连杆时，首先要记下连杆向哪边弯曲或扭曲及其弯曲度和扭曲度的数值。

①校扭

将连杆下盖按规定装配并拧紧，在台虎钳钳口垫上软金属垫片。夹紧连杆大端侧面。用连杆校正器的专用扳钳装卡在连杆杆身的上、下两部位，按图2-72所示的扳钳安装方法校正连杆向逆时针方向的扭曲变形。校正顺时针方向的扭曲变形时，可将上、下扳钳交换即可。

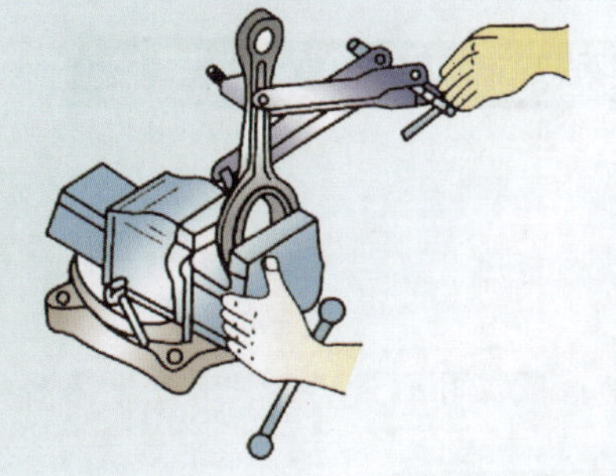

图2-72 校扭

②校弯

将弯曲的连杆放入校正器内，使弯曲的凸面朝上，对正凸起的部位加入垫块。扳转丝杠，使连杆向上产生反方向变形，并使变形量为原弯曲部位变形量的几倍到几十倍（矫枉过正），停留一定时间，待金属组织稳定后再松开丝杠，检查是否校正合格。校弯如图2-73所示。

在校正变形量较大的连杆后，应进行时效处理：将连杆加热至573K，保温一定时间。校正变形较小的连杆，只在校正载荷下保持一定时间即可。

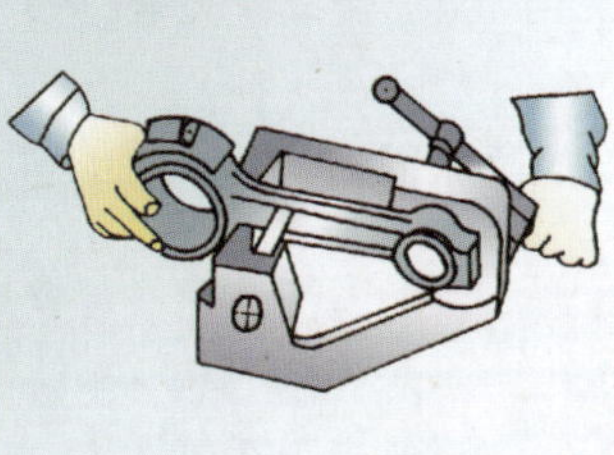

图2-73 校弯

③连杆衬套的铰削

在更换活塞销时必须更换连杆衬套。衬套与连杆小端孔用过盈配合连接，过盈量一般为0.10～0.20mm。

在衬套压装前，先将其与活塞销试配，如能勉强套入活塞销即为合适。如活塞销不能装入衬套，或装入后松旷均应重新选用衬套。衬套压入后，便可根据选配好的活塞销的实际尺寸铰削（或镗削）衬套，使其与活塞销的配合符合规定。其步骤如下：

选择铰刀：根据活塞销实际尺寸，选择相应的可调铰刀。

调整铰刀：将连杆小头衬套孔套入铰刀，使连杆大端承孔轴线与铰刀轴线保持平行。以刀刃露出衬套上端面3～5mm为第一刀的铰削量来进行铰削。铰刀的每次调整量以调整螺母转过60°～90°为宜，当接近配合尺寸时，铰刀每次宜调整30°～60°。

铰削：一手托住连杆大头，另一手把持住连杆小头并向下略施压力进行铰削。当衬套下端面与刀刃下端相平时，停止铰削，将连杆下压退出，以免铰偏或起棱。铰刀量不变，翻转连杆重铰一次。如图2-74所示。

试配：每铰削一次都要用活塞销试配，以防铰大。当用手掌力能将活塞销推入衬套1/3～2/5时停铰。用木锤将销打入衬套内，并把活塞销夹持在台钳上来回扳转连杆，然后压出活塞销。

修刮：查看衬套的压痕，根据接触面和松紧度情况，用刮刀修刮，直至能用手掌力量把涂有机油的活塞销推入连杆衬套；或在台钳上夹住活塞销，把连杆向上转至与水平方向约成75°时能停住，用手轻轻振动，连杆能靠其自身重量徐徐下落，则表明间隙合适。此外，活塞销与连杆衬套的接触面印痕呈点状分布，面积应在75%以上。

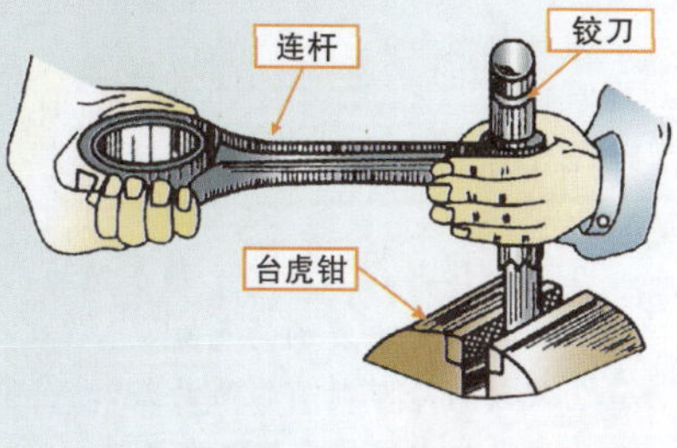

图2-74 铰削

四、活塞连杆组异响故障维修思路

发动机活塞连杆组异响故障主要有活塞敲缸响、活塞环异响、活塞销异响、活塞拉缸响等。

1. 活塞敲缸响故障维修思路

故障现象：

（1）发动机怠速时，在气缸的上部发出清晰的敲击声，好像用一小锤轻敲水泥地面产生的“嗒嗒嗒”的声音。

（2）发动机低温时响声明显，温度升高后响声减弱或消失，怠速或低中速时响声明显，中高速时一般减弱或消失。

（3）该缸断火后，响声减弱或消失。

故障原因：

（1）气缸磨损严重造成活塞与气缸配合间隙过大。

（2）发动机大修时修配不当造成活塞与气缸配合间隙过大。

（3）活塞方向装反。

（4）活塞与活塞销配合过紧，使活塞出现反椭圆形。

（5）连杆轴承配合间隙过小。

故障思路：

（1）检查不同的发动机温度下响声的变化

活塞敲缸异响的特点是发动机冷车时明显，热车后减弱或消失，因此，应先在发动机冷车时检查响声。若发动机冷车时有敲击声，热车后响声消失，说明是活塞敲缸响，且故障尚轻，车辆可继续使用。若发动机热车后响声虽有减弱，但仍较明显，特别是大负荷低速时听得非常清楚，说明故障较严重，应拆修发动机。

（2）断火检查

为确定发动机异响是活塞敲缸，可把发动机转速固定在敲击声最响的位置上，对各气缸逐个进行断火检查。若某缸断火后，异响明显减弱或消失，则为该缸敲缸。

（3）加机油诊断

若要进一步确定是否活塞敲缸，可将发动机熄火，拆下怀疑有响声气缸的火花塞，将少许机油注入该气缸内活塞上方并摇转曲轴数圈，然后装上火花塞启动发动机。如果在刚启动时响声减弱或消失，但过不久响声又出现，即可确认为该缸敲缸。

（4）听诊

将听诊器或长柄起子触在发动机缸体上部的两侧进行听诊。如果在气缸上部响声明显并稍有振动，再结合断火试验，即可确定出发响的气缸。

发动机冷车时有轻微的敲缸声，热车后响声消失，这种现象是正常的，可不必检修。

发动机出现严重敲缸响声时，必须分解发动机，测量气缸磨损后的尺寸及活塞裙部的直径。如已超出使用极限，应当对发动机进行全面检修，更换活塞和气缸套，按规范要求选配好活塞和气缸的配合间隙，才能彻底排除敲缸故障。

2. 活塞环异响故障维修思路

活塞环异响分两种：一种是活塞环敲击异响；另一种是活塞环漏气异响。

活塞环敲击异响故障现象：

响声为钝哑的“啪啪”声，随发动机转速的升高响声随之加大，并且不变成较杂碎的声音。单缸断火试验时，响声减小但不消失。

活塞环敲击异响的原因：

（1）活塞环折断。

（2）活塞环槽磨损，使活塞环在环槽内松旷。

（3）活塞环撞击气缸口台阶。这是由于气缸壁磨损较大，在缸套顶部未磨损部分与磨损严重部分之间形成了明显台阶，此时若连杆轴承间隙和连杆衬套间隙较大，活塞在运动到上止点时就会由于惯性力的作用而使活塞环和台阶产生撞击，从而产生“啪啪”的响声。此故障严重时会使活塞环撞碎或折断。

活塞环漏气异响故障现象：

响声类似于敲缸响，打开加机油口盖可见大量淡蓝烟冒出。单缸断火试验时，响声明显减小。

活塞环漏气异响的原因：

（1）气缸和活塞环磨损后活塞环开口间隙过大。

（2）气缸壁磨损后出现沟槽。

（3）由于积炭使活塞环黏结在环槽内失去密封。

（4）活塞环弹性太弱。

（5）活塞环质量不好或活塞失圆。

活塞环异响维修思路：

（1）进行单缸断火试验。如果断火时响声减小但不消失，把长柄起子放在火花塞上细听，有“唰唰、唰”响声则为活塞环折断，如感觉到有明显的振动则为活塞环碰撞气缸口台阶响。

（2）打开加机油口盖检查，如有脉动性地向外冒淡蓝烟，且频率与响声吻合；作断火试验时，窜气减弱，则为活塞漏气异响。

（3）若发动机温度低时，发出“嘣嘣嘣”的响声，转速升高时响声随之增大；发动机温度升高后，响声逐渐减小或消失；作单缸断火试验时响声消失，恢复工作后响声随即又出现，即可断定为活塞漏气异响。

发现活塞有敲击异响或漏气异响时，应拆检发动机，更换活塞环或对发动机进行大修。

3. 活塞销异响故障维修思路

故障现象：

（1）发动机在怠速或中速运转时，在发动机的侧上部可听到“嗒嗒嗒”的明显、清晰而尖脆的敲击声。

（2）抖动节气门，由怠速往中速急抖节气门时响声非常明显，且清脆而连贯。

（3）发动机温度升高，响声不减弱。

（4）断火试验时响声减弱或消失，而恢复工作时的瞬间，有明显的一两下响声。

故障原因：

（1）活塞销与连杆小头衬套配合松旷。
（2）活塞销与活塞的销座孔配合松旷。
（3）机油压力过低，曲轴箱内机油飞溅量不足，或连杆上的润滑油道堵塞，而造成活塞销烧蚀严重。

故障思路：

（1）抖动节气门试验

发动机由怠速向低速急抖节气门。

若响声能随转速变化，每抖动一次节气门都能听到清脆而连贯的“嗒嗒嗒”响声，则为活塞销异响。

（2）断火试验

如果异响较小，可将发动机稳定在响声相对较强的转速上，逐缸进行断火试验。当某缸断火后响声明显减弱或消失，在复火的瞬间又立即出现一个或连续二个较强的响声，则可断定为该缸活塞销响。

（3）听诊

在微抖节气门使发动机转速不断变化的情况下，用听诊器或长柄起子触在发动机缸体上部的两侧，可听到清脆的响声，则为活塞销异响。

当发动机出现活塞销响时，应拆下所有的活塞连杆组，更换加大的活塞销或将活塞和活塞销及连杆衬套一同更换，以恢复活塞销和座孔及衬套孔之间的配合间隙。

4. 活塞拉缸异响维修思路

故障现象：

（1）此响声一般出现在发动机大修后的走合期。即发动机在怠速运转时出现“嗒嗒嗒”声，略像活塞敲缸的声音，而温度升高后，响声不但不消失，反而稍重一些，且有时还带有“吭吭”的声音，发动机稍有抖动现象。
（2）断火试验仍有响声，但严重拉伤后也出现活塞敲缸响，不过此时断火试验响声有减弱。
（3）拉伤到一定程度时，出现发动机突然熄火现象。
（4）严重时，从加机油口处往外冒烟。

故障原因：

（1）活塞与缸壁间隙过小或活塞膨胀系数过大。
（2）活塞椭圆度不足，或反椭圆。
（3）活塞头部尺寸大，活塞环背隙或端隙过小。
（4）活塞销与销座孔配合过紧，致使活塞变形胀大。
（5）机油不足或润滑孔道堵塞，润滑不良。
（6）发动机缺水，温度过高。
（7）发动机长时间高速运转，尤其在走合期内。
（8）全浮式活塞销未装锁环，半浮式活塞销固定螺钉未拧紧，活塞销轴向窜动拉缸。

故障思路：

（1）当发动机出现类似于敲缸的异常响声时，如果进行断缸检查时响声变化不明显，应考虑是否为活塞拉缸异响。

（2）可用气缸压力表检测各个气缸的压缩压力，若某个气缸压缩压力明显低于其他各缸，则此缸可能拉缸，应分解发动机检查确定。

（3）可先拆下气缸盖，转动曲轴使各缸活塞处于下止点位置，检查气缸壁表面，如有明显拉毛现象，即为该缸拉缸。

（4）发动机只要有一个气缸产生拉缸，就应全面分解发动机，更换所有活塞和气缸套。

五、活塞异响故障维修实际操作

学习了活塞连杆组的结构，掌握了活塞连杆组的拆装与维修方法、熟悉常见故障的维修思路后，下面回过头来看看在本情境开始时提出的故障，现在你是否已有了解决的方案。

检修过程：

（1）提高怠速，发现响声在低速时明显，而在中速时减弱、在高速时消失了，说明是活塞敲缸异响。

（2）在低速时，将长柄起子触在发动机缸体上部的两侧进行听诊，在气缸上部响声明显并稍有振动。

（3）对各气缸逐个进行断火检查，发现第二缸断火后，响声消失，判定是第二缸敲缸。

（4）分解发动机，测量气缸内径及活塞裙部直径，发现活塞磨损，已超出使用极限，重新选配好活塞进行更换后，故障排除。

思考与练习

一、填空题

1. 活塞连杆组主要由________、________、________和________等组成。
2. 气环的作用是________和________；油环的作用是________和________。
3. 斜切口连杆端盖常用的定位方法有________、________和________等。

二、判断题（正确的打“√”，错误的打“×”）

1. 当连杆弯、扭变形并存时一般应先校扭后校弯。 （ ）
2. 活塞环的泵油作用，可以加强对气缸上部的润滑，因此是有益的。 （ ）
3. 活塞与缸壁间隙过小或活塞膨胀系数过大易引起活塞敲缸响故障。 （ ）

三、选择题

1. 活塞环开口间隙（端隙）过小，应采取 （ ）

A. 互研法修理　B. 锯割法修理　C. 锉削法修理　D. 刮研法修理

2. 汽油机在常温时，全浮式活塞销与销座孔为（ ）配合，柴油机常温时为（ ）配合。

A. 过渡　B. 过盈　C. 间隙　D. 不足

3. 扭曲环之所以会扭曲，是因为 （ ）

A. 加工成扭曲的　B. 环断面不对称　C. 摩擦力的作用　D. 相互力的作用

一辆捷达轿车，发动机突然加速时，有明显而沉重的连续“哐哐”声，好像用大锤轻敲大石块的声音。

根据多年的维修经验，估计是曲轴飞轮组发出异响。要排除该故障，我们需了解曲轴飞轮组的结构，掌握曲轴飞轮组的检修方法。

情境四：曲轴飞轮组结构与检修

一、曲轴飞轮组的组成

曲轴飞轮组主要由曲轴、飞轮、正时齿轮和曲轴带轮等组成。如图2-75示。

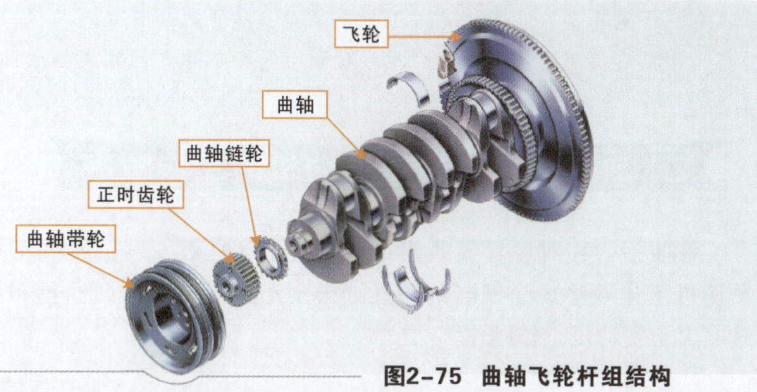

图2-75 曲轴飞轮杆组结构

曲轴

1. 曲轴

曲轴一般用中碳钢或中合金碳钢模锻而成。其作用是把活塞连杆组传来的气体压力转变为扭矩对外输出；驱动配气机构及其他附属装置。

曲轴一般由前端轴、主轴颈、连杆轴颈（曲轴销）、曲柄（曲柄臂）、平衡重、曲轴后端等组成（如图2-76所示）。一个连杆轴颈和它两端的曲柄及主轴颈构成一个曲拐。

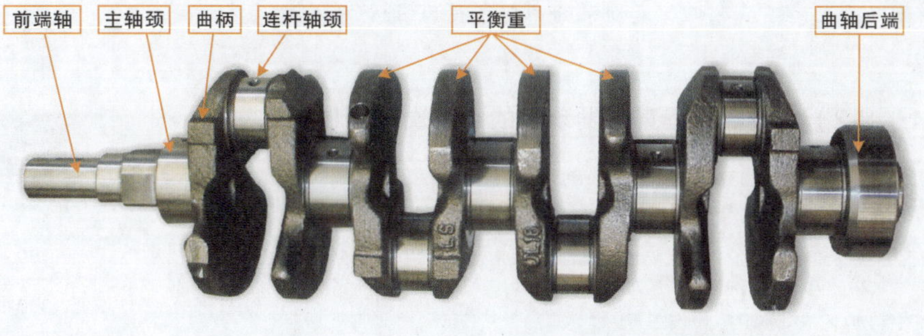

图2-76 曲轴

（1）主轴颈

主轴颈是曲轴的支撑部分。每个连杆轴颈两边都有一个主轴颈的，称为全支撑曲轴；主轴颈数等于或少于连杆轴颈数的，称为非全支撑曲轴。如图2-77所示。

图 2-77 曲轴的支撑方式

（2）连杆曲颈

连杆曲颈是曲轴与连杆的连接部分，直列发动机的连杆轴颈数目和气缸数相等；V形发动机的连杆轴颈数等于气缸数的一半。

（3）曲柄和平衡重

曲柄是主轴颈和连杆轴颈的连接部分，断面为椭圆形，为了平衡惯性力，曲柄处铸有（或紧固有）平衡重。平衡重用来平衡发动机不平衡的离心力，有时还用来平衡一部分往复惯性力，从而使曲轴旋转平稳。

（4）曲轴前端和曲轴后端

曲轴前端装有正时齿轮、驱动风扇、水泵的带轮以及启动爪等。为了防止机油沿曲轴轴颈外漏，在曲轴前端装有一个甩油盘，在齿轮室盖上装有油封，防止机油外漏。

曲轴后端用来安装飞轮，在后轴颈与飞轮凸缘之间制成挡油凸缘与回油螺纹，以阻止机油向后窜漏。

2. 曲拐布置与多缸发动机的工作顺序

各曲拐的相对位置或曲拐布置取决于气缸数、气缸排列形式和发动机工作顺序。当气缸数和气缸排列形式确定之后，曲拐布置就只取决于发动机工作顺序。

（1）四缸四冲程发动机的点火次序和曲拐布置

直列四缸四冲程发动机的点火间隔角为720°/4=180°。四个曲拐在同一平面内。发动机工作顺序为1-3-4-2或1-2-4-3，其工作循环见表2-3、2-4。直列四缸发动机的曲拐布置如图2-78所示。

表2-3 四缸发动机工作循环
（点火次序：1-2-4-3）

曲轴转角（°）	第一缸	第二缸	第三缸	第四缸
0～180	做功	压缩	排气	进气
180～360	排气	做功	进气	压缩
360～540	进气	排气	压缩	做功
540～720	压缩	进气	做功	排气

表2-4 四缸发动机工作循环
（点火次序：1-3-4-2）

曲轴转角（°）	第一缸	第二缸	第三缸	第四缸
0～180	做功	排气	压缩	进气
180～360	排气	进气	做功	压缩
360～540	进气	压缩	排气	做功
540～720	压缩	做功	进气	排气

（2）六缸四冲程直列发动机的点火次序和曲拐布置

六缸四冲程直列发动机的点火间隔角为720°/6=120°。六个曲拐互成120°。有两种点火顺序，一种为：1-5-3-6-2-4（其工作循环见表2-5），这种方案应用比较普遍；另一种为：1-4-2-6-3-5。直列六缸发动机的曲拐布置如图2-79所示。

表2-5 直列六缸发动机工作循环
（点火顺序1-5-3-6-2-4）

<table>
<tr><th colspan="2">曲轴转角(°)</th><th>第一缸</th><th>第二缸</th><th>第三缸</th><th>第四缸</th><th>第五缸</th><th>第六缸</th></tr>
<tr><td rowspan="3">0~180</td><td>0~60</td><td rowspan="3">做功</td><td rowspan="2">排气</td><td>进气</td><td>做功</td><td rowspan="2">压缩</td><td rowspan="3">进气</td></tr>
<tr><td>60~120</td><td rowspan="3">压缩</td><td rowspan="3">排气</td></tr>
<tr><td>120~80</td><td rowspan="3">进气</td><td rowspan="3">做功</td></tr>
<tr><td rowspan="3">180~360</td><td>180~240</td><td rowspan="3">排气</td><td rowspan="3">压缩</td></tr>
<tr><td>240~300</td><td rowspan="3">做功</td><td rowspan="3">进气</td></tr>
<tr><td>300~360</td><td rowspan="3">压缩</td><td rowspan="3">排气</td></tr>
<tr><td rowspan="3">360~540</td><td>360~420</td><td rowspan="3">进气</td><td rowspan="3">做功</td></tr>
<tr><td>420~480</td><td rowspan="3">排气</td><td rowspan="3">压缩</td></tr>
<tr><td>480~540</td><td rowspan="3">做功</td><td rowspan="3">进气</td></tr>
<tr><td rowspan="3">540~720</td><td>540~600</td><td rowspan="3">压缩</td><td rowspan="3">排气</td></tr>
<tr><td>600~660</td><td rowspan="2">进气</td><td rowspan="2">做功</td></tr>
<tr><td>660~720</td><td>排气</td><td>压缩</td></tr>
</table>

图2-79
直列六缸发动机的曲拐布置

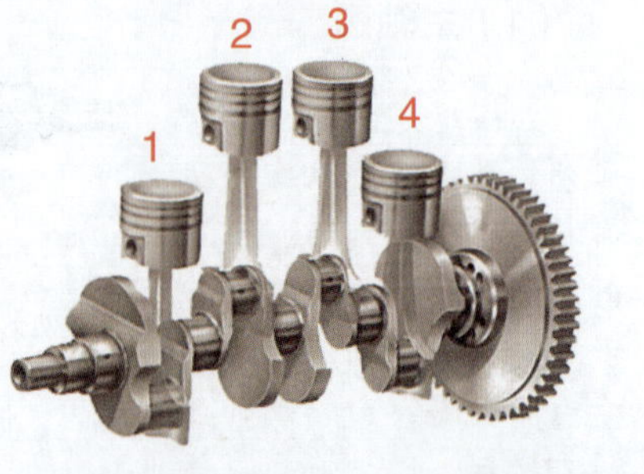

图2-78 直列四缸发动机的曲拐布置

（3）六缸四冲程V型发动机点火次序和曲拐布置

六缸四冲程V型发动机的发火间隔角仍为120°。三个曲拐互成120°，如图2-80所示。点火顺序为R_1-L_3-R_3-L_2-R_2-L_1（1-6-5-4-3-2）。面对发动机的冷却风扇，右列气缸用R表示，由前向后气缸号分别为R_1、R_2、R_3；左列气缸用L表示，气缸号分别为L_1、L_2和L_3。

图2-80 六缸V形发动机的曲拐布置

（4）八缸四冲程V形发动机点火次序和曲拐布置

八缸四冲程V形发动机的点火间隔角为720°/8=90°。四个曲拐互成90°，如图2-81所示。点火顺序基本上有R_1-R_2-R_4-L_1-L_3-R_3-L_2-L_4（1-3-7-2-6-5-4-8，美国车系）和L_1-R_4-R_2-L_2-R_3-L_3-L_4-R_1（1-8-4-3-6-5-7-2，日本车系），还有德国车系较常用：1-5-4-8-6-3-7-2。

图2-81 八缸V型发动机的曲拐布置

飞轮

3. 飞轮

飞轮是一个很重的铸铁圆盘，实物如图2-82。

其主要作用是：将做功冲程的能量贮存起来，以便克服进气、压缩和排气行程的阻力，使曲轴能均匀地旋转。

图2-82 发动机飞轮

在飞轮上还刻有上止点记号，用来校准点火定时或喷油定时以及调整气门间隔，如图2-84所示。

图2-84 上止点标记

在飞轮轮缘上镶嵌有飞轮齿圈，如图2-83所示，在发动机启动时，与启动机齿轮啮合，带动曲轴旋转。

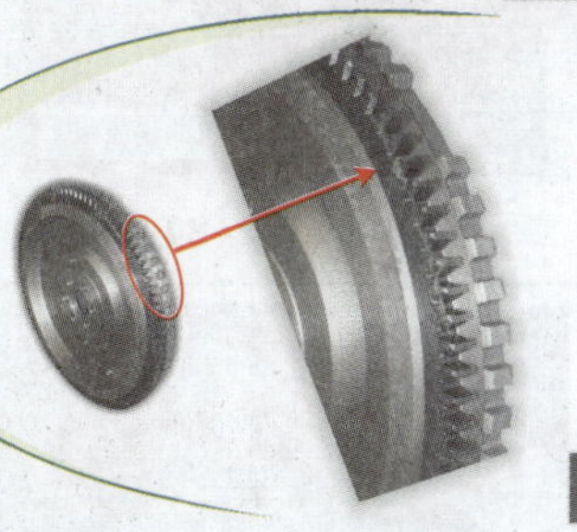
图2-83 飞轮上的启动齿轮

4. 发动机滑动轴承

汽车发动机滑动轴承有：连杆衬套、连杆轴承、主轴承和曲轴止推轴承等。

（1）连杆轴承和主轴承

钢背是轴瓦的基体，由1~3mm厚的低碳钢板制造，以保证有较高的机械强度。在钢背上浇铸减摩合金层，减摩合金材料主要有锡基合金、铜基合金和铝基合金。

锡基合金也叫巴氏合金，应用较多的锡基合金减摩性好，常用于负荷不大的汽油机。

铜铅合金和高锡铝合金轴瓦，被广泛用于汽油机和柴油机。

在轴瓦的结合端冲压出定位唇，在轴承孔中加工有定位槽，以便装配时能正确定位。在主轴承和连杆轴承的上、下轴瓦上均加工有环形油槽和油孔，以便不间断地向连杆小头喷油孔供油。有的发动机为了润滑连杆轴承和曲柄销的需要，只在主轴承的上轴瓦加工有环形油槽。

连杆轴承和主轴承均由上、下两片轴瓦对合而成，如图2-85所示。每一片轴瓦都是由钢背和减摩合金层或钢背、减摩合金层和软镀层构成，前者称为二层结构轴瓦，后者称三层结构轴瓦。

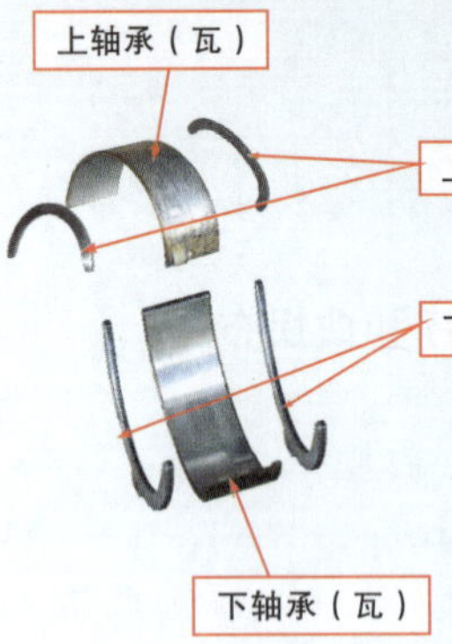

半圆环止推片一般为四片，上、下各两片，分别安装在机体和主轴承盖上的浅槽中，用定位舌或定位销定位，防止其转动。装配时，需将有减摩合金层的止推面朝向曲轴的止推面，勿装反。止推轴承环为两片止推圆环，分别安装在第一主轴承盖的两侧。

图2-85 主轴承与止推片

（2）曲轴止推轴承

汽车行驶时由于踩踏离合器而对曲轴施加轴向推力，使曲轴发生轴向窜动。过大的轴向窜动将影响活塞连杆组的正常工作和破坏正确的配气定时和柴油机的喷油定时。为了保证曲轴轴向的正确定位，需装设止推轴零件，如图2-85所示。

曲轴止推轴承有翻边轴瓦、半圆环止推片和止推轴承环三种型式。翻边轴瓦是将轴瓦两侧翻边作为止推面，在止推面上浇铸减摩合金。轴瓦的止推面与曲轴止推面之间留有0.06~0.25mm的间隙，从而限制了曲轴轴向窜动量。

二、曲轴飞轮组的拆装

1. 拆卸

（1）将发动机翻转，油底壳向上。

（2）拧下卸油底壳紧固螺栓，取下油底壳。如图2-86所示。

图2-86

注意：

衬垫不能再用。

（3）取出机油绕流板，如图2-87所示。

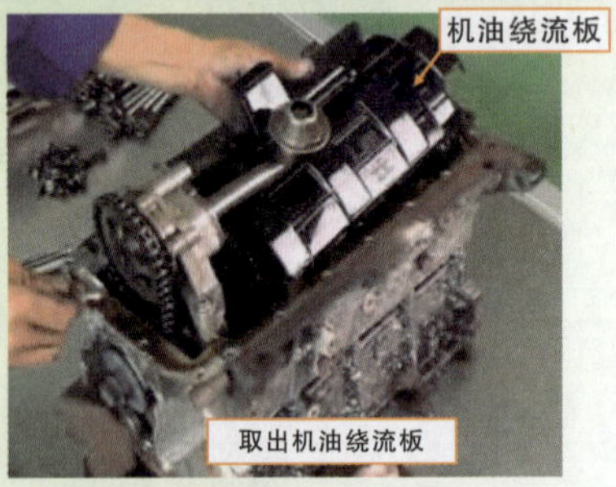

图2-87

（4）旋下机油泵的固定螺栓，用工具取下曲轴正时带紧固螺栓。

（5）取下曲轴正时带轮，拧下曲轴前端油封端盖紧固栓，卸下曲轴前端油封端盖。

（6）卸下机油泵链条张紧器。卸下机油泵以及驱动链条。

（7）将缸体旋转，拧下曲轴后端油封端盖紧固螺栓，取下曲轴后端油封端盖，如图2-88所示。

图2-88

（8）在连杆轴承瓦盖上打上各缸记号。

（9）拧下紧固螺栓，取下连杆轴承瓦盖以及轴承瓦，如图2-89、图2-90所示。

（10）旋转曲轴，以便拆卸二、三缸的轴承瓦盖。

（11）拧下二、三缸的轴承瓦盖紧固螺栓，取下连杆轴承瓦盖，拧下曲轴主轴承瓦盖螺栓，取下曲轴主轴承瓦盖。

注意： 将其第三缸的止推衬垫一并取出。

（12）取出曲轴，如图2-91所示。

图2-89

图2-90

图2-91

2. 安装

（1）放入曲轴上五片轴瓦并涂上润滑油（图2-92），放入止推垫片，平稳放入曲轴并在曲轴主轴颈上加以润滑油。

（2）依次装上各道曲轴轴承盖，如图2-93所示。注意第三道轴承盖两侧止推片的内外方向，放好后用锤将轴承盖敲入位。

（3）用扭力扳手将曲轴主轴承盖锁紧螺栓按规定扭矩拧紧。

（4）按要求装入活塞（如图2-94所示）。装入后，试转动活塞连杆曲柄机构看有无卡滞现象，如无则表示安装正常。

图2-92

图2-93

图2-94

（5）装上曲轴后端密封法兰。

（6）将气缸体旋转至另一侧，安装机油泵齿链与机油泵。

（7）装上机油泵链条张紧器，同时拧紧机油泵与链条张紧器的紧固螺栓。旋转曲轴检查油泵张紧度。如图2-95所示。

（8）在曲轴前端盖及与缸体接触面上均匀涂上密封胶，再装入前端盖，并按规定扭矩拧紧螺栓。

（9）装上曲轴箱防溅油挡板，装上衬垫及油底壳。

图2-95

图2-96

注意：

安装前要在衬垫与底壳、缸体的接触面上均匀涂上一层密封胶（图2-96）。

三、曲轴飞轮组的检修

1. 曲轴的检修

曲轴的检测主要包括裂纹检测、变形和磨损的检测。

（1）裂纹检修

裂纹多发生在曲柄与轴颈之间的过渡圆角处以及油孔处，应该用磁力探伤法或浸油敲击法进行裂纹的检验。一经发现横向裂纹，曲轴即应报废。细微的纵向裂纹，可结合曲轴磨削予以消除。

（2）弯曲变形的检修

曲轴主轴颈的同轴度误差大于0.05mm，称为弯曲。连杆轴颈分配角误差大于0° 30′，称为扭曲变形。

弯曲变形的检测：

检验弯曲应以两端主轴颈的公共轴线为基准，检查中间主轴颈的径向圆跳动误差，如图2-97。检验时，将曲轴两端主轴颈分别放置在检验平板的V形块上，将百分表测头抵在中间主轴颈上，往往在此处的弯曲呈最大，慢慢转动曲轴一圈，百分表指针所示的最大摆差，即为中间主轴颈的径向圆跳动误差值，若大于0.15mm，则应进行压力校正。低于此值可结合磨削曲轴予以修正。

弯曲变形的校正：

一般采用冷压校正或敲击校正法。当变形量不大时，可采用敲击校正法，即用手锤敲击曲柄边缘的非工作表面，使被敲击表面产生塑性残余变形，达到校正弯曲的目的，如图2-98所示。冷压校正是将曲轴用V形架架住两端主轴颈，用压力机沿曲轴弯曲相反方向加压，如图2-99所示。由于钢质曲轴的弹性作用，压弯量应为曲轴弯曲量的10～15倍，并保持2～4min，为减小弹性后效作用，最好采用人工时效法消除。

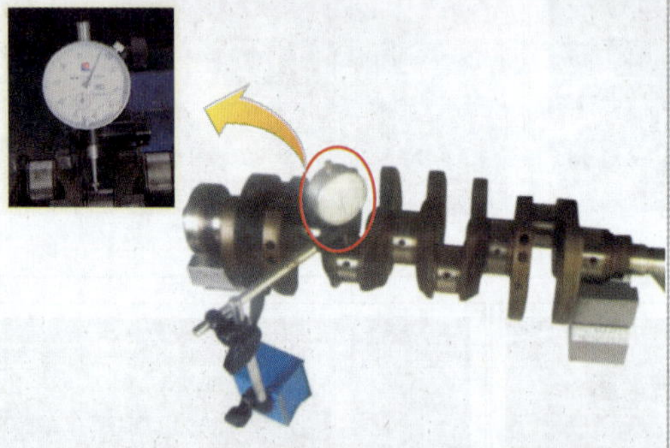

图2-97 检查中间主轴颈的径向圆跳动误差

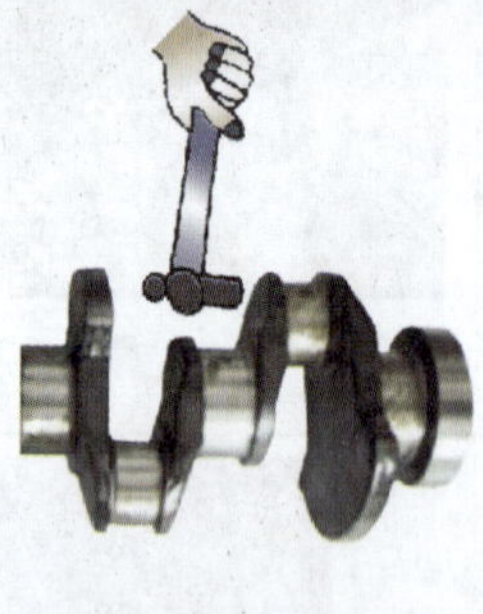

图2-98 表面敲击法

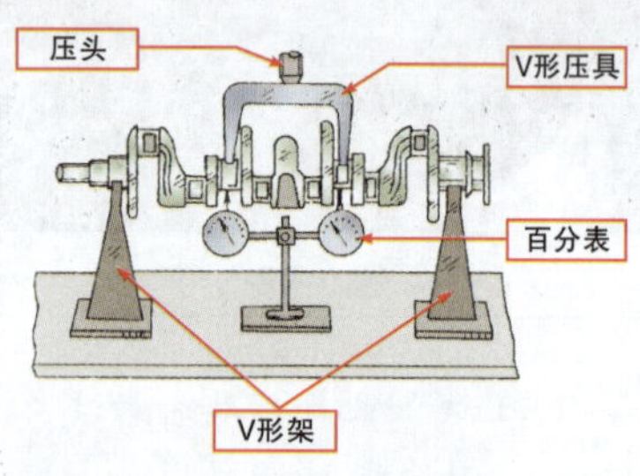

图2-99 冷压校正法

（3）曲轴扭曲变形的检修

曲轴扭曲变形的检验是将连杆轴颈转到水平位置上，用百分表分别确定同一方位上两个轴颈的高度差。这个高度差即为扭曲变形量。

曲轴若发生轻微的扭曲变形，可直接在曲轴磨床上结合对连杆轴颈磨削时进行修正，如图2-100所示。

图2-100 曲轴扭曲变形的修正

（4）曲轴轴颈磨损的检修

磨损的检验： 如图2-101所示。主要是用外径千分尺测量主轴颈和连杆轴颈的圆度和圆柱度误差，其值均不得大于0.025mm，否则应按修理尺寸磨轴。

轴颈的修磨： 在小修时，轴颈某些较轻的表面损伤，可用油石、细锉刀或砂布修磨。

发动机大修时，对轴颈磨损已超过规定的曲轴，可用修理尺寸法对曲轴主轴颈、连杆轴颈进行光磨修理。

图2-101 曲轴轴颈磨损的检验

（5）曲轴轴向和径向间隙的检查与调整

轴向间隙的检查与调整：

曲轴轴向间隙的检查可采用百分表或塞尺进行。将百分表触头顶在曲轴平衡重上，用撬棒前后撬动曲轴，观察表针摆动数值，即为曲轴轴向间隙，如图2-102（a）所示。或者用撬棒将曲轴撬向一端，再用塞尺检查推力轴承和曲轴止推面之间的间隙，即为曲轴轴向间隙，如图2-102（b）所示。

（a）用百分表测量

（b）用塞尺测量

图2-102 曲轴轴向间隙的检查

径向间隙的检查与调整：

曲轴的径向间隙可用塑料间隙塞尺检查，如图2-103所示。

● **将塑料条**（或软金属丝）放置在曲轴轴颈上（不要将油孔盖住），盖上轴承盖并按规定扭力拧紧螺栓。

● **不要转动曲轴。** 然后取下轴承盖和塑料条，用被压扁的塑料条和样条宽度相对照，查得与塑料条宽度（或测量软金属丝厚度）对应的间隙值即为曲轴的径向间隙。如果径向间隙不符合规定，应重新选配轴承。

图2-103 曲轴径向间隙的检查

2. 曲轴轴承的选配

轴承的选配包括选择合适内径的轴承，以及检验轴承的高出量、自由弹开量、定位凸点和轴承钢背表面质量等内容。

（1）选择轴承内径

根据曲轴轴颈的直径和规定的径向间隙选择合适内径的轴承。现代发动机曲轴轴承制造时，根据选配的需要，其内径已制成一个尺寸系列。

(2) 检验轴承钢背质量

要求定位凸点完整，轴承钢背光滑、完整无损。

(3) 检验轴承自由弹开量

要求轴承在自由状态下的曲率半径大于座孔的曲率半径，保证轴承压入座孔后，可借轴承自身的弹力作用与轴承座贴合紧密，要求自由弹开量为0.5~1.5mm。

(4) 检验轴承的高出量

轴承装入座孔内，上、下两片的每端均应高出轴承座平面0.03～0.05 mm，称为高出量。轴承高出座孔，以保证轴承与座孔紧密贴合，提高散热效果。

3. 飞轮的检修

飞轮的检修

(1) 飞轮的损伤，主要是齿圈的磨损和折断；飞轮与离合器摩擦片接触的工作面磨损、起槽、刮痕等。

↓

(2) 飞轮齿圈的齿面磨损后，可将齿圈翻面再用。当轮齿连续损坏崩齿三个以上，或齿圈已双面严重磨损，应更新齿圈。齿圈与飞轮是过盈配合，过盈量一般是0.3～0.6mm。齿圈加热（约400℃），热压于飞轮外圈凸缘上。

↓

(3) 当飞轮端面磨损成波浪形或起槽深度超过0.5mm时，应采用车削或磨削的方法修平，否则会加剧磨损和打滑并撞坏离合器摩擦片。工作面修平后飞轮的总厚度一般不得减小1.2 mm，平面度误差<0.10mm；飞轮与曲轴装配后的端面圆跳动误差<0.15mm。

↓

(4) 曲轴、飞轮、离合器三者组装后，动不平衡量应不大于原厂规定：东风、解放牌汽车不大于100g·cm，国产轻型货车、客车及进口货车一般不大于70g·cm，轿车不大于30g·cm。

↓

(5) 在更换飞轮或齿圈、离合器压盘或总成及修整飞轮工作平面之后，都应重新进行组件的动不平衡试验。

四、曲轴飞轮组检修常见故障维修思路

曲轴连杆机构常见的故障有：主轴承异响、连杆轴承异响等。下面分步讲解各故障的维修思路。

1. 主轴承异响维修思路

故障现象：

（1）发动机加速时，有明显而沉重的连续“噹噹”声，此响声比连杆轴承响钝重，好像用大锤轻敲大石块的声音，严重时发动机体也产生震动。

（2）响声随发动机的转速提高而增大，随负荷的增大而增强，但与发动机的温度变化无关，如响声钝重发闷，一般为后道轴承发响，如响声较清脆，一般为前道轴承发响。

（3）单缸断火试验无变化（不上缸），相邻两缸断火时响声明显减弱。

（4）机油压力明显下降。

故障原因：

（1）主轴颈与轴承配合松旷。

（2）主轴承润滑不良而烧坏。

（3）曲轴弯曲或轴向间隙大。

检查与判断：

（1）发动机以下中速运转，用手抖动油门和反复加大油门试验，如响声沉重发闷，并随发动机的转速升高而增大，在抖动油门时加油的瞬间响声较明显，同时感到有发动机体震动的现象，一般可断定为主轴承响。

（2）如发动机在怠速或下中速运转时响声较明显，高速时变得杂乱，则有可能是曲轴弯曲。如在高速时机体有较大的震动，机油压力显著下降，则说明轴承松旷严重或合金烧坏、脱落。

（3）打开加机油口盖，仔细倾听，同时反复变更发动机转速，如有明显的响声，则为主轴承响。

（4）在油门不断变化的同时，将听诊器具触及气缸体两侧的曲轴位置处听，若声音较明显，可判定为主轴承响。

（5）单缸断火试验，一般不上缸，但相邻两缸同时断火，响声即减弱或消失。

（6）踏下离合器踏板，如响声减弱或消失，则为曲轴轴向间隙过大而发响。

2. 连杆轴承（瓦）异响维修思路

故障现象：

（1）发动机加速时，有连续明显的“铛铛”声，响声清脆，短促而坚实，并随发动机转速的升高而增大，随负荷的增加而增强。

（2）发动机温度发生变化时，响声不变化。

（3）轴承严重松旷时，在发动机怠速或下中速运转中，可听到“铛铛”的响声。

（4）断火试验，响声明显减弱或消失。

故障原因：

（1）润滑不良或轴承配合不当而造成烧损。

（2）轴承质量不佳或装配间隙过松、过紧迫使轴承片变形而造成合金脱落。

（3）连杆轴颈失圆，与轴承接触不良而造成早期磨损。

检查与判断：

（1）逐缸断火试验，从怠速往下中速，由下中速往中速抖动油门以及加火油门反复试验时，响声随发动机转速的增高而增大，微抖油门时可听到较复杂的“咯棱、咯棱”的响声。此外，在加油门的瞬间响声更突出，断火试验响声减弱或消失，在复火的瞬间能灵敏而突出地恢复响声。此情况可断定为连杆轴承响。

（2）从加机油口处察听，有较强的“哨哨哨”的响声。

（3）车辆行驶中，如加大油门或由低速挡换入高速挡加油时，听到有微小的“嗒嗒”响声，而慢慢加大油门或减轻负荷时，响声即消失。

（4）如在车辆行驶中突然听到“唧唧唧”的响声，好像在缺乏润滑油的情况下，用大钻头在材质坚硬的钢材上钻孔时发出的声音，这一般是由于缺乏润滑油而烧瓦所发出的响声。出现这种响声时，曲轴有被抱住的可能。因此，应立即停车、熄火，并检修。

五、曲轴异响故障检修实际操作

在了解了曲轴飞轮组的结构，掌握了曲轴飞轮组的检修方法及常见故障的维修思路后，现在回过头来看看本情境开始时遇到的故障，下面我们一起来解决。

维修步骤：

（1）发动机以低速运转，用手抖动油门和反复加大油门试验，发现响声沉重发闷，并随发动机的转速升高而增大，在抖动油门时加油的瞬间响声较明显，同时感到有发动机体震动的现象，因此断定为主轴承响。

（2）踏下离合器踏板，发现响声减弱，断定为曲轴轴向间隙过大而发响。

（3）拆解发动机，发现曲轴轴承磨损严重，重新选配轴承更换，故障排除。

思考与练习

一、填空题

1. 曲轴飞轮组主要由________、________、________和________等组成。
2. 检查曲轴裂纹的方法有：__________、__________。
3. 曲轴的主要损伤形式有：__________、__________和__________。

二、判断题（正确的打"√"，错误的打"×"）

1. 各种型式曲轴的曲拐数都与气缸数相同。（　　）
2. 在更换飞轮或齿圈、修整飞轮工作平面之后，都应重新进行组件的动不平衡试验。（　　）
3. 有横向裂纹的曲轴，也经磨削后可以再用。（　　）

三、选择题

1. 发动机曲轴磨损不均匀，但还没到最后一级修理尺寸时可以进行（　　）

A. 修磨　　B. 光磨　　C. 校正　　D. 振动堆焊

2. 某发动机在稳定运转时不响，转速突然变化时发出低沉连续的“噹噹”声，转速越高，声响越大，有负荷时，声响明显，则此声响为（　　）

A. 连杆轴承响　　B. 曲轴主轴承响　　C. 活塞敲缸响　　D. 活塞销响

第三部分

配气机构

在发动机故障的维修中，我们时常会遇到配气机构的故障，如气门脚异响、气门漏气、凸轮轴异响等。要想对配气机构进行检修，首先我们应了解配气机构的组成及工作原理。下面就进行本学习情境的学习。

情境一：配气机构维修基础

一、配气机构的作用

配气机的作用是根据发动机的工作循环和点火次序，适时地开启和关闭各缸的进气门和排气门，使可燃混合气（汽油机）或纯净空气（柴油机）及时地进入气缸，并使废气从气缸内排出，实现换气过程。

二、配气机构的组成

配气机构一般由气门组、气门传动组组成，如图3-1所示。气门组的作用是封闭进、排气道；气门传动组的作用是使进、排气门按配气相位规定的时刻开启和关闭。

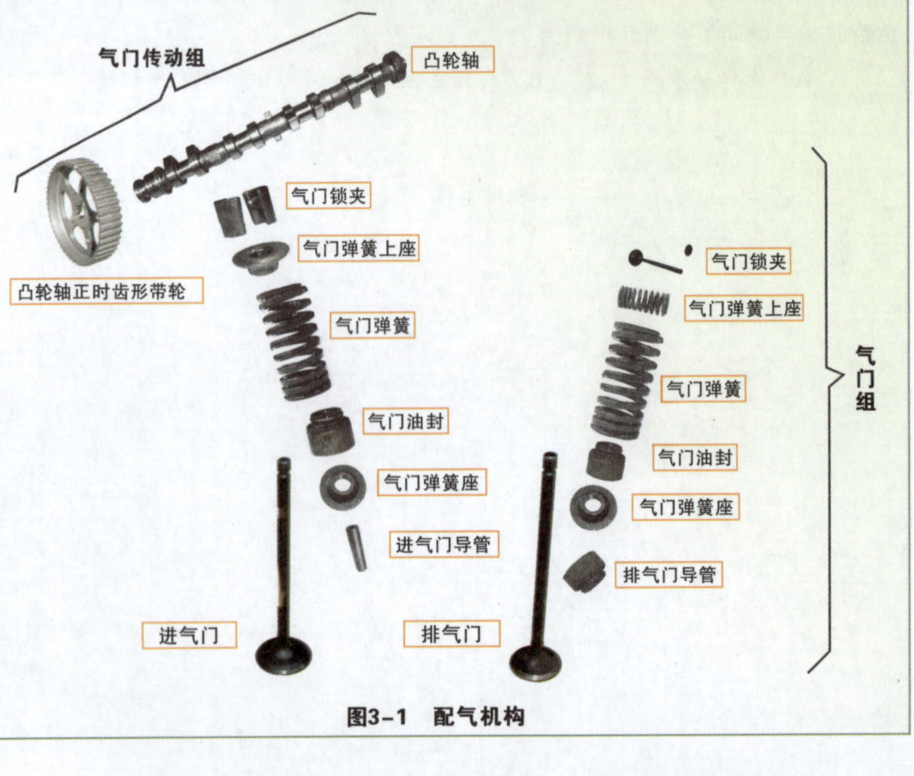

图3-1　配气机构

三、配气机构的分类

1. 按气门的布置位置不同分类

按气门布置方式可分为气门侧置和顶置两种型式，如图3-2所示。

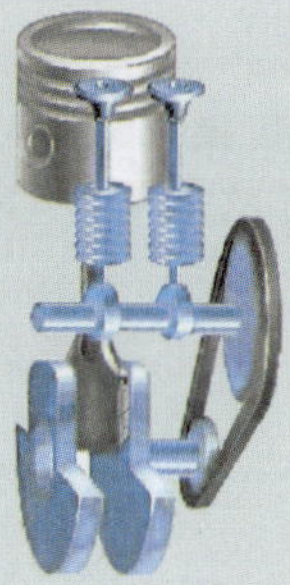

气门侧置式：气门布置在气缸的一侧。缺点是燃烧室结构不紧凑，热量损失大，这种布置形式已被淘汰

气门顶置式：进、排气门置于气缸盖内，倒挂在气缸顶上。现代汽车发动机均采用气门顶置式布置结构

图3-2 气门布置

2. 按凸轮轴的位置分类

按凸轮轴的布置位置分有：下置式、中置式和上置式三种。如图3-3所示。

凸轮轴下置式：凸轮轴位于气门组下方，由一对正时齿轮将曲轴的动力传给凸轮轴。这种配气机构多用于载货汽车和大、中型客车发动机

凸轮轴中置式：凸轮轴置于机体上部，一般采用在一对正时齿轮之间加入一个中间齿轮（惰轮）进行传动。这种结构多用于柴油机

凸轮轴上置式：凸轮轴安装在气缸盖上，采用同步带传动或链条传动。这种结构多用于轿车的高速强化发动机

图3-3 凸轮轴布置

3. 按曲轴与凸轮轴的传动方式分类

按曲轴与凸轮轴的传动方式分有：齿轮传动、链条传动、齿形带传动，如图3-4所示。

齿轮传动：一般运用于凸轮轴下置、中置式的配气机构中

链条传动：运用于凸轮轴上置式的配气机构中。具有可靠性及耐久性好，缺点是结构质量及噪声大

齿形带传动：运用于凸轮轴上置式的配气机构中。结构质量及噪声小，现代高速发动机广泛采用

图3-4 气门传动方式

4. 按气门驱动型式分类

按气门驱动型式分为摇臂驱动、摆臂驱动和直接驱动三种，如图3-5所示。

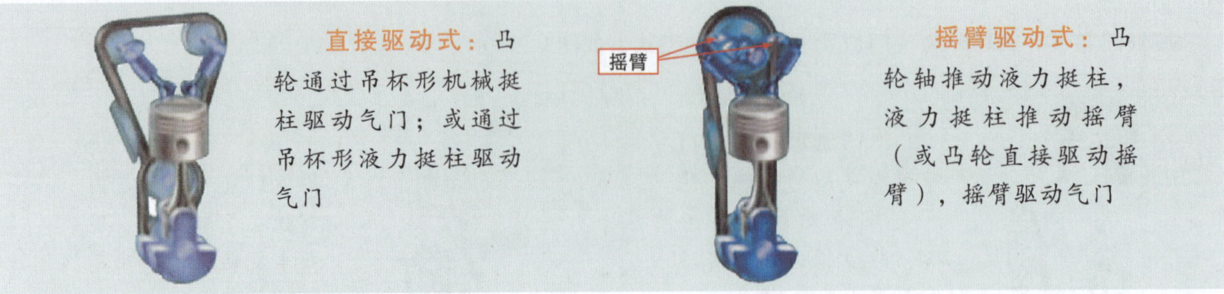

图3-5 气门驱动形式

5. 按每缸气门的数目分类

按每缸气门的数目分有：二气门、四气门、五气门、八气门等，如图3-6所示。一般发动机都采用每缸两个气门，即一个进气门和一个排气门的结构。现代很多新型汽车发动机上多采用每缸四个气门结构，即两个进气门和两个排气门。

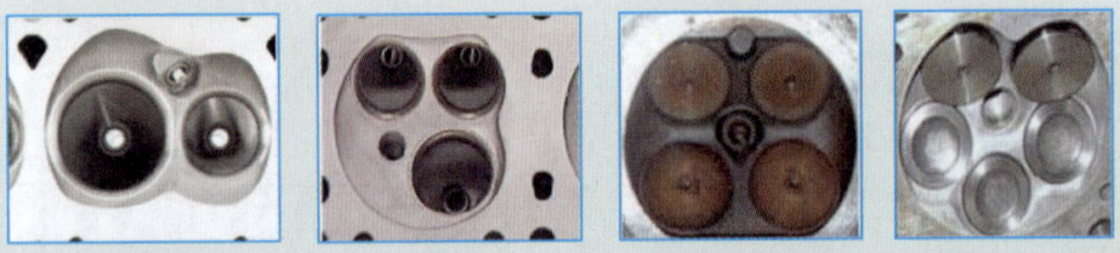

（a）两气门　（b）三气门　（c）四气门　（d）五气门

提示：

（1）当每个气缸有两个气门时，进气门头部直径比排气门大15%~30%。

（2）凡是进气门和排气门数量相同时，进气门头部直径总比排气门大。

（3）凡是进气门数比排气门数多的发动机，排气门头部直径总是比进气门大。

图3-6 气门数量

四、配气机构的工作原理

以凸轮轴下置式配气机构为例，工作原理如图3-7所示。

（1）凸轮轴在曲轴的带动下旋转，当凸轮轴转到凸轮的凸起部分与挺柱接触时，挺柱被顶起，挺柱通过推杆调整螺钉使摇臂摆动，摇臂的长端向下压动气门，克服气门弹簧力使气门打开，如图3-7（a）所示。

（2）凸轮轴继续转动，当凸轮轴转到凸轮的基圆部分与挺柱接触时，挺柱不升高，气门在弹簧张力作用下回位，回复到关闭状态，如图3-7（b）所示。

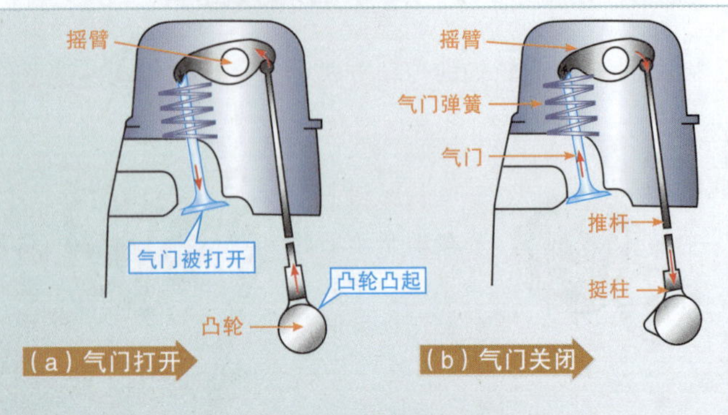

图3-7 配气机构的工作原理

从上述工作过程可以看出，气门的开启是通过气门传动组的作用而完成的，而气门的关闭则是由气门弹簧来完成的。气门的开闭时刻与规律完全取决于凸轮的轮廓形状。

一辆捷达轿车，出现启动困难、排气管放炮、冒烟、燃油消耗增加，要求给予维修。

只在初步了解配气机构的组成及工作原理的情况下，对于该故障我们还不能排除，还需要进一步学习气门组的构造，掌握气门组的拆装方法、气门组的检验与维修方法。下面就进入情境二的学习。

情境二：气门组结构与检修

一、气门组的构造

气门组由气门、气门座、气门导管、气门弹簧等组成。

1. 气门

（1）气门的构造

由气门头部和气门杆两部分构成，如图3-8所示。头部用来封闭进、排气道，气门杆用来在气门开闭过程中起导向作用。气门头部由气门顶面和气门锥面组成。

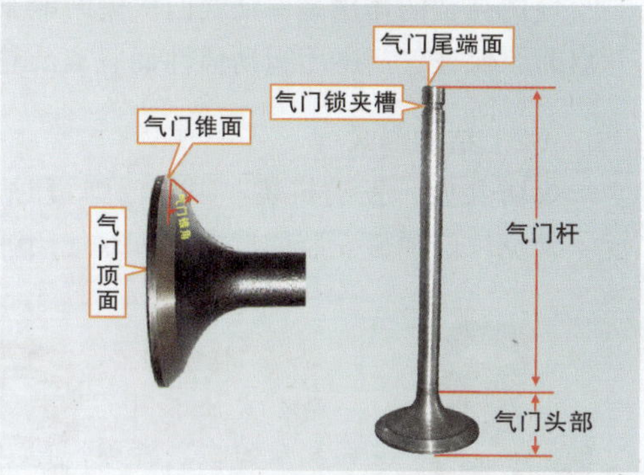

图3-8 气门的构造

（2）气门顶面形状

气门顶面有平顶、凹顶和凸顶（图3-9）等形状。

平顶：结构简单，制造方便，质量轻，应用最多的是平顶气门

凹顶：气门头部与气门杆有较大的过渡圆弧，可以减小进气阻力，但受热面积大，不适合做排气门，一般用作进气门

凸顶：刚度大，受热面积也大，用于某些排气门

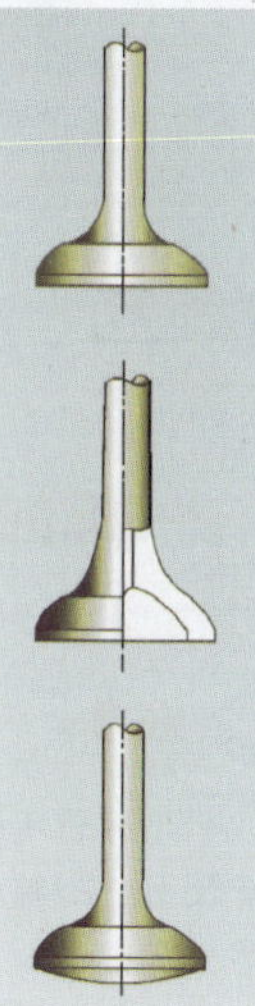

图3-9 气门顶面形状

（3）气门锥角

气门与气门座或气门座圈之间靠锥面密封。气门锥面与气门顶面之间的夹角称为气门锥角。进、排气门的气门锥角一般均为45°，只有少数发动机的进气门锥角为30°。

2. 气门导管与油封

气门导管与油封

（1）气门导管

在气门作往复直线运动时进行导向，以保证气门与气门座之间的正确配合与开闭；此外还将气门杆接受的热量部分地传给气缸盖。实物如图3-10（a）所示。

有的发动机不装气门导管，直接在气缸盖上加工出气门杆孔，作为气门的导向孔。

（2）气门油封

气门在气门导管中运动，需要润滑，但进入气门导管内的机油不能太多，否则将增加机油消耗量。为了防止过多的润滑油进入燃烧室，现代汽车发动机装有气门油封。气门油封的构造如图3-10（b）所示。

图3-10 气门导管与气门油封

3. 气门座

气缸盖上与气门锥面相贴合的部位称气门座，如图3-11所示。

其作用是：与气门头部一起对气缸起密封作用，同时接受气门头部传来的热量，起到散热的作用。

气门座的形式有两种：一是直接在气缸盖上加工出气门座；二是单独制成气门座圈，镶嵌在气缸盖上。

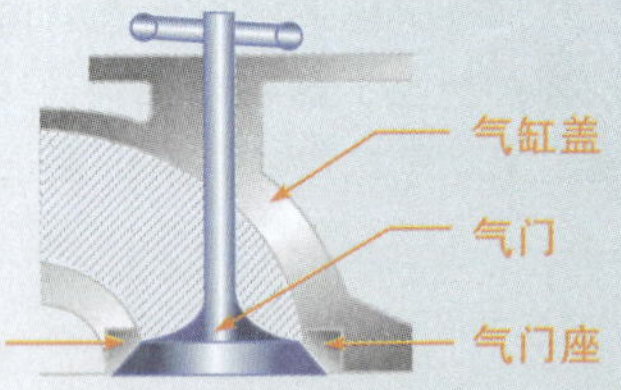

图3-11 气门座

4. 气门弹簧

（1）作用

气门弹簧的作用是保证气门关闭时能紧密地与气门座或气门座圈贴合，在气门开启时，保证气门不因运动惯性而脱离凸轮。

气门弹簧

（2）结构形式

为防共振，发动机装一根气门弹簧时，采用不等距弹簧；装两根弹簧时，弹簧内外直径不同、旋向相反。常见气门弹簧安装的形式有：双气门弹簧、变螺距气门弹簧、锥形气门弹簧，如图3-12所示。

双气门弹簧：两个直径不同，旋向相反的内、外弹簧

变螺距气门弹簧：某些高性能汽油机上采用。安装时，应使螺距小的一端朝向不动的气缸盖顶面

锥形气门弹簧：安装时，应使弹簧大端朝向不动的气缸盖顶面

图3-12 气门弹簧

二、气门组的拆装

拆卸

（1）用专用工具压下气门弹簧

注意：

此时的气门弹簧处于预紧状态，如拆卸不当，弹簧弹出会击伤人，因此必须用专用的气门弹簧拆卸器进行规范操作，如图3-13所示。拆卸时使用弹簧拆卸器将弹簧座连同已被预紧的弹簧一起压下，使锁销（锥形锁片）处于自由状态。然后再将弹簧座连同弹簧一起慢慢放松，直至弹簧处于完全放松的自由状态。

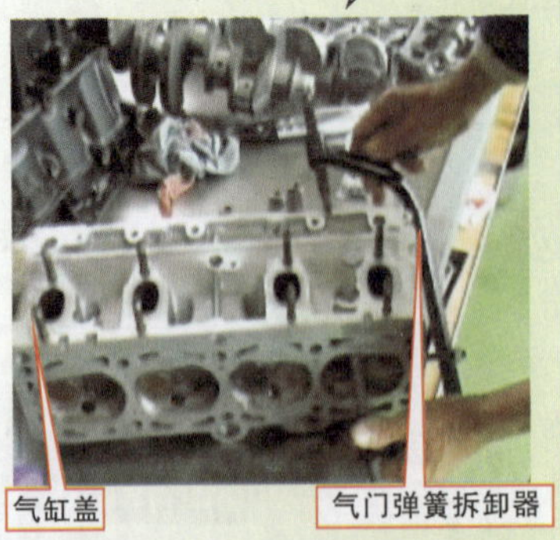

图3-13 拆气门弹簧

（2）取出气门锁片，如图3-14所示。

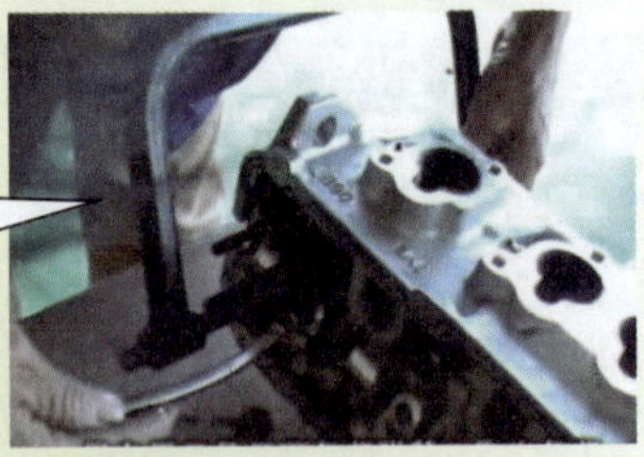
图3-14 取气门锁片

（3）取出气门弹簧，取出气门。如图3-15所示。

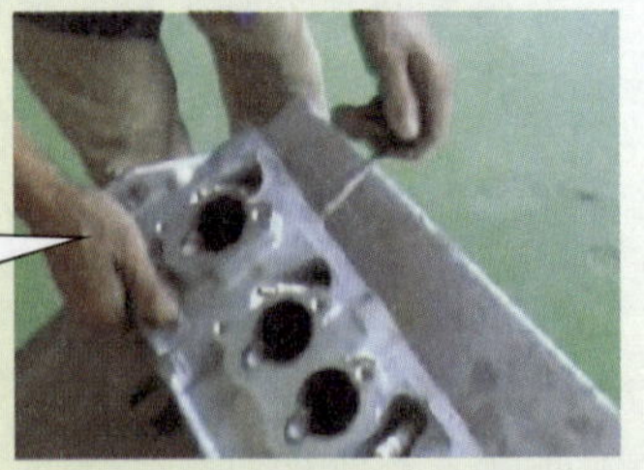
图3-15 取出气门弹簧

安装

（1）将气门放入气门孔中，如图3-16所示。

注意：

进气孔要比排气门大一些。

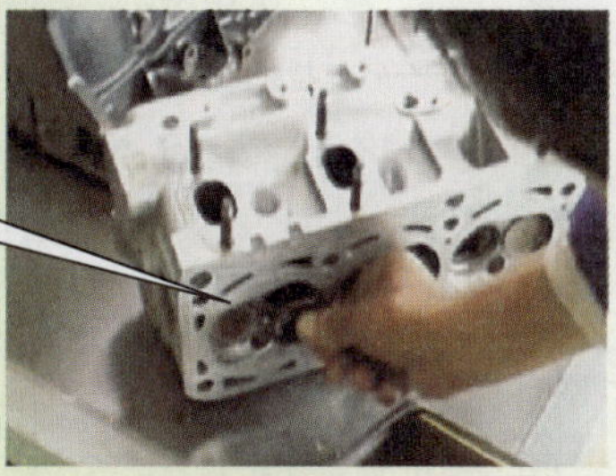

图3-16 放入气门

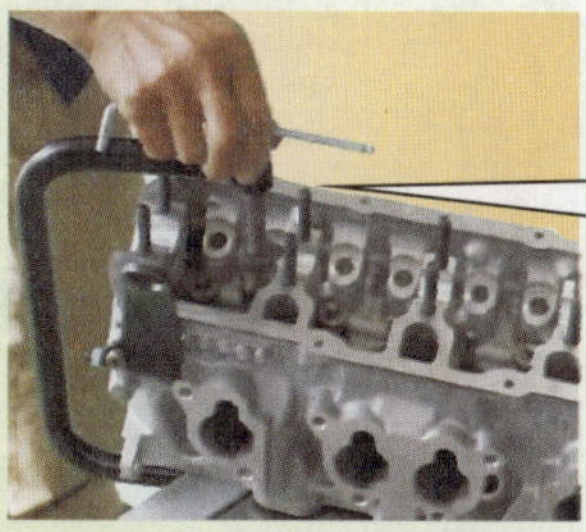

图3-17 装气门弹簧

（2）将气缸盖翻转，用专用工具压下气门弹簧，装入气门锁片，如图3-17所示。

三、气门组的检验与维修

1. 气门与气门座的配合要求

气门与气门座的配合应满足下列要求：

（1）气门与座圈的工作锥面角度应一致。为改善气门与气门座圈的磨合性能，磨削气门的工作锥面时，其锥面角度比座圈小0.5°～1°。

（2）气门与座圈的密封带位置在中部靠内侧。过于靠外，使气门的强度降低；过于靠内，会造成与座圈接触不良。

（3）气门与座圈的密封带宽度应符合原设计规定，一般为1.2~2.5mm。排气门大于进气门的宽度；柴油机的宽度大于汽油机的宽度。密封带宽度过小，将使气门磨损加剧；宽度过大，容易烧蚀气门。

（4）气门工作锥面与杆部的同轴度误差应不大于0.05mm。

（5）气门杆与导管的配合间隙应符合原厂规定。

2. 气门的检验与维修

（1）气门的检验

检验气门主要应检查：气门杆的磨损、气门杆的变形、气门工作面的磨损或烧蚀等。

①检测气门杆的磨损量：测量方法如图3-18所示。

②测量气门头圆柱面的厚度：测量位置如图3-19所示。

提示：

当载货汽车的气门杆的磨损量大于0.10mm，轿车的气门杆的磨损大于0.05mm，或出现明显的台阶形磨损时，应予以更换。

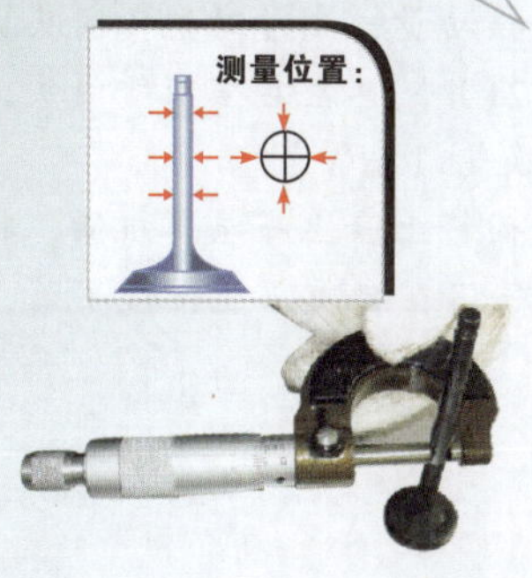

图3-18 检测气门杆的磨损量

提示：

当气门头圆柱面的厚度小于0.8mm时应更换。

图3-19 测量气门头圆柱面的厚度

③测量气门尾端的磨损

④检测气门杆的弯曲度：

检测方法如图3-20所示。将气门杆部支撑在两只V型支架上，用百分表检查气门杆中部，检查时将百分表触头与气门杆接触，将气门杆转动一周，百分表摆差的一半，即为气门杆的直线度误差，若直线度误差大于0.02mm时，则零件应进行校正。

提示：如果气门尾端的磨损大于0.5mm应更换。

提示：当气门杆的直线度误差大于0.05mm时，应予更换或校直，校直后的直线度误差不得大于0.02mm。

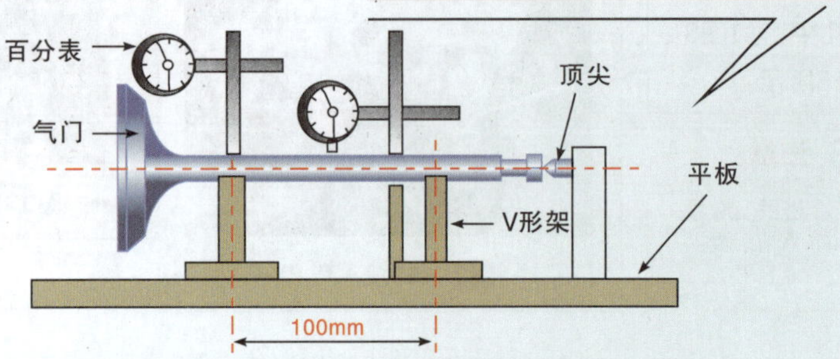

图3-20 气门杆弯曲度的检查

（2）气门的维修

气门工作锥面磨损或烧蚀，需要在气门光磨机上进行修磨，修磨需在杆部校正后进行。

维修步骤

①将气门杆固定在夹头上，按照气门锥面角度，移动夹架座，使座上刻线对准床面标尺的相应刻线（应使气门的锥角比气门座锥角小30′~1°）。

②开动夹架电动机，使气门旋转，查看气门头部是否摇摆，摇摆过大，则需要重新校正气门杆部；若正常，打开冷却液开关，开动砂轮电机缓慢平稳地进刀，将气门工作锥面上的损伤全部磨去为止，并使表面粗糙度合乎要求。

③光磨后，检查气门头圆柱部分的高度，应不小于0.8mm，气门工作锥面的径向圆跳动误差应不大于0.01mm，表面粗造度小于0.25μm，对气门杆部的同轴度误差应不大于0.05mm。

3. 气门导管的检验与维修

气门导管与气门杆的配合间隙大于使用限度应更换气门导管。

气门导管与气门杆配合间隙的检查方法有两种：

（1）测量气门在导管孔内的径向摆动量，测量时把气门头提起至气缸盖平面15~20mm的高度（图3-21），再左右摆动气门头，气门头左右摆动的距离达1mm时，应更换气门导管。

（2）将气门杆和导管擦净，在气门杆上涂上一层薄机油，将气门放置在导管上，上下拉动数次后，气门在自重下能慢慢下落，表示气门杆与导管的配合间隙适当。

图3-21 把气门头提起至一定的高度

4. 气门座的检验与修理

气门座松动、气门座圈有裂纹、烧蚀、磨损严重，或气门下沉大于2mm，应更换气门座圈。

（1）气门下陷量的测量：用游标卡尺进行测量，如图3-22所示。

（2）气门座的镶换

①镶装座圈时，如缸体上没有座圈孔，应用铣刀或平面铰刀铰出座圈孔，如原有气门座圈，应用专用拉器拉出旧座圈。然后测量座圈孔直径，按直径的大小选择新座圈，新座圈与座孔应有0.07～0.12mm的过盈量。

②用喷灯或烘箱将缸盖的座圈孔加热至100℃左右，将气门座圈在固体二氧化碳（干冰）或在液态氮下冷冻 10min后，迅速压入座圈孔中。

图3-22 气门下陷量的测量

（3）气门座的铰削

铰削气门座前，必须先修理或更换气门导管。铰削过程如下：

气门座的铰削

①根据气门直径和导管内径选择合适的铰刀和铰刀杆。

②把砂布垫在铰刀下，铰刀导杆应直立，用力要均衡，转动要平稳，直到烧蚀、斑点全部去除为止，如图3-23所示。

③用相配合的气门进行试配，气门与气门座的接触面应位于气门座的中下部，接触宽度一般进气门为1.0～2.2mm，排气门为1.5～2.5mm。当接触面偏上时，用75° 锥角的铰刀铰上口；当接触面偏下时，用15° 锥角的铰刀铰下口。

④用与工作面角度相同的细刃铰刀进行精铰，并在铰刀下面垫以细砂布进行光磨，以使气门座口表面粗糙度达到要求。

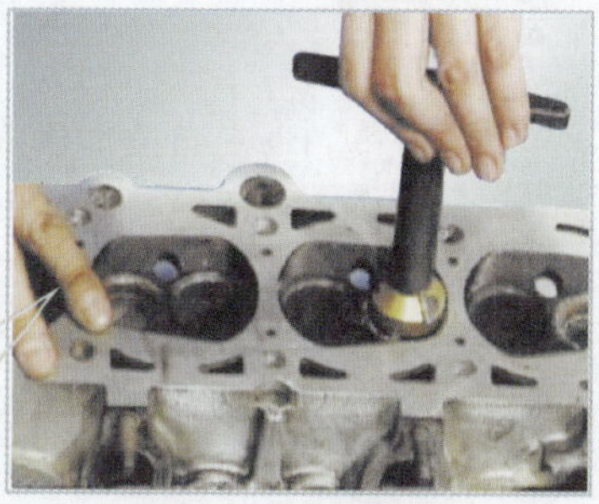
图3-23 铰削

（4）气门座的磨削

气门座的工作表面可以用高速砂轮机进行磨削，主要是以砂轮代替铰刀，以小型电动机为动力。磨削时，时间不要太长，要边磨边检查，如图3-24所示。

气门座的磨削

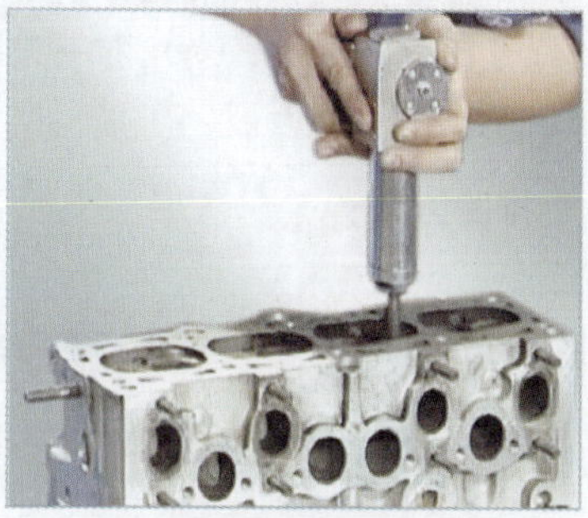
图3-24 磨削

5. 气门弹簧的检验与维修

气门弹簧有折断、歪斜、弹力减退等，应更换。

（1）弹簧自由长度的检测

用游标卡尺进行测量，如图3-25所示，自由长度的缩短不得超过10%，否则应更换。

（2）弹簧垂直度的检测

将气门弹簧放在平板上，用90° 角尺测量（图3-26），气门弹簧的轴线与端面应垂直，不垂直度误差不大于2° 。

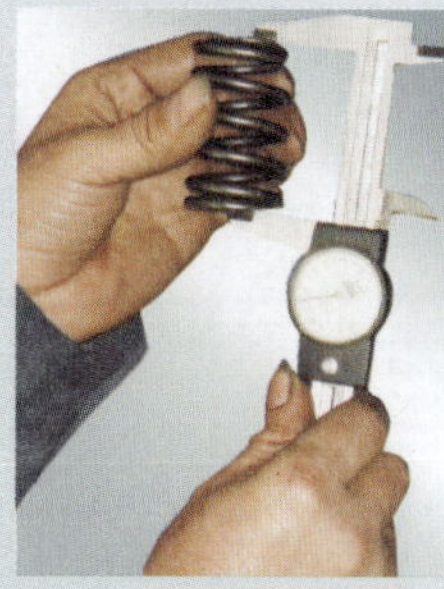
图3-25 弹簧自由长度检测

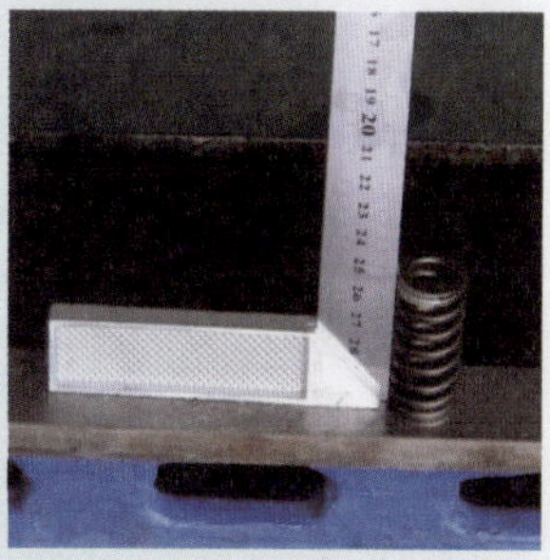
图3-26 弹簧垂直度的检测

（3）弹簧弹力的检测

用检测仪测量，如图3-27所示。将弹簧压至规定长度，台秤上所示弹力大小即为所测弹簧弹力，弹力减弱不得超过原规定的8%。

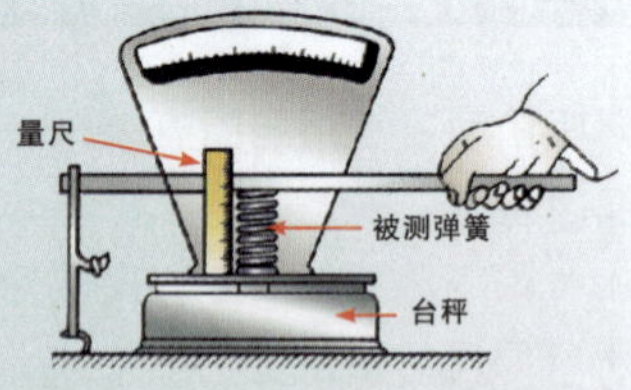

图3-27 弹簧弹力的检测

四、气门漏气故障维修实际操作

学习了气门组的构造基本知识，掌握了气门组的检验与维修方法后，现在回过头来对前面提出的捷达轿车启动困难、排气管放炮、冒烟、燃油消耗增加故障进行维修。

故障原因：

（1）气门与气门座工作面磨损、烧蚀、密封不良而漏气。
（2）气门与气门座工作面有积炭，气门关闭不严而漏气。
（3）气门与气门导管间隙过大，气门杆晃动，导致气门关闭不严而漏气。
（4）气门与气门导管内发涩或卡住，气门不能上下移动。
（5）气门弹簧失去弹性或弹簧折断。

故障诊断：

检查点火系统和燃油供给系统，没有找到故障点。拆解发动机，测量气缸压力或进气歧管的真空度。在测量气缸压力时，发现有一气缸比其他的气缸压力低很多，说明气门漏气。

排除方法：

拆卸气缸盖，对气门组零件进行修理，修磨或更换损坏的气门零件后，故障排除。

思考与练习

一、填空题

1. 配气机构一般由________和________组成；配气机构按凸轮轴的布置不同可分为________、________和________三种类型。

2. 气门组由________、________、________和________等组成。

3. 气门头部的形状一般有________、________和________三种，当每个气缸有两个气门时，一般进气门头部直径比排气门头部直径________。

二、判断题（正确的打“√”，错误的打“×”）

1. 为了提高气门与气门座的密封性能，气门与座圈的密封带宽度越小越好。 （ ）

2. 气门座主要起密封和散热的作用。 （ ）

3. 安装变螺距气门弹簧时，应使螺距大的一端朝向不动的气缸盖顶面。 （ ）

三、选择题

1. 下列零件不属于气门组的是 （ ）

A. 气门弹簧　B. 气门　C. 气门弹簧座　D. 挺柱

2. 气门的打开，靠 （ ）

A. 气门弹簧的弹力　B. 凸轮的推动力　C. 惯性力　D. 摩擦力

3. 为了获得较大的充气系数，大多数发动机进气门的气门锥角一般为 （ ）

A. 60°　B. 30°　C. 45°　D. 90°

4. 下面哪种凸轮轴布置型式最适合于高速发动机 （ ）

A. 凸轮轴下置式　B. 凸轮轴上置式　C. 凸轮轴中置式　D. 凸轮轴内置式

一辆捷达轿车，发动机在运转时，缸盖处发出有节奏的“嗒嗒”响声。

引起该故障的原因，最大的可能就是气缸盖上的配气机构，接下来我们继续学习气门传动组的构造、气门传动组的检验与维修方法。

情境三：气门传动组结构与检修

一、气门传动组的构造

气门传动组主要由凸轮轴、挺柱、推杆、摇臂与摇臂轴等组成。

凸轮轴

1. 凸轮轴

（1）作用

控制各缸气门的开启和关闭，使其符合发动机的工作顺序、配气相位及气门开度的变化规律等要求。此外，多数汽油发动机还利用凸轮轴来驱动机油泵、汽油泵、分电器等装置。

（2）构造

凸轮轴主要由凸轮、轴颈两部分组成。如图3-28所示。

凸轮分为进气凸轮和排气凸轮两种，用来驱动和控制气门的开启及关闭；轴颈对凸轮轴起支承作用。

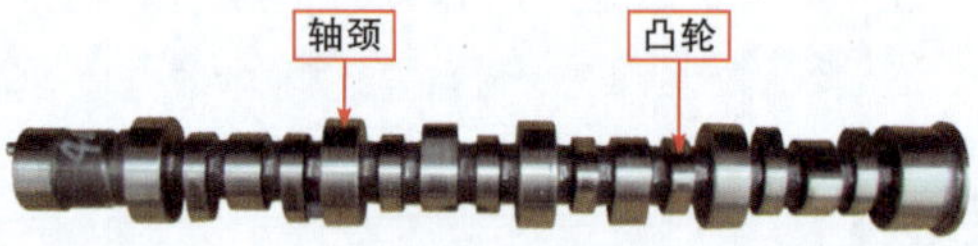

图3-28 凸轮轴

2. 挺柱

挺柱

挺柱的作用是将凸轮的推力传给推杆或气门，并承受凸轮轴旋转时所施加的侧向力，并将其传给机体或气缸盖。挺柱可分为机械挺柱和液力挺柱两大类。

（1）机械挺柱

常见的机械挺柱形状有杯形、听子形、菌形、吊杯形、滚子形等，如图3-29所示。

其中杯形平面挺柱结构简单，质量轻，在中小型发动机中应用比较广泛；滚子挺柱摩擦和磨损小，但其结构比平面挺柱复杂，质量也比较大，多用于气缸直径较大的发动机。

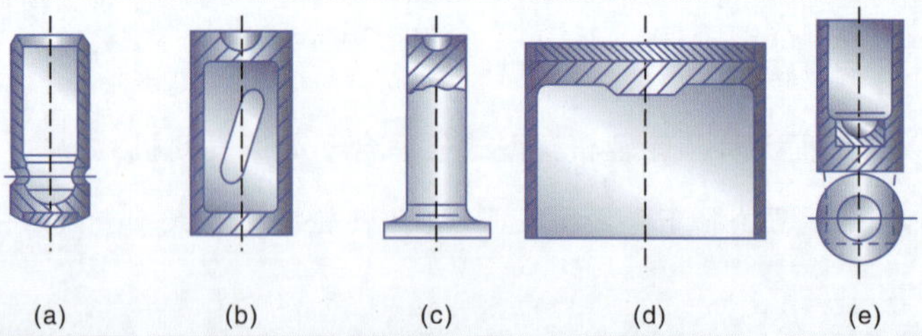

(a) 杯形平面挺柱　(b) 听子形平面挺柱　(c) 菌形平面挺柱　(d) 吊杯形平面挺柱　(e) 滚子形挺柱

图3-29 机械挺柱

（2）液压挺柱

为了防止热膨胀后气门关闭不严，大多数发动机预留了气门间隙，使发动机工作时配气机构产生撞击和噪声。为了消除这一弊端，越来越多的发动机，尤其是轿车发动机采用液力挺柱，借以实现零气门间隙。实物如图3-30所示。

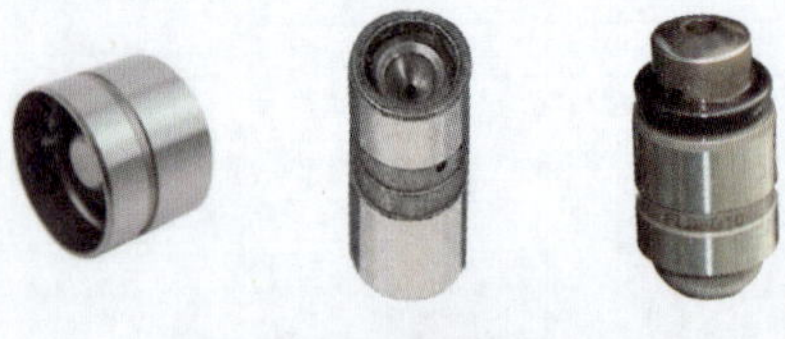

图3-30 各种液压挺柱

①液压挺柱的构造

液压挺柱由挺柱体、液压缸、柱塞、单向阀、单向阀弹簧和柱塞弹簧等组成。结构如图3-31所示。在挺柱体中装有柱塞，在柱塞上端有压力推杆支座。柱塞被柱塞弹簧向上推压，其极限位置由卡夹限定。柱塞下端的单向阀保持架内装有单向阀弹簧和单向阀。发动机润滑系统中的机油经进油孔进入内油腔。

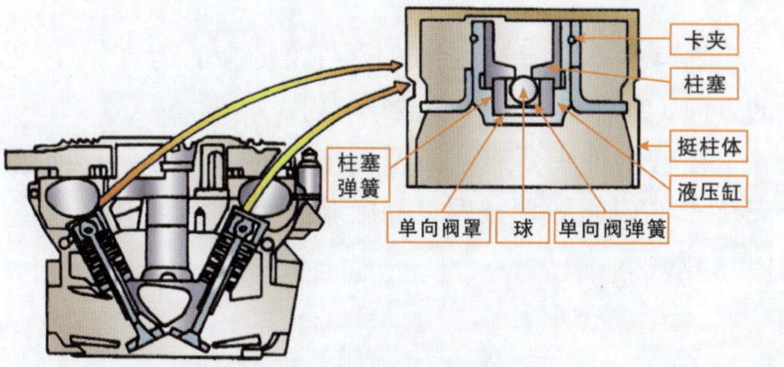

图3-31 液压挺柱的构造

②液压挺柱的工作原理

挺柱顶面与凸轮轴凸轮直接接触，液压缸底面与气门杆尾端接触。如图3-32所示。

气门打开的过程：

当凸轮凸起处与挺柱顶面接触时，挺柱受凸轮推动力和气门弹簧力的作用，挺柱下移，高压油腔内的机油被压缩，单向阀在压力差和单向阀弹簧的作用下关闭，高低油腔被球阀分隔开。由于液体的不可压缩性，整个挺柱如同一个形状不变的刚体一样，下移打开气门并保证了气门应达到的升程。虽然在此期间，高压油腔会有少量机油从柱塞和液压缸之间的间隙处漏入低压油腔，使凸轮和气门杆间的挺柱长度稍有缩短，但不会影响气门的打开。此时，挺柱上的环形油槽已和缸盖上的斜油孔错开，低压油腔进油道被切断，停止了油的流动。

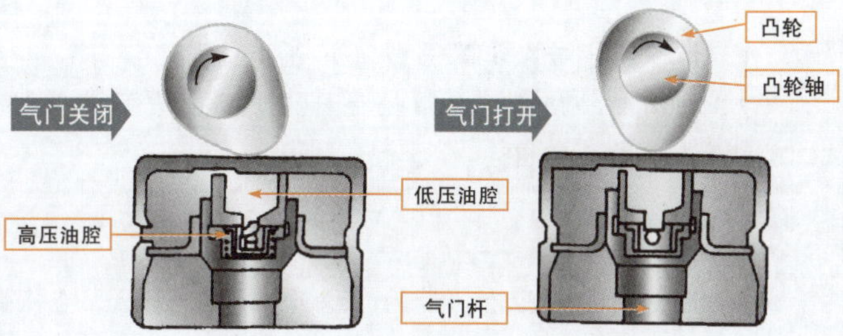

图3-32 液压挺柱的工作原理

气门关闭的过程：

凸轮继续转动，当凸轮凸起部分转过后又恢复凸轮基圆与挺柱接触，气门落座，挺柱不再受凸轮推动力和气门弹簧的作用，高压油腔中的压力油与回位弹簧推动柱塞上行，高压油腔的压力下降，单向阀打开，低压油腔中的机油流入高压油腔，使两腔连通。

当气门受热膨胀伸长时，向上挤压油缸，高压油腔中的油通过柱塞与油缸之间的间隙向低压油腔泄漏一部分，油缸相对于柱塞上移，从而使挺柱自动缩短，保证气门关闭严密。当气门冷却收缩时，补偿弹簧将油缸向下推动，挺柱自动伸长，保证不出现气门间隙。

3. 推杆

推杆处于挺柱和摇臂之间，其功用是将挺柱传来的运动和作用力传给摇臂。它是配气机构中最易弯曲变形的零件，应尽量做得短些。推杆实物如图3-33所示。

4. 摇臂与摇臂组

摇臂是一个以摇臂轴为支点的双臂杠杆。实物如图3-34所示。

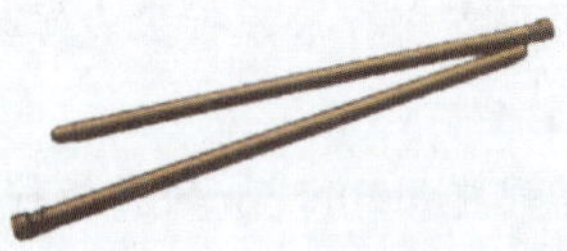

图3-33 推杆

图3-34 摇臂

摇臂的作用是改变推杆或凸轮传来的力的方向，作用到气门杆以推开气门。

摇臂组件主要有：摇臂、摇臂轴、摇臂支座、气门间隙调整螺钉和定位弹簧等。如图3-35所示。

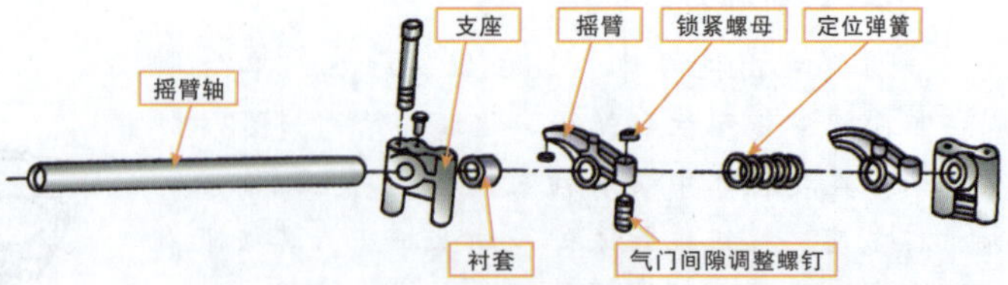

图3-35 摇臂组件

二、气门传动组的拆装

1. 凸轮轴的拆装

以捷达轿车为例进行讲解，捷达轿车发动机配气机构气门传动组采用的同步齿形带驱动、单根顶置凸轮轴液压挺柱结构。

拆卸

（1）拆下同步带上护罩。

（2）转动曲轴使凸轮轴带轮上标记“●”与同步带挡板上的“OT”标记对齐，如图3-36所示。

（3）松开张紧轮，取下同步带。

（4）将曲轴往回转一点。

（5）用支架固定凸轮轴带轮，松开螺栓，拆下凸轮轴带轮。

（6）拆下凸轮轴的半圆键。

（7）拆下气缸盖罩盖。

（8）按对角线方位松开五、一和三道轴承盖，最后松开二、四道轴承盖。如图3-37所示。

（9）取下凸轮轴。

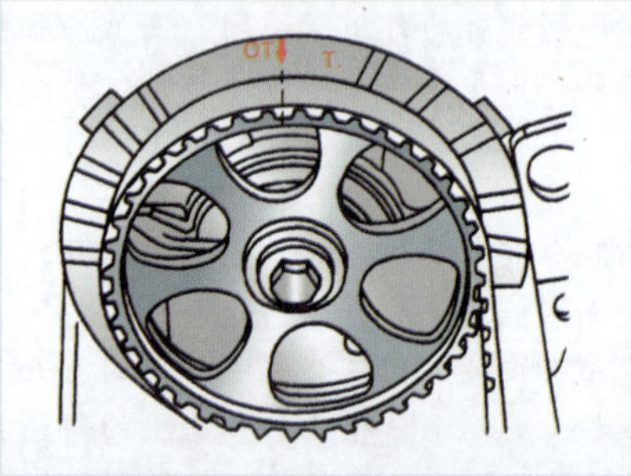

图3-36 一缸上止点位置同步带轮标记

图3-37 卸凸轮轴

安装

安装凸轮轴前，应更换凸轮轴油土封，安装凸轮轴时，第一缸的凸轮必须朝上，安装轴承盖时，要保证孔的上、下部分对准。

其步骤如下：

（1）润滑凸轮轴轴承表面。

↓

（2）将二、四道轴承盖以交叉方式拧紧，拧紧力矩20N·m。

↓

（3）将三、一和五道轴承盖同样用20N·m的力矩拧紧。

↓

（4）装上半圆键。

↓

（5）装上凸轮轴带轮，用100N·m的力矩拧紧。

2. 摇臂轴总成的拆装要点

注意：对于有摇臂轴的发动机，拆装摇臂轴总成的要点如下：

拆装时要防止拆装不当造成摇臂轴弯曲。因为装在摇臂轴上的各摇臂，有的摇臂正处于压缩气门弹簧使气门打开的状态，这样的摇臂对摇臂轴有一个向上的作用力。所以，在拆卸摇臂轴时，要把全部摇臂轴支座的固定螺栓分几次逐渐拧松，使摇臂轴平行地远离气缸盖。同样，安装时也要分几次逐渐拧紧。

三、气门传动组的检验与维修

1. 凸轮轴及轴承的检修

（1）凸轮轴的检修

①凸轮磨损的检验

用千分尺测量凸轮的全高H与凸轮基圆直径D的差值来确定凸轮的磨损度，如图3-38所示。凸轮磨损后，其升程减小0.4mm以上时，应更换新凸轮轴。

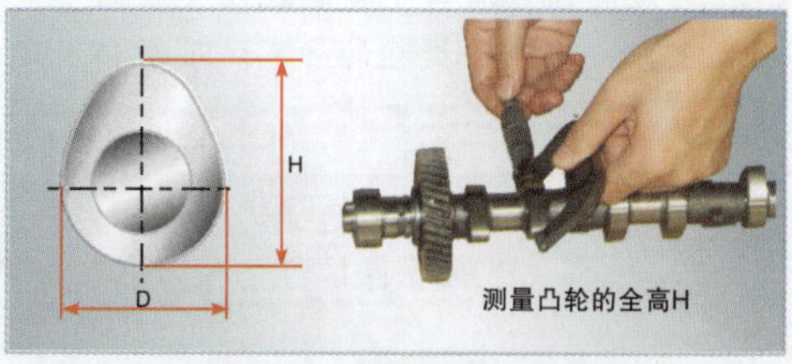

图3-38 凸轮磨损的检验

②凸轮轴弯曲变形的检修

如图3-39所示，将凸轮轴放在平台的V形架上，以两端轴颈为支点。将百分表测头抵在中间的轴颈上，并缓慢转动凸轮轴一圈，如百分表摆动超过0.10mm，则应进行校正，校正后的弯曲度应不大于0.03mm。

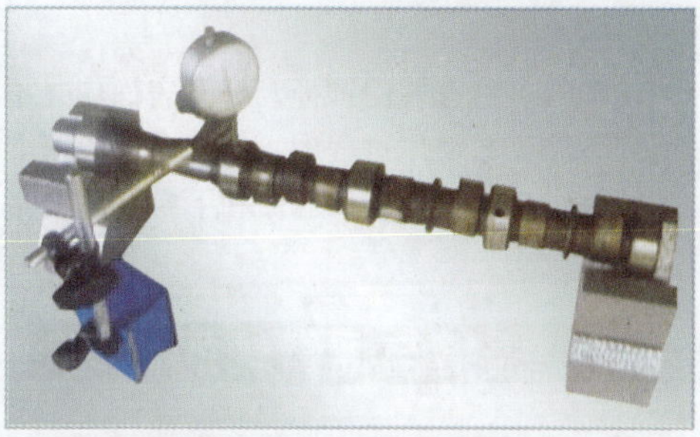

图3-39 凸轮轴弯曲的检修

③凸轮轴轴颈的检修

如图3-40所示，用千分尺测量轴颈的圆度及圆柱度误差，如凸轮轴轴颈的圆度误差大于0.015mm，各轴颈的同轴度误差超过0.05mm时，应按修理尺寸法进行校正并修磨。修磨后轴颈的圆柱度误差小于0.005mm，最大径向圆跳动公差不大于0.03mm。

图3-40 凸轮轴轴颈的检修

（2）凸轮轴轴承的检修

凸轮轴轴承的配合间隙超过使用限度（载货汽车为0.20mm，轿车为0.15mm）时，应更换新轴承。

2. 挺柱的检修

（1）机械挺柱的检修

①挺柱的圆柱面部分与导孔的配合间隙一般为0.03～0.10 mm，如超过0.12mm时应更换挺柱或导孔支架；装有衬套的结构可更换衬套。

②挺柱底部出现损伤时应更换，如图3-41所示。

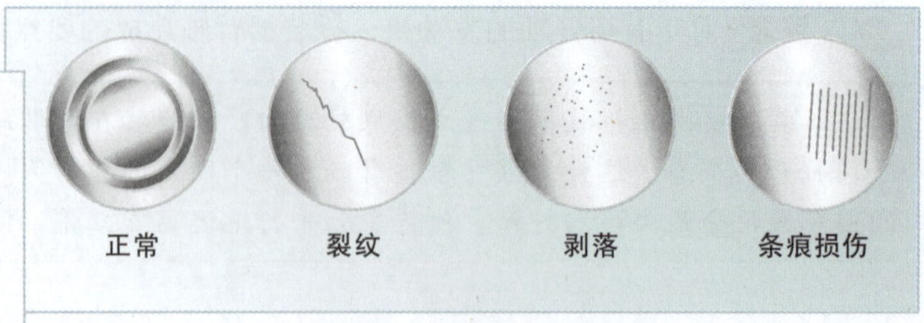

图3-41 挺柱底面的检查

（2）液压挺柱的检修

①液压挺柱与承孔的配合间隙一般为0.01～0.04 mm，超过0.10 mm时应更换液压挺柱。液压挺柱的圆柱面的测量如图3-42所示。

②发动机修理时，如气门出现开启高度不足时，一般应更换挺柱。有条件时，应在液压试验台上检验液压挺柱的密封性，即：将规定的压力施加于液压挺柱上，检验液压挺柱的柱塞向下滑移规定的距离所需的时间，此时间过短表明挺柱内部泄漏，应更换。

提示： 发动机维护时，如出现气门开度不足时，可用专用工具排净液压挺柱内渗入的空气，恢复气门的最大升程。

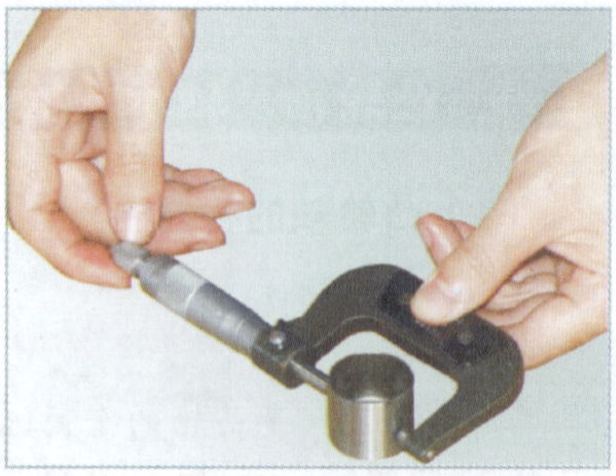
图3-42 液压挺柱的圆柱面的测量

3. 推杆的检修

（1）检查气门推杆，杆身表面应光滑、平直，不得有锈蚀和裂纹。

（2）在使用过程中，推杆易发生弯曲，直线误差应不大于0.30 mm，如超过规定值，应进行冷压校直。

（3）推杆上端凹球面和下端凸球面半径磨损量应控制在+0.03～-0.01 mm之间。

4. 摇臂与摇臂轴的修理

（1）摇臂的检修

摇臂头磨损超过0.5mm，应堆焊然后修磨。摇臂上调整螺钉的螺纹孔损坏时，一般应更换。如图3-43所示。

（2）摇臂轴的检修

摇臂轴轴颈的磨损大于0.02mm或摇臂与摇臂轴的配合间隙超过0.10mm应刷镀修复或更换。摇臂轴弯曲变形应冷压校直，使其直线误差在100mm长度上不大于0.03mm。

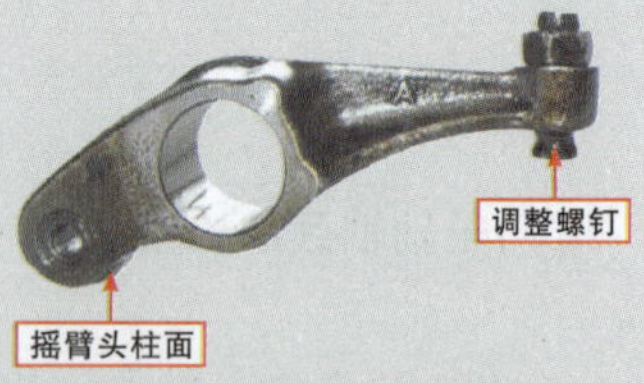

图3-43 气门摇臂磨损部位

5. 正时齿轮和正时带的检修

正时齿轮啮合间隙逾限或轮齿磨出台阶、出现裂纹或断齿时，应更换齿轮。

正时带出现裂纹、老化、破损或折断时，应更换。正时皮带的张紧力应符合要求，检查方法：用手指捏住齿形带的中间位置，用力翻转时，齿形带应刚好转过90°。否则，应松开张紧轮紧固螺母，利用专用工具转动张紧轮进行调整。

6. 气门间隙的调整

调整气门间隙的方法有：逐缸调整法和两次调整法。

气门间隙的调整

（1）逐缸调整法

活塞位于压缩上止点时，调整一缸的进、排气门间隙。然后摇转曲轴，按点火顺序使下一缸的活塞位于压缩上止点时，再调整这一缸的进、排气门间隙，依次类推，逐缸调整完毕。

（2）两次调整法

两次调整法又称“双排不进”法。“双排不进”由多缸发动机工作循环表和配气相位的气门重叠现象而推导出，它是确定两次调整法可调整气门的依据。其中“双”是指该缸进、排气门间隙均可调整，“排”是指该缸仅排气门间隙可调整，“不”是指该缸的进、排气门间隙都不可调整，“进”是指该缸仅进气门间隙可调整。用两次调整法调整多缸发动机的气门间隙，具有简便、迅速和准确等特点。两次调整法调整气门间隙的方法是：第一次，将一缸活塞位于压缩上止点，按双、排、不、进和发动机工作次序确定可调整的气门间隙，并调整可调整的气门间隙。第二次，摇转曲轴一圈，可调整第一次没有调整过的气门间隙。

几种工作顺序不同的发动机可调气门的排列如表3-1所示。

表3-1 用两次调整法确定可调气门

◆六缸发动机

工作顺序	1	5	3	6	2	4
	1	4	2	6	3	5
第一遍（一缸在压缩上止点）	双	排		不	排	
第二遍（六缸在压缩上止点）	不	进		双	进	

（2）五缸发动机

工作顺序	1	2	4	5	3
第一遍（一缸在压缩上止点）	双	排	不		进
第二遍（一缸在排气上止点）	不	进	双		排

（3）四缸发动机

工作顺序	1	3	4	2
	1	2	4	3
第一遍（一缸在压缩上止点）	双	排	不	进
第二遍（四缸在压缩上止点）	不	进	双	排

（4）八缸发动机

工作顺序	1	5	4	8	6	3	7	2
第一遍（一缸在压缩上止点）	双	排			不	进		
第二遍（六缸在压缩上止点）	不	进			双	排		

（5）三缸发动机

工作顺序	1	2	3
第一遍（一缸在压缩上止点）	双	排	进
第二遍（一缸在排气上止点）	不	进	排

调整气门间隙的操作：如图3-44所示。先旋松锁紧螺母，用厚度符合规定间隙的塞尺插入气门杆端面与摇臂之间，同时旋转调整螺钉，直至拉动塞尺感到稍有阻力后用锁紧螺母锁紧调整螺钉。调整完毕后，应再用塞尺复查一次。

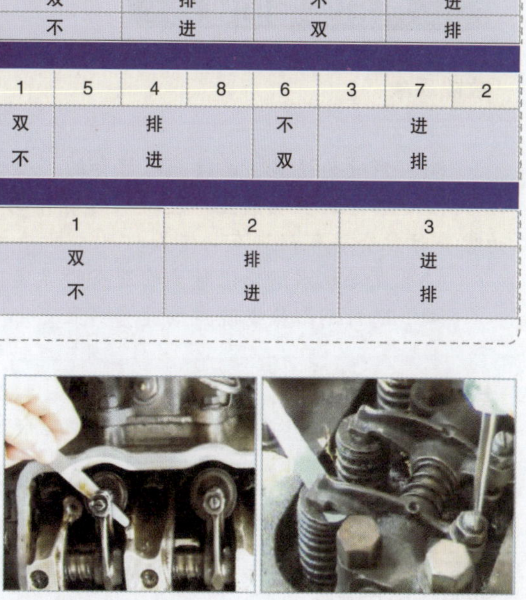

图3-44 气门间隙调整

四、凸轮轴异响故障维修实操

在学习了气门传动组的构造，掌握了气门传动组的拆装方法及气门传动组的检验与维修方法后，让我们一起来解决前面遇到的发动机缸盖处发出有节奏“嗒嗒”响声故障。

故障原因：

（1）凸轮轴轴承与轴颈配合间隙过大、松旷。
（2）凸轮轴轴承松转或轴承合金烧蚀、剥落或磨损过大。
（3）凸轮轴轴向间隙过大或凸轮轴弯曲。

故障诊断：

（1）在缸盖处可听到有节奏而较钝的“嗒嗒”响声，发动机在怠速时声响清晰，中速时比较明显，高速时消失，而进行断火试验，声响依旧。则可诊断为凸轮轴轴向间隙过大或凸轮轴松动。

（2）使发动机在声响最强的转速下运转，用螺栓旋具触及缸体的轴承处，若某处声响强并伴有振动，则可诊断为该处轴承发响。

故障排除：

折检配气机构，更换故障零件。

五、气门传动组其他故障维修实际操作

气门传动组其他故障主要有：气门脚异响、液压挺柱异响、正时齿轮异响等。

1. 气门脚响的维修

故障现象：

（1）声响为清脆、连续而有节奏的“哒哒”声，位置集中在气缸上方气门室盖附近。
（2）怠速时声响明显。发动机转速升高时，声响频率随之同步加快，强度稍有增大。发动机高速运转时的噪声往往会将气门脚声响掩盖。
（3）发动机水温变化时声响没有明显变化。
（4）进行断缸检查时声响没有明显变化。

故障原因：

（1）气门脚响的原因通常是因气门传动机构的零件磨损或调整不当，使其气门间隙过大所致。
（2）气门传动机构缺少润滑也会出现气门脚响。

故障诊断与排除：

（1）当发动机有气门脚响时，应先检查发动机的润滑油是否充足，气门室盖内的润滑是否正常。
（2）如果润滑系统工作正常，则应打开气门室盖，逐个检查气门间隙，如间隙值超过标准值，一般是间隙过大的气门发响。

2. 液压挺柱异响的维修

故障现象：

响声类似普通机械气门脚响。

故障原因：

（1）发动机机油油面过高或过低，致使有气泡的机油进入液压挺柱中，形成弹性体而产生气门脚响。

（2）机油压力过低，液压挺柱中缺少润滑油，使空气进入液压挺柱中，产生气门脚响。

（3）发动机长期放置不用，使液压挺柱被过分压缩，重新启动后没有得到足够的机油补充而使空气进入，产生气门脚响。

（4）液压挺柱失效。

故障诊断与排除：

（1）检查机油油面，若油面太低，应添加机油至标准高度。启动发动机，并使之运转至正常工作温度，然后以2 000r/min的转速运转发动机约2min，若此时气门脚响的现象消失，则可继续使用发动机，无需拆修。

（2）若气门脚响的现象仍存在，则应拆卸油底壳，检查更换机油泵、集滤器、更换机油。

（3）拆检配气机构，对于拆下的液压气门挺柱，可用手指捏住液压挺柱的上、下端面用力按压，如有弹性，则说明该液压挺柱已失效，应更换。

3. 正时齿轮异响

故障现象：

（1）发动机怠速时或转速改变时，正时齿轮室盖处发出杂乱而轻微的声响。转速提高后，声响消失；急减速时，声响尾随出现。

（2）声响有时受温度影响，温度高时，声响明显。

（3）有时声响伴有正时齿轮室盖振动。

故障原因：

（1）正时齿轮磨损或装配不当，使啮合间隙过大或过小。

（2）曲轴和凸轮轴中心线不平行。

（3）凸轮轴正时齿轮松动或润滑不良。

（4）凸轮轴正时齿轮轮齿折断或齿轮径向破裂。

故障诊断与排除：

（1）发动机怠速运转时发出有节奏的声响，中速时突出，高速时杂乱。用长柄起子触及正时齿轮盖附近听诊，若声响更明显，则可诊断为正时齿轮啮合间隙过大。

（2）发动机怠速动转，若发出有节奏的“嘎嘎”声响，且随发动机转速提高，声响随之加大，则表明齿轮啮合不均匀。

（3）将发动机逐渐提高到某一较高转速，若突然发出强烈而杂乱的声响，然后急减速，同样会发出“嘎嘎”声，然后消失，可诊断为凸轮轴正时齿轮松动。

（4）更换正时齿轮后出现连续不断的“呜呜”声，转速越高越明显，则表明齿轮啮合间隙过小。

思考与练习

一、填空题

1. 凸轮轴主要由________和________两部分组成。凸轮轴由曲轴驱动，其传动型式有________传动、传动和________传动三种类型。

2. 挺柱的作用是将凸轮的推力传给________或________。

3. 调整气门间隙的方法有________和________两种。

二、判断题（正确的打“√”，错误的打“×”）

1. 采用液力挺柱，就可以实现零气门间隙。（ ）

2. 在拆卸摇臂轴时，全部摇臂轴支座的固定螺栓可一次性拧松。（ ）

3. 挺柱在工作时既有上下运动，又有旋转运动。（ ）

三、选择题

1. 下列零件不属于气门传动组的是（ ）

A. 挺柱　B. 气门弹簧　C. 摇臂轴　D. 凸轮轴

2. 四冲程发动机一个工作循环中，曲轴旋转两周，而凸轮轴旋转（ ）周，每个气缸进、排气（ ）次。

A. 一　B. 二　C. 三　D. 四

这一情境我们来学习配气相位的基本术语，了解现代汽车发动机可变进气控制技术。

情境四：配气相位

配气相位

配气相位（配气定时）：就是用曲轴转角表示的进、排气门的实际开闭时刻和开启的持续时间。用曲轴转角的环形图来表示配气相位，这种图形称为配气相位图，如图3-45所示。

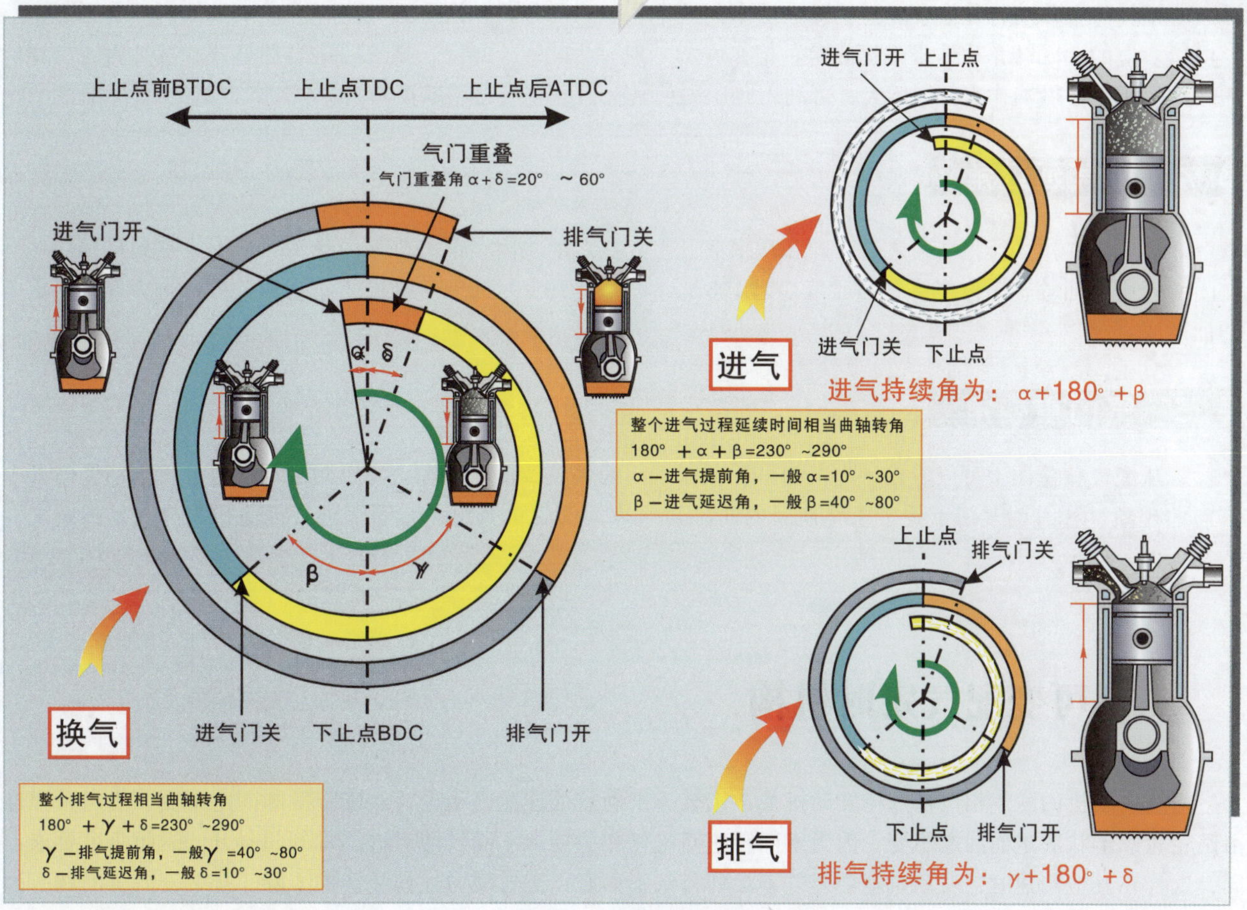

图3-45　配气相位图

理论上，四冲程发动机进气行程和排气行程时，进、排气门各开启时间为180°曲轴转角度。即当活塞处于上止点时，进气门开启，排气门关闭；活塞处于下止点时进气门关闭，排气门开启。但实际情况并非如此，由于发动机转速很高，一个行程的时间极短，这样短的时间内难以做到进气充分，排气彻底。为提高发动机性能，改善换气过程，实际发动机的气门开启和关闭并不恰好在活塞的上、下止点，而是适当地提前开启和延迟关闭，以延长进排气时间，气门开启行程中曲轴转角都大于180°。

一、相关术语

1. 进气提前角

进气门在活塞到达上止点之前开启谓之早开。从进气门开到上止点曲轴所转过的角度称作进气提前角，记作α，α一般为10°～30°。进气门早开有利于提高充气量。

2. 进气延迟角

进气门在活塞到达下止点之后关闭谓之晚关。从下止点到进气门关闭所对应的曲轴转角称作进气迟后角，记作β，β一般为40°～80°。

3. 排气提前角

排气门在作功行程结束之前，即在活塞到达下止点之前开启，谓之排气门早开。从排气门开启到下止点所对应的曲轴转角称作排气提前角。记作γ，一般γ为40°～80°。排气门适当的早开，气缸内还有相当大的压力，做功作用已经不大，可利用此压力使气缸内的废气迅速地排出去。

4. 排气延迟角

排气门在排气行程结束之后，即在活塞离开上止点之后关闭，谓之排气门晚关。从上止点到排气门关闭所对应的曲轴转角称作排气延迟角，记作δ，δ一般为10°～30°。排气门适当迟关可以将废气排得更加彻底。

5. 气门重叠角

从配气相位图上可以看出，进气门早开和排气门晚关，致使活塞在上止点附近出现进、排气门同时开启的现象，称其为气门重叠。重叠期间的曲轴转角称为气门重叠角，它等于进气提前角与排气延迟角之和，即$\alpha+\delta$。

二、可变配气定时机构

传统发动机的配气相位是选择发动机最常用转速来确定最佳配气相位，经确定后则固定不变，气门升程也由凸轮轮廓形状决定而固定不变。因为不同转速对配气相位要求不同，即对进、排气门早开、迟闭角度要求不同，这样在其他转速时，发动机就会充气不足和排气不彻底，造成动力性和经济性下降、排放变差等问题，为解决这个问题，近年来一些发动机上采用了可变进气系统、可变配气定时等结构，可变进气系统和配气定时具有以下的优点：

从配气相位图上可以看出，进气门早开和排气门晚关，致使活塞在上止点附近出现进、排气门同时开启的现象，称其为气门重叠。重叠期间的曲轴转角称为气门重叠角，它等于进气提前角与排气延迟角之和，即$\alpha+\delta$。

1. 可变进气系统

可变进气歧管可满足发动机不同工况的要求，即在高转速、大负荷时需要较粗的进气歧管，而在中、低转速和中、小负荷时需要细长的进气歧管。

可变进气系统分为可变长度进气歧管和双通道进气歧管两种。

（1）可变长度进气歧管

可变长度进气歧管主要由转换阀、转换阀控制器及电子控制单元（ECU）等组成，结构如图3-46所示。

工作原理如下：

①当发动机转速低时，发动机ECU发出指令，转换阀控制器关闭转换阀，这时，空气经过的路径如下：空气滤清器→节气门→弯曲而细长的进气歧管（细管）→气缸［图3-46（a）］。细长的进气歧管提高了进气速度，充分利用气流的惯性，使进气量增多。

②当发动机转速高时，发动机ECU发出指令，转换阀控制器开启转换阀，这时，空气经过的路径如下：空气滤清器→节气门→较粗的进气歧管→气缸［图3-46（b）］。较粗的进气歧管进气阻力小，使进气量增多。

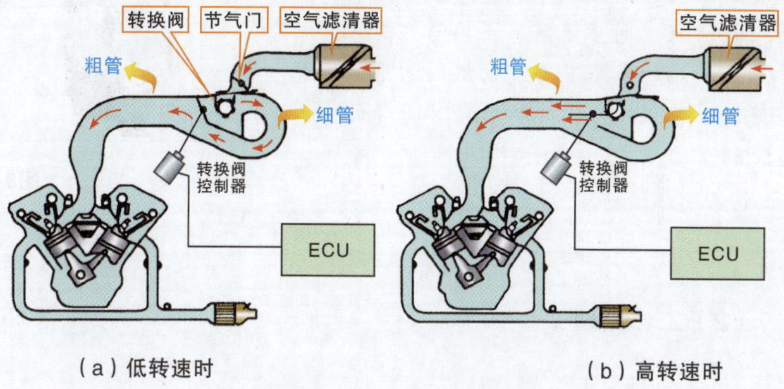

图3-46 可变长度进气歧管

（2）双进气通道歧管

双进气通道歧管结构如图3-47所示。每个歧管都有两个进气通道，一长一短。

当发动机中、低速时，旋转阀将短进气道封闭，空气沿长进气道进入气缸，如图3-47（a）所示。

当发动机高速时，旋转阀将长进气道短路（长进气通道变成了短进气通道），同时短进气道也打开，如图3-47（b）所示。这时空气同时经两个短进气通道进入气缸，进气量增加。

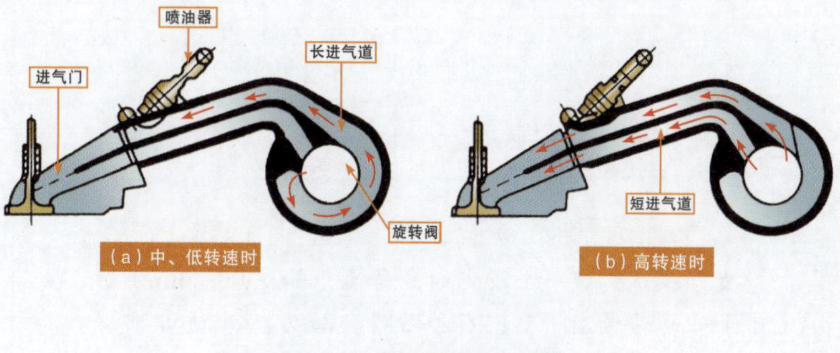

图3-47 双进气通道歧管

2. 可变配气相位

目前应用的可变配气相位机构有：本田的可变气门控制（VTEC）机构，丰田和帕萨特B5的可变配气正时控制（VVT-i）机构，宝马的渐进式可变气门正时系统（VANOS），三菱汽车的多模式可变气门控制（MIVEC）机构，通用公司的无凸轮轴电子控制可变气门控制机构等。下面以本田VTEC机构为例进行详细的讲解：

本田VTEC机构是通过改变气门正时和气门升程，使发动机功率和转矩提高。

（1）结构

本田VTEC机构如图3-48所示。VTEC机构有两个进气门即主进气门和次进气门。每个进气门都由单独的摇臂来驱动。与主、次进气门接触的摇臂分别是主、次摇臂。主、次摇臂之间有一个特殊的中间摇臂，它不与任何气门直接接触。在三个摇臂靠近气门的一端均设有油缸孔，油缸孔中装有靠液压控制的正时活塞、同步活塞、止推活塞。正时活塞一端的油缸孔与发动机的润滑油道连通，ECU通过电磁阀控制油道的通、断。

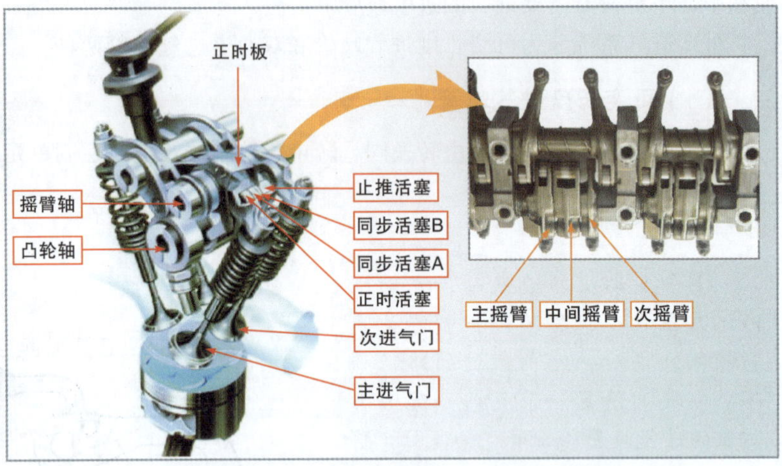

图3-48　本田VTEC机构

（2）工作原理

发动机低速时，VTEC机构的油道内没有机油压力，正时活塞、同步活塞A、同步活塞B和止推活塞在回位弹簧作用下都处于左端，正时板卡入正时活塞，使其不能移动，此时三根摇臂分离，彼此独立工作（图3-49）。主凸轮升程较大，所以它驱动的气门开度较大；次凸轮升程较小，所以它驱动的气门开度较小。这时，中间摇臂虽然也被凸轮驱动，但因为三个摇臂彼此分离独立，所以中间摇臂对任何气门都不起作用。

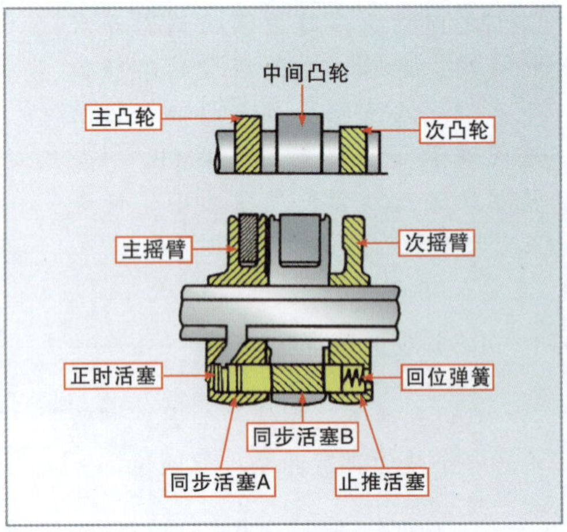

图3-49　发动机低速运转

发动机达到某一个设定的高转速（如3 000r/min）时，由ECU传来的信号打开VTEC电磁阀，压力机油通过摇臂轴上的油孔进入正时活塞，压缩弹簧，这样主摇臂、中间摇臂和次摇臂就被锁成一体，成为一个同步活动的组合摇臂（图3-50）。由于中间凸轮升程最高，故组合摇臂随中间摇臂一起受中间凸轮驱动，进气门开启时间延长，升程增加。

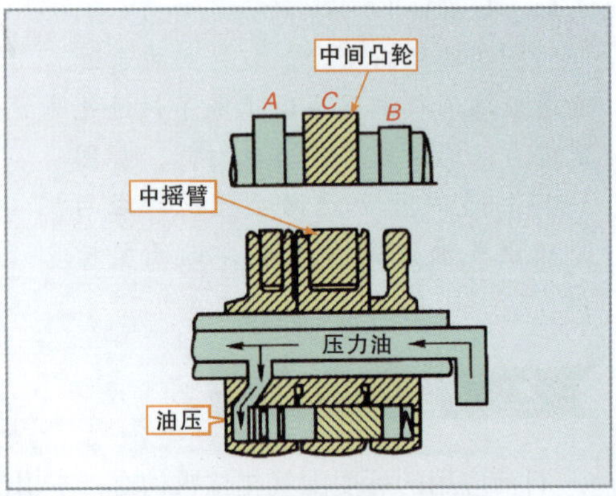

图3-50　发动机高速运转

思考与练习

一、填空题

1. 从进气门开到上止点，曲轴所转过的角度称作__________；从下止点到进气门关闭所对应的曲轴转角称作__________。

2. 进、排气门同时开启的现象，称其为__________；此期间的曲轴转角称为__________。

3. 可变进气系统分为__________和__________两种。

二、选择题

1. 进气门持续开启时间用曲轴转角表示应为（　　）

A. $\gamma+180°$　　B. $\alpha+180°+\beta$　　C. $2\alpha+180°$　　D. $180°+2\beta$

2. 四冲程发动机的整个换气过程（　　）曲轴转角。

A. 等于360°　　B. 小于360°　　C. 大于360°　　D. 等于180°

3. 气门传动组零件的磨损，配气相位的变化规律是（　　）

A. 早开早闭　　B. 早开晚闭　　C. 晚开晚闭　　D. 晚开早闭

一辆捷达轿车，排气冒蓝烟。要求给予维修。

初步诊断该故障点位于进、排气系统，为排除该故障，我们需了解进气系统结构、排气系统结构，掌握进、排气系统故障维修思路。下面就分步来进行该情境的学习。

情境五：进排气系统结构与检修

一、进排气系统的作用

进排气系统的作用是尽可能多和均匀地将可燃混合气或纯净的空气分送到各个气缸中，混合气燃烧做功后，将各缸的废气汇集，经排气消声器消除噪声后，排入大气中。

二、进气系统的结构

进气系统主要由空气滤清器、进气总管、谐振腔、进气歧管等组成，如图3-51所示。

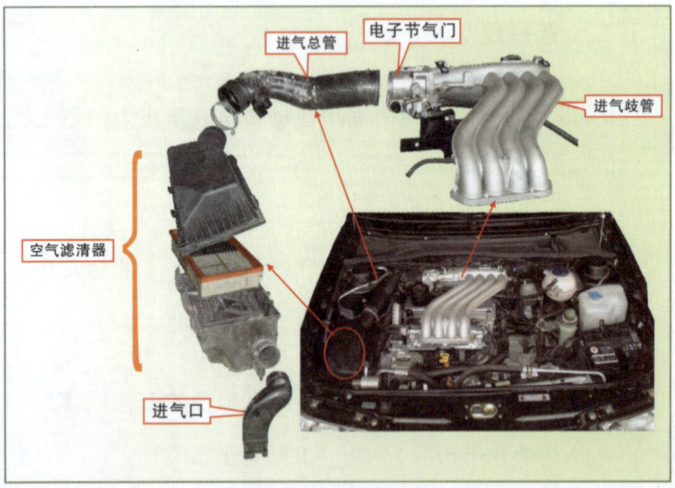

图3-51 进气系统

1. 空气滤清器

空气滤清器的作用主要是滤除空气中的杂质或灰尘，使进气洁净，减少气缸磨损。另外，空气滤清器也有降低进气噪声的作用。

空气滤清器一般由空气滤清器盖、外壳和滤芯等组成。

空气滤清器按结构的不同可以分为油浴式、离心式、干式等，如图3-52所示。

(a) 油浴式

油浴式空气滤清器用于在多尘条件下工作的发动机上，如越野车发动机。

优点：滤芯需定期清洗，可长期使用。

(b) 离心式

离心式空气滤清器多用于大型载货汽车上。在许多自卸车或矿山用汽车上还使用离心式与纸滤芯式相结合的双级复合式空气滤清器。

(c) 干式

干式空气滤清器由纸滤芯制成。可以反复使用，轻型纸材空气滤清器，通常用于客车和小型皮卡车。

图3-52 各种空气滤清器

2. 进气总管

进气总管位于空气滤清器与进气歧管之间，为了提高发动机的充气效率，通常按有效利用进气压力波的原理设计进气总管的长度、形状和结构。

在电控燃油喷射式发动机中，进气总管还装有空气流量计（或进气压力传感器），以便对进入气缸的空气量进行计量。

3. 谐振腔

某些类型的发动机在进气道上使用了谐振腔。其作用是减少进气系统中产生的进气噪声。谐振腔实物如图3-53所示。

图3-53 谐振腔

4. 进气歧管

进气歧管是一个由总管和若干歧管构成的整体管件。其作用是将进气均匀地分配到各个气缸。

对于化油器式或节气门体燃油喷射式发动机进气歧管来说，需要进行适当加热，以防汽油在管壁上凝结。通常进气歧管利用发动机排气或循环冷却液进行加热。

气道燃油喷射式发动机的进气歧管无需加热。

进气歧管用来在所有行驶条件下将正确量的空气和燃油输送给每一个气缸。如果所有进气道长度相等，那么效果是最好的。

三、排气系统的构造

排气系统主要由排气歧管、排气管、排气消声器、谐振腔、排气净化装置、排气尾管等组成。

根据发动机排气管数可分为单排气系统和双排气系统（图3-54）。直列型发动机一般采用单排气系统；V形发动机有采用单排气系统，也有采用双排气系统。

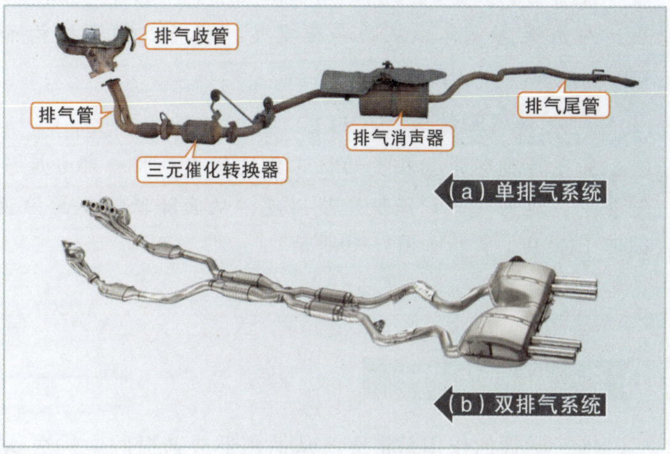

图3-54 排气系统

1. 排气歧管

排气歧管与发动机缸盖相连，废气从排气门出来直接进入排气歧管。排气歧管由铸铁管或钢管制成，可以承受温度的快速升高和爆炸。实物如图3-55所示。

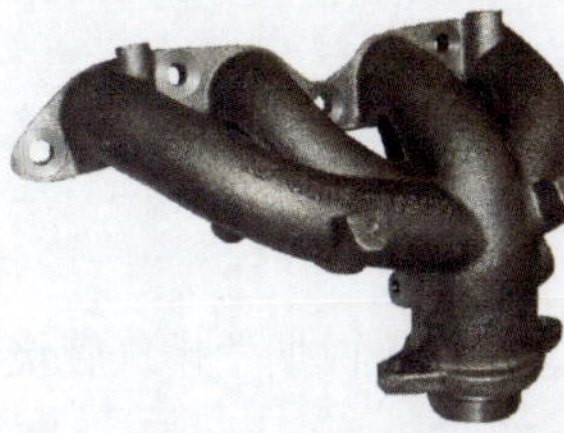

图3-55 排气歧管

2. 排气管

排气管是一根连接管，它位于排气歧管和消声器或催化转换器之间的。排气管可以是单管也可以是双管。

3. 排气消声器

消声器的作用是抑制发动机的排气噪声。

工作原理是：通过多次地变动排气气流方向，或重复地使气流通过收缩又扩大的断面，或将气流分割成许多小的支流并沿着不平滑的平面流动等方法，以消耗废气中的能量，衰减排气气流的压力波，降低噪声。实物如图3-56所示。

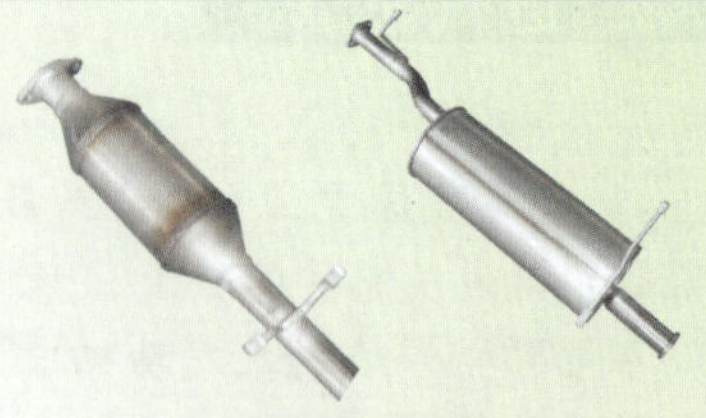

图3-56 消声器

4. 谐振腔

谐振腔是另一种消声器。排气系统发出的大多数噪声都是振动，这些振动导致了较高噪声。它的作用是吸收额外的声振动。

谐振腔实物如图3-57。

图3-57 谐振腔

5. 排气净化装置

为减小汽车的排气污染，现代汽车发动机采用了多种排气净化措施，最常见的有以下三种：三元催化转换器、废气再循环（EGR）和活性炭罐蒸发控制装置。

（1）三元催化转换器

使用金属铂（或钯）和铑的混合物，与HC、CO和NOx发生反应，生成无害气体，从而净化空气。实物及内部结构如图3-58所示。

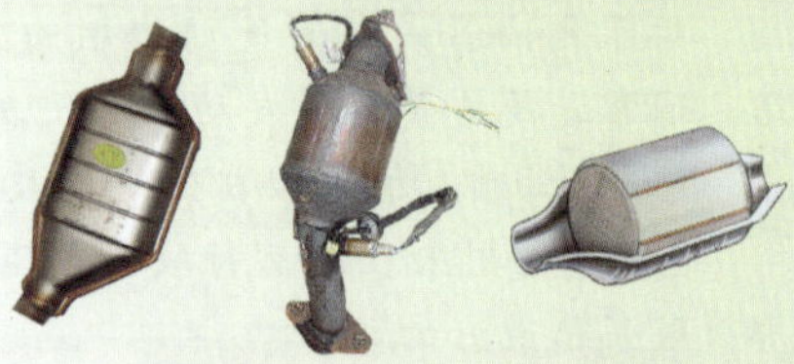

实物图　内部结构

图3-58 三元催化转换器

（2）废气再循环（EGR）

废气再循环是指在发动机工作过程中，将一部分废气吸入到进气管中，返回气缸以降低燃烧温度，从面降低NOx的排放。废气再循环（EGR）实物如图3-59所示。

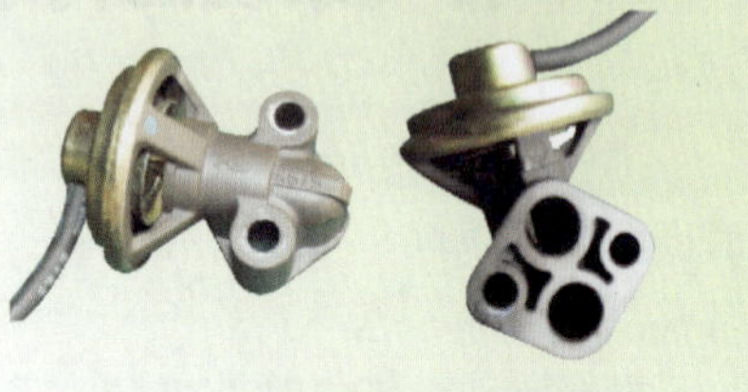

图3-59 废气再循环（EGR）

6. 排气尾管

排气尾管的作用是将废气从消声器或谐振腔中输送到汽车尾部。尾管由一系列挂钩支撑，使排气系统在汽车行驶时可以弯曲和移动。

四、排气系统故障维修思路

发动机排气系统最常见的故障有：发动机冒黑烟、蓝烟、白烟、排气管烧红等。

下面分别叙述这几种故障的维修思路。

1. 发动机尾气冒黑烟的维修

故障现象：

发动机在运行中从排气管中排出燃烧不完全的废气，其中一氧化碳（CO）成分较多。未燃烧的碳呈现黑色。

故障原因分析：

（1）发动机排气管排出的废气中，约有55%的HC和CO、NO_x、SO_2微粒等有害污染物。由于混合气过浓，空气量不足，燃烧不完全，废气中CO的含量最高。

（2）化油器失调，主量孔过大，浮子室油面过高。

（3）化油器阻风门开启不足。

（4）空气滤清器滤心被灰尘堵塞致使进气量减小。

（5）汽油泵摇臂行程过大，提高了供油压力，从而造成浮子室油面升高。

（6）点火时刻过晚，使混合气燃烧不完全，废气中CO、HC含量增大。

（7）发动机冷却系统水温过低，燃油不能立即雾化燃烧，促使废气中CO、HC增加。

（8）气缸、活塞、活塞环等磨损严重，漏气，使气缸压力不足，混合气燃烧不完全等。

维修思路：

（1）混合气中的空气量不足，使混合气加浓是造成不完全燃烧主要原因。

（2）调整和清洗化油器，使主量孔（可调式）通路截面恢复正常。

（3）检查浮子室油面，必要时调整其高度。

（4）检查空气滤清器，必要时清洗滤芯。

（5）发动机冷却系统水温过低，必要时采取保温措施。

诊断与排除：

电喷发动机排气冒黑烟的原因是喷油量过多、混合气过浓。在诊断排除此故障时，应重点从发动机的控制系统和燃油系统中查找导致喷油量过多的原因。

发动机控制系统和燃油系统中会导致喷油量过多的原因，通常有以下几点：

（1）水温传感器故障

水温传感器在不同温度下的电阻值大于标准值，会使电脑误认为发动机处于低温状态，从而进行冷车加浓控制，使油耗增加。应在不同温度下检测水温传感器的电阻值，并与标准值进行比较；也可以用电脑解码器来检测，它能在发动机运转中显示水温传感器传给电脑的信号所表示的水温数值；将这一数值与发动机实际水温相比较，就能直观地反映出水温传感器是否工作正常。对于有故障的水温传感器，应更换新件。

（2）空气流量计或进气管压力传感器故障

空气流量计或进气管压力传感器的误差会直接影响喷油量。应检测空气流量计或进气管压力传感器，其数值应符合标准。检测结果如有异常，应更换空气流量计或进气管压力传感器。

（3）燃油压力过高

应测量燃油压力。怠速时的燃油压力应为250kPa左右，随着节气门的开启，燃油压力应逐渐上升。节气门全开时的燃油压力约为300kPa。若燃油压力能随节气门开度变化而改变，但压力始终偏高，则说明油压调节器有故障，应更换。若燃油压力不能随节气门开度变化而改变，则说明油压调节器的真空软管破裂或脱落，或燃油压力调节控制电磁阀有故障，使进气管真空度没有作用在油压调节器的真空膜片室上，导致油压过高。对此，应更换软管或电磁阀。

（4）冷启动喷油器工作失常

有些车型的电喷发动机设有冷启动喷油器，应检查冷启动喷油控制是否正常。用电压表或试灯接在冷启动喷油器线束插头上，检查发动机启动时冷启动喷油器工作的持续时间是否符合标准值。若工作时间过长或启动后一直工作，则说明冷启动喷油控制失常，应检查冷启动温度开关及控制电路。

（5）喷油器漏油或卡滞

应拆卸喷油器，检查各喷油器有无漏油或卡滞。如有异常，应清洗或更换喷油器。

（6）氧传感器故障

氧传感器的信号电压失常，会影响发动机电脑的喷油量反馈控制（即闭环控制）过程。当氧传感器信号电压偏低时，会使发动机电脑误认为混合气过稀，从而增加喷油量，导致混合气过浓。有些车型的发动机电脑对氧传感器的工作状况十分敏感，氧传感器的信号稍有不正常时就会使故障警告灯亮起，此时可根据故障代码的指示很快地查找到故障原因。但也有一些车型的发动机电脑对氧传感器的工作状况不太敏感，在氧传感器的信号电压失常时故障警告灯并没有亮，此时可试着拔下氧传感器的线束插头，切断氧传感器和电脑的连接线路，此时电脑会因氧传感器的线路断路而使故障警告灯亮起，同时停止闭环控制，改为按开环控制的方式控制喷油量。如果在拔下氧传感器的线束插头后，发动机排气冒黑烟的故障消失，则说明氧传感器有故障，应更换。

2. 发动机尾气冒蓝烟的维修

故障现象：

发动机尾气冒蓝烟。与此同时发现曲轴箱中的润滑油容量不足，拆下火花塞已形成积炭而短路缺火，致使发动机动力性和经济性变坏。

故障分析：

（1）蓝色烟雾是润滑油窜入发动机燃烧室后燃烧而生成的，如发动机曲轴箱油面超高，润滑油过多易造成上窜而燃烧。

（2）因气缸和活塞环的磨损，缸壁和活塞间隙加大，漏气增加，润滑油上窜而燃烧。

（3）配气机构的进、排气门的油封老化、失效导致密封不严，使气门室中的润滑油从气门和气门导管间隙中流入燃烧室，亦是造成润滑油燃烧的途径。

（4）由于空气滤清器的堵塞，使进气过程阻力增加而造成进气不畅，气缸内形成负压，一部分润滑油被吸入燃烧室。

故障思路：

（1）检查发动机曲轴箱油面，过多时应放掉一些。

（2）检查空气滤清器被灰尘污染情况，必要时，加以清洗。

（3）如果气缸、活塞环已严重磨损，气门油封已不密封，则须进行拆解检修。

诊断与排除：

发动机排气冒蓝烟的原因，是发动机的机油进入气缸或排气管燃烧所致。

原因之一

是发动机气缸磨损，致使活塞和气缸的配合间隙过大，或是由于活塞环磨损过甚、弹性下降而失去密封性，使油底壳内的机油穿过活塞环窜入燃烧室，和混合气一起燃烧。

原因之二

是气门导管油封失去密封性，致使气门室内的机油经进气门导管进入燃烧室燃烧，或经排气门导管进入排气管，在废气的高温作用下燃烧。

如果在发动机出现排气冒蓝烟的故障时，同时还伴有发动机动力不足、加速无力、气缸压缩压力明显低于标准等现象，则说明该发动机的气缸或活塞环有磨损，应检查气缸和活塞环的技术状况，根据其磨损的具体情况，采取更换活塞环或对发动机进行大修。如果在排气冒蓝烟的同时发动机动力良好，气缸压缩压力正常，则为气门导管油封漏油，只要拆下气缸盖，更换气缸导管油封即可，无需更换活塞环或对发动机进行大修。

3. 发动机尾气冒白烟的维修

故障现象：

燃油中含有水分或冷却水漏入气缸，经炽热后化为蒸汽，由排气管排出称冒白烟。寒冷天气初次启动时，排气管冒白烟是由于消声器内积水被废气加热形成的，发动机运转正常后症状消失，属正常状况。

故障分析：

（1）发动机气缸套有砂眼裂纹。

（2）曲轴箱润滑油油面升高是因为有水渗入，表明气缸衬垫损坏，使气缸体水套的水流入燃烧室蒸发而成。

（3）汽油中有水，也是造成排气冒白烟的原因。

故障思路：

（1）若气缸体有砂眼、裂纹和缸垫损坏，需必要的检测设备，且检修工作量大应及时送维修厂检修。

（2）汽油中有水应及时更换。

故障原因分析：

（1）轿车的电喷发动机由于在排气管中安装有三元催化反应器，在发动机的控制系统工作正常的情况下，混合气的浓度接近理论混合比，排气中的一氧化碳、碳氢化合物、氮氧化合物在经过三元催化反应器时产生一定的化学反应，生成二氧化碳、氧气、氮气和水气，因此其排气中的白烟是水雾，此现象在发动机冷车运转或气温较低时特别明显。检查时，可将手掌靠近排气管口，如果排气中的水雾会在手掌上结出一层水膜，或在排气管口有少许水滴滴出，说明发动机工作正常，无须修理。

（2）发动机在冷车运转时冒白烟，待热车后变为冒黑烟，此现象表明发动机的控制系统或燃油系统工作不正常，导致混合气过浓。对此，应按混合气过浓故障进行检修。

↓

（3）发动机在运转中排气管有大量的水雾和水滴排出，同时还伴有发动机运转不稳，冷却水消耗过大，发动机水温过高等现象，则为发动机气缸盖变形或气缸垫密封不严，使冷却水进入发动机气缸，在燃烧后从排气管排出。此时应拆卸气缸盖，检查气缸盖下平面有无变形，如有变形，应进行修整或更换气缸盖，同时应更换新的气缸垫。

4. 排气管烧红故障检修

故障现象：

排气管烧红。

维修思路：

（1）最常见的原因是发动机的个别气缸没有点火或点火不良。因此，在诊治排气管烧红的故障时，首先应判别发动机在运转中是否有个别气缸不工作或工作不良的现象（如怠速发抖等），如是，则应先采用断缸检查等方法，找出不工作或工作不良的气缸，检查该缸的火花塞、高压线、点火线圈等有无故障。

↓

（2）如果在怠速工况下各缸工作正常，还应检查在发动机高速运转时有无个别气缸不点火的现象（如高速运转中发抖等），此时应采用示波器检查高速时各缸的点火电压，如有高速不点火现象，其原因通常是点火线圈问题，应更换新的点火线圈。

↓

（3）如果在怠速和高速时都没有个别气缸工作不良或不工作的现象，应检查点火提前角有无过小，如有，应予以调整。

↓

（4）如果点火系统工作正常，则应检查发动机有无混合气过稀的现象（如动力不足，高速时进气管回火等），若混合气过稀，应检查燃油压力是否过低，电动汽油泵的工作是否正常，喷油器有无堵塞等。

↓

（5）如果燃油系统工作正常，应进一步拆检排气管，检查排气管有无堵塞，特别要注意检查三元催化反应器有无堵塞现象，如有堵塞应更换。

五、进排气系统故障维修实际操作

学习了进排气系统的知识，掌握了排气系统常见故障的维修方法后，现在我们一起来维修前面提出的发动机排气冒蓝烟故障。

（1）首先检查发动机曲轴箱油面，发现油面正常，排除因机油过多而窜入发动机室燃烧的可能。

（2）检查空气滤清器，发现空气滤清器很脏，已堵塞。

（3）拆下空气滤清器进行清洁处理后，故障排除。

思考与练习

一、填空题

1. 进气系统主要由__________、__________、__________、__________等组成；
2. 空气滤清器按结构的不同可以分为__________、__________和__________等。

二、选择题

1. 空气滤清器的滤网堵塞，会加大发动机（　　）排放量。

A. CO　　B. HC　　C. NO_X　　D. CO和HC

2. 发动机排气冒蓝烟的原因，最可能的是（　　）

A. 气门导管油封失去密封性　　B. 废气再循环损坏
C. 排气消声器损坏　　D. 废气排气管堵塞

3. 发动机尾气冒白烟的原因，最可能的是（　　）

A. 空气滤清器堵塞　　B. 气缸衬垫损坏
C. 三元催化反应器堵塞　　D. 点火线圈损坏

第四部分

润滑系统

发动机在工作时，存在高速的相对运动，各零件表面会产生摩擦、磨损，为了减小摩擦、减轻磨损，发动机上都设计有润滑系统。发动机润滑系统相当于一个液压传动机构，容易出现机油压力过低、过高、泄漏等故障，为了能排除这些故障，这们必须了解润滑系统的组成与作用以及油路的基础知识。

情境一：润滑系统维修基础

一、润滑系的作用

发动机工作时，连续不断地将机油送至运动零件表面，减小零件的摩擦和磨损；机油流经各零件表面时，还会带走摩擦产生的热量，清洗零件表面，带走磨屑和其他异物；在零件表面形成油膜，防止腐蚀生锈；同时也提高零件的密封性，有利于防止漏气或漏油。即润滑系具有：润滑、冷却、清洁、密封、防腐、防锈的功能。

二、润滑的方式

发动机的润滑方式有三种：压力润滑、飞溅润滑和润滑脂润滑。

1. 压力润滑

压力润滑是以一定的压力把机油供入摩擦表面的润滑方式。这种方式主要用于曲轴各轴颈与轴承之间、凸轮轴颈与轴承之间、摇臂轴与摇臂之间等部位的润滑。

2. 飞溅润滑

飞溅润滑是利用发动机工作时运动件溅泼起来的油滴或油雾润滑摩擦表面的润滑方式，称飞溅润滑。该方式主要用来润滑负荷较轻的气缸壁面和凸轮、挺柱、活塞销等零件的工作表面。

3. 润滑脂润滑

对于一些分散的、负荷较小的部位，采用定期加注润滑脂的方式进行润滑，如水泵、发电机、启动机等的润滑就采用这种方式。

三、润滑剂

发动机的润滑剂有润滑油（机油）和润滑脂（黄油）两种，如图4-1所示。

图4-1 发动机润滑剂

1. 润滑油

（1）润滑油的功用

润滑油有如下功用：

- 润滑：润滑油在运动零件的所有摩擦表面之间形成连续的油膜，以减小零件之间的摩擦。
- 冷却：润滑油在循环过程中流过零件工作表面，可以降低零件的温度。
- 清洗：润滑油可以带走摩擦表面产生的金属碎末及冲洗掉沉积在气缸、活塞、活塞环及其他零件上的积炭。
- 密封：附着在气缸壁、活塞及活塞环上的油膜，可起到密封防漏的作用。
- 防锈：机油有防止零件发生锈蚀的作用。

（2）润滑油的分类

我国的润滑油分三类：

- 汽油机油：SC、SD、SE、SF、SG、SH、SJ、SL、SM、SN10个级别。
- 柴油机油：CC、CD、CD-II、CE、CF-4 5个级别。
- 二冲程汽油机油：ERA、ERB、ERC和ERD4个级别。

（3）润滑油的使用

润滑油的粘度随温度变化而变化，温度高则黏度小，温度低则黏度大，因此，要根据季节选用不同牌号的润滑油。

汽车每行驶7 500km应定期更换发动机润滑油。如汽车连续在多尘地区以及气温低的寒冷地区行驶，更换周期应相应地缩短。

发动机润滑油面应经常检查，保持润滑油油面位于润滑尺“MAX”（最高）及“MIN”（最低）之间。

2. 润滑脂

润滑脂是将稠化剂掺入液体润滑剂中所制成的一种稳定的固体或半固体产品，其中可以加入旨在改善润滑脂某种特性的添加剂。

润滑脂具有良好的黏附性，在常温下可附着于垂直表面而不流淌，并能在敞开或密封不良的摩擦部位工作。具有防水、防尘、防锈和润滑作用。

四、润滑系统的组成与油路

润滑系统由机油泵、机油滤清器、集滤器、机油散热器和冷却器、油底壳等组成。此外，润滑系统还包括机油压力表、温度表和机油管道等。

现代汽车发动机润滑系统的油路大致相同，润滑系统的组成及油路，如图4-2所示。在此系统中，曲轴的主轴颈、曲柄销、凸轮轴颈及中间轴（分电器和机油泵的传动轴颈）均采用压力润滑，其余部分则用飞溅润滑或润滑脂润滑。

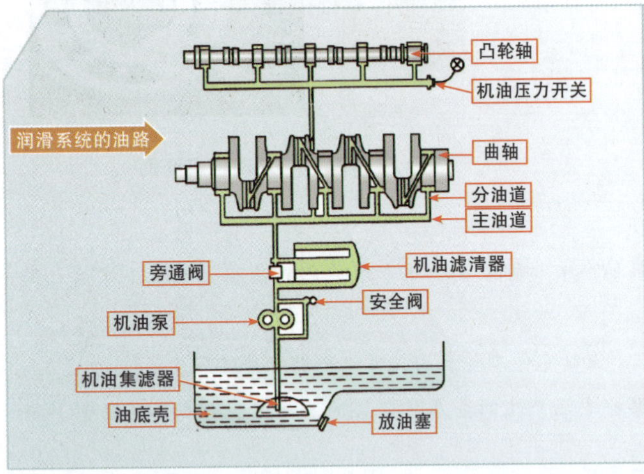

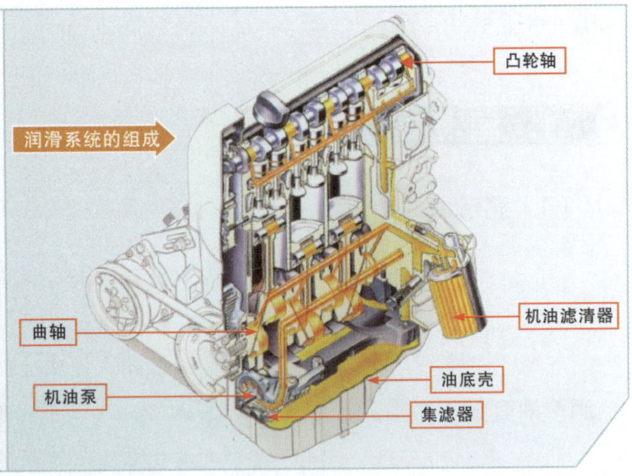

图4-2 润滑系统的组成及油路

当发动机工作时，机油从油底壳经集滤器被机油泵送入机油滤清器。如果油压太高，则机油经机油泵上的安全阀返回油底壳。全部机油经滤清器滤清之后进入发动机主油道。滤清器盖上设有旁通阀，当滤清器堵塞时，机油不经过滤清器滤清由旁通阀直接进入主油道。机油经主油道进入五条分油道，分别润滑五个主轴承。然后，机油经曲轴上的斜油道，从主轴承流向连杆轴承，润滑连杆轴颈。主油道的另一条分油道直通凸轮轴轴承润滑油道，此油道也有五个分油道，分别向五个凸轮轴轴承供油。在凸轮轴轴承润滑油道的后端，也就是整个压力润滑油路的终端装有最低机油压力报警开关。当发动机启动之后，机油压力较低，最低油压报警开关触点闭合，油压指示灯亮。当机油压力超过一定值时，最低油压报警开关触点断开，指示灯熄灭。

五、润滑系统的拆装

以捷达轿车为例：

1. 拆卸

（1）将发动机翻转，油底壳向上。

（2）拧下卸油底壳紧固螺栓，取下油底壳。

注意：衬垫不能再用。

（3）取出机油绕流板。

（4）旋下机油泵的固定螺栓，用工具取下曲轴正时带紧固螺栓。

（5）取下曲轴正时带轮，拧下曲轴前端油封端盖紧固栓，卸下曲轴前端油封端盖（图4-3）。

（6）卸下机油泵链条张紧器，如图4-4所示。

图4-3 取下曲轴正时带轮

图4-4 卸下机油泵链条张紧器

↓

（7）卸下机油泵以及驱动链条，如图4-5所示。

↓

（8）分解机油泵并清洗。

图4-5 卸下机油泵以及驱动链条

2. 安装

（1）装复机油泵。

↓

（2）安装机油泵齿链与机油泵，如图4-6所示。

图4-6 安装机油泵齿链与机油泵

↓

（3）装上机油泵链条张紧器，同时拧紧机油泵与链条张紧器的紧固螺栓，如图4-7所示。

图4-7 装机油泵链条张紧器

↓

（4）旋转曲轴检查油泵齿链张紧度。

↓

（5）在曲轴前端盖及与缸体接触面上均匀涂上密封胶，再装入前端盖，并按规定扭矩拧紧螺栓。如图4-8所示。

图4-8 涂密封胶

↓

（6）装上曲轴箱防溅油挡板，并拧上紧固螺栓。

↓

（7）在衬垫与底壳缸体的接触面上均匀地涂上一层密封胶，装上衬垫及油底壳。

一辆捷达轿车，在发动机发动后，机油压力表读数迅速下降至零左右，且报警灯亮。

这是一起机油压力过低故障，要排除该故障，我们需要对润滑系统进行进一步的学习，掌握润滑系统零部件的结构、工作原理及检修方法。

情境二：润滑系统结构与检修

一、润滑系统主要部件构造与工作原理

1. 机油泵

机油泵的功用是提高润滑系机油压力，使机油在润滑系统内循环流动，保证发动机在任何转速下都能把机油送达各运动件的摩擦表面。

机油泵按其结构可分为齿轮式和转子式两类。齿轮式机油泵又分内啮合齿轮式和外啮合齿轮式两种。

（1）外啮合齿轮式机油泵

结构及工作原理如图4-9所示。机油泵体内有一对外啮合齿轮（主动齿轮和从动齿轮），主动齿轮受发动机驱动，齿轮与机油泵体和泵盖形成了进油腔、过渡油腔和出油腔。当主动齿轮带动被动齿轮旋转时，进油腔的容积由于油液逐渐被带走，腔内产生一定真空度，润滑油从油底壳被吸入进油腔。随后被轮齿带到过渡油腔，再进入出油腔，出油腔由于油液逐渐增多，压力升高，润滑油经出油口被输出。

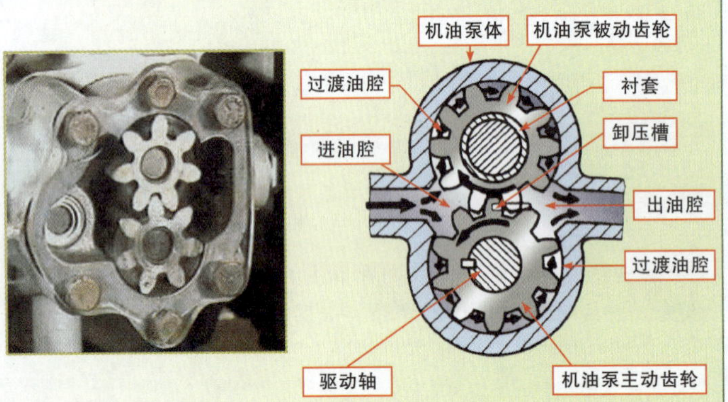

图4-9 外啮合齿轮式机油泵

（2）内啮合齿轮式机油泵

内啮合齿轮式机油泵如图4-10所示。其工作原理与外啮合齿轮式机油泵相似。内啮合齿轮泵由曲轴直接驱动，无需中间传动机构，所以零件数量少，体积小，成本低，但泵油效率较低。

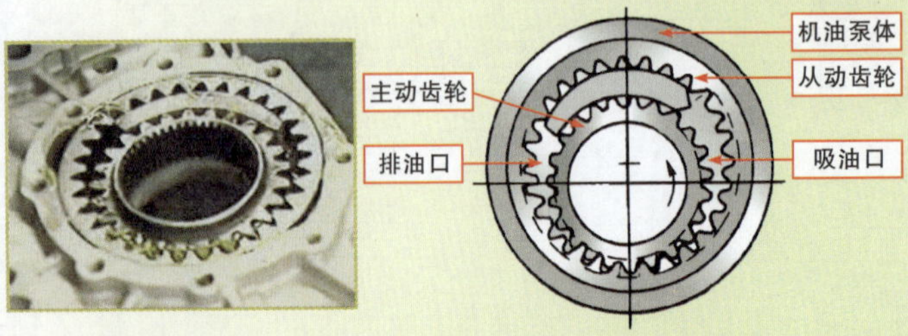

图4-10 内啮合齿轮式机油泵

（3）转子式机油泵

转子式机油泵主要由内、外转子，泵壳及泵盖等零件组成，如图4-11所示。外转子比内转子多一个齿，内转子固定在机油泵传动轴上，外转子自由地安装在泵体内，并与内转子啮合转动。

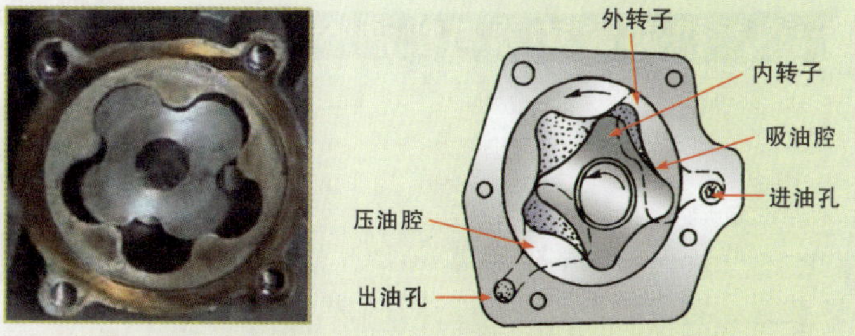

图4-11 转子式机油泵

2. 机油滤清器

（1）作用　机油滤清器的作用是滤除机油中的金属磨屑、机械杂质和机油氧化物，保持机油的清洁。

（2）分类　按过滤能力分有集滤器、粗滤器和细滤器三种，如图4-12所示。

集滤器

作用是防止粒度大的杂质进入机油泵。装在机油泵进油孔之前，一般都是金属滤网式的，有浮式和固定式两种。

粗滤器

滤除机油中粒度较大（直径为0.05mm以上）的杂质。它对机油的流动阻力较小，串联于机油泵与主油道之间，即属于全流式滤清器。

细滤器

用来滤除粒径为0.001mm以上的细小杂质，它对机油的流动阻力较大，多与主油道并联，即属于分流式滤清器。

图4-12 不同过滤能力的机油滤清器

按滤清方式分有：过滤式和离心式两种，过滤式按滤芯材料分有：金属式和纸质式。如图4-13所示。

按与油道联接方式分有：全流式和分流式。如图4-14所示。

全流式机油滤清器：串联于机油泵和主油道之间，因此全部机油都经过它滤清。目前在轿车上普遍采用全流式机油滤清器。

分流式机油细滤器：与主油道并联，经过粗滤器的机油进入主油道，而流过细滤器的机油直接返回油底壳。

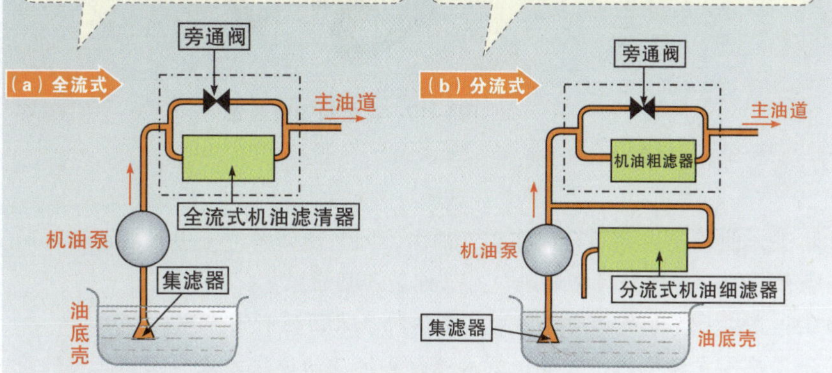

图4-14 全流式与分流式机油滤清器

图4-13 不同滤清方式的机油滤清器

3. 机油散热器与机油冷却器

一些负荷较大的发动机装有专门的机油散热装置，对机油进行强制冷却，使机油保持在最佳温度范围内工作。这些装置有两种：即机油散热器和机油冷却器，如图4-15所示。

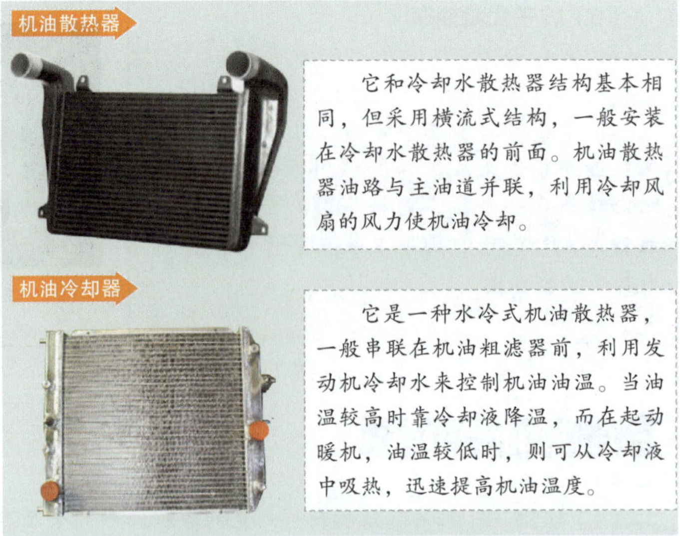

图4-15 机油散热器与机油冷却器

4. 机油标尺

机油标尺用来检查油底壳中的机油的存量。它是一根插在气缸体油平面检查孔内的扁平杆（图4-16）。标尺的一端刻有刻线，在发动机停止工作，全部机油都流回油底壳时，先拔出机油尺，擦干后重新插入曲轴箱内，第二次拔出机油尺，察看机油的油迹，油面高度应在油标尺的上、下限刻度之间。

图4-16 捷达轿车机油标尺位置

5. 安全阀

为了防止油压过高，在润滑油路中设置安全阀或限压阀。一般安全阀装在机油泵或机体的主油道上。当安全阀安装在机油泵上时（图4-17），如果油压达到规定值，安全阀开启，多余的机油返回机油泵进口，如果安全阀安装在主油道上，则当油压达到规定值时，多余的机油经过安全阀流回油底壳。

图4-17 安全阀安装位置

6. 曲轴箱通风装置

曲轴箱通风装置的作用是及时地将进入曲轴箱内的混合气和废气抽出，同时使新鲜空气进入曲轴箱，形成不断的对流。曲轴箱的通风方式一般有两种：一种是自然通风，另一种是强制通风。

自然通风：就是从曲轴箱抽出的气体直接导入大气的通风方式。柴油机多采用这种通风方式。

强制通风：就是从曲轴箱抽出的气体导入发动机的进气管，吸入气缸再燃烧的通风方式。强制式曲轴箱通风系统又称PCV系统，汽油机一般都采用这种通风方式。

二、润滑系统主要零部件的检修

1. 机油泵的检修

（1）齿轮式机油泵的检修

①直观检查泵体与泵盖，若有裂纹应进行焊修或更换新件。

②检查主、从动齿啮合间隙（图4-18），可用塞尺在互成120°处分三点测量，啮合间隙一般为0.05~0.25mm，各点测量误差不应超过0.1mm，不符合规定应成对更换齿轮。

③检查齿轮与泵体的间隙（即齿顶间隙），用塞尺测量（图4-19），如间隙超过0.3mm应换新件。

④检查齿轮与泵盖之间的端面间隙，将钢尺直边紧靠在带齿轮的泵体端面上，将塞尺插入缝隙进行测量（图4-20），一般为0.05~0.25mm，如间隙不符合要求，可增减垫片或磨削泵壳与盖结合面。

⑤将机油泵装复后，用手转动机油泵传动齿轮轴，应转动自如、无卡滞现象；给机油泵注满干净的润滑油，堵住出油口，用手转动机油泵主动轴时，应有油压的明显感觉。

⑥将机油泵装到车上后，通过机油压力表再检查一次机油压力。当发动机温度正常时，发动机怠速和高速机油压力应符合规定，如油压不符合标准，则应对限压阀进行调整，在限压阀弹簧一端增加或减少垫片，以改变弹簧的张力使油压达到规定值。

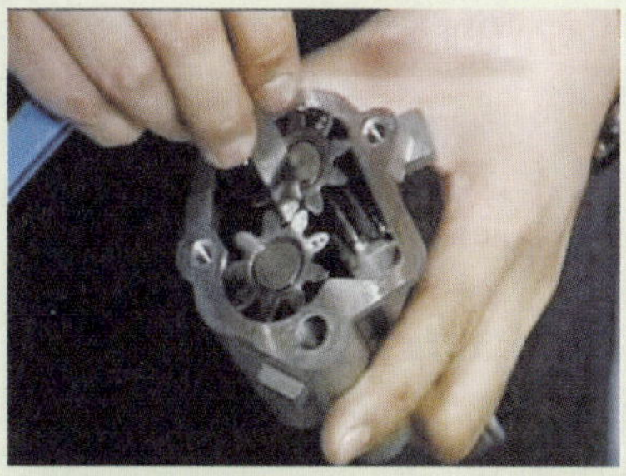
图4-18 测主、从动齿啮合间隙

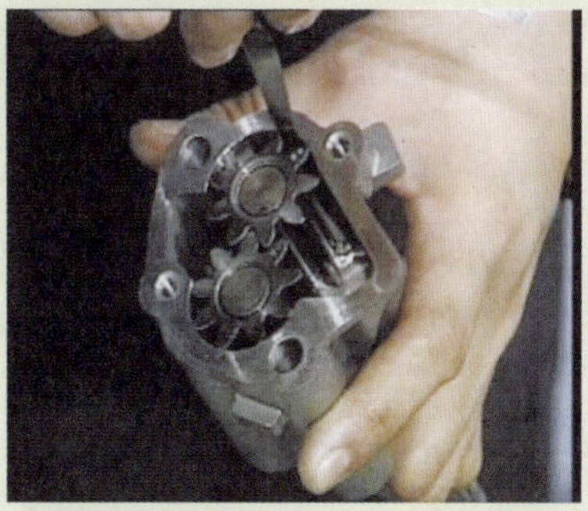
图4-19 齿轮与泵体的间隙

图4-20 测齿轮与泵盖之间的端面间隙

（2）转子式机油泵的检修

①检查内外转子的齿顶间隙。用塞尺测量驱动和从动转子齿顶间隙（图4-21）。如果超过极限值，则应更换整套转子。

②检查外转子与泵体之间的间隙；用塞尺测量从动转子和壳体的间隙（图4-22）。如超过极限值，则应更换整套转子。必要时换油泵组件。

③检查端面间隙。用塞尺和精密的平尺测量转子和端盖之间的间隙（图4-23）。如超过极限值，则应更换整套转子，必要时应更换油泵组件。

图4-21 检测内外转子的齿顶间隙

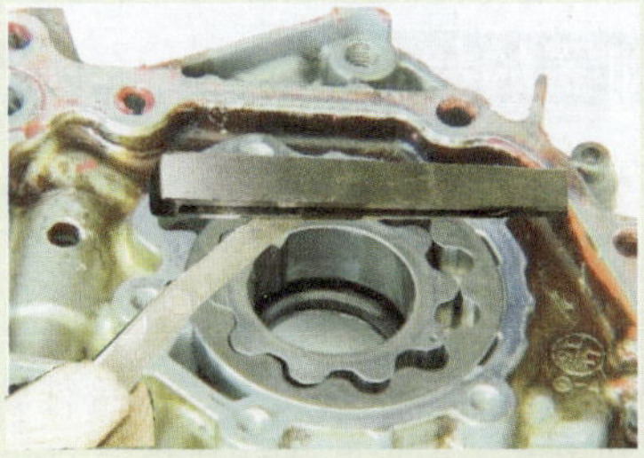
图4-22 检测外转子与泵体之间的间隙

图4-23 检测端面间隙

④装复机油泵。安装转子时注意：内外转子标记应对齐，并使安装记号朝向泵体，如图4-24所示。

图4-24 装机油泵时标记对齐朝上

2. 机油滤清器的检修

（1）集滤器的检修

集滤器的损坏形式有：油管和滤网堵塞、浮子破损下沉等。

油管和滤网堵塞应用柴油或煤油清洗后用压缩空气吹干；浮子有破损应进行焊修。

（2）粗滤器的检修

一般汽车每行驶12 000km左右，应拆洗壳体，更换一次滤芯。检查各密封圈，若有老化、损坏应更换。无特殊情况，不必拆卸和调整旁通阀。将滤清器安装到气缸体上时，应先在滤清器内充满机油。

（3）细滤器的检修

对于可拆式纸质滤芯式机油细滤器，其检修方法与机油粗滤器相同。现将离心式机油细滤器检修方法介绍如下：

在发动机的机油压力高于0.1MPa时，运转10s以上（机油压力较低时机油不会进入细滤器），然后立即熄火。在熄火后的2～3min内，若在发动机旁听不到细滤器转子转动的“嗡嗡”声，则说明细滤器工作不正常。若机油压力正常，细滤器的进油单向阀也未堵塞，则为细滤器故障。此时应拆下细滤器（图4-25），拧开压紧螺母，取下外罩，将转子转到喷嘴对准挡油板的缺口时，取出转子。清除转子内壁上的污物，清洗转子并疏通喷嘴（注意不能用金属丝疏通，应用压缩空气吹通），经调整或换件后再组装。

图4-25 拆卸机油细滤器

3. 机油散热器与机油冷却器的检修

（1）机油散热器的检修

机油散热器常见的故障是管道阻塞不通，管道破裂，散热片重叠变形，限压阀调整不当等。机油散热器拆下后，用煤油灌入散热管道进行清理，并用压缩空气吹通。散热管如有损坏，可参照冷却系统散热器修理方法进行。散热片重叠变形予以拨正，并用压缩空气吹净片间积垢。

（2）机油冷却器的检修

清洗：

拆下冷却器，将冷却器置于10%~15%氢氧化钠水溶液内，加热，浸煮0.5h左右，取出冷却器用清水冲洗出水箱内的水垢。水管内的水垢严重时也可拆去上、下水室后，用通条逐个捅除水管内的水垢，然后再焊好上、下水室。

修理：

冷却器表面有裂纹可用锡焊焊补。冷却器个别水管有裂纹不便焊补时，可拆下上、下水室，焊堵漏水水管的两端。冷却器水管也可采用接管法、换管法、拼修法进行修理。

三、发动机在运转过程中机油压力过低的故障维修实际操作

在掌握了润滑系统的基本结构，主要部件的检修方法后，现在我们一起来排除前面提出的发动机在运转过程中机油压力过低故障。

故障原因：

（1）曲轴箱机油黏度低或机油不足。

↓

（2）限压阀弹簧过软或折断。

↓

（3）机油滤清器旁通阀弹簧过软和折断。

↓

（4）润滑油进油管接头松动或油管破裂。

↓

（5）机油泵工作不良，机油油路严重泄漏。

→

（6）汽油泵膜片破裂，汽油漏入曲轴箱稀释机油。

↓

（7）气缸衬垫损坏，冷却水漏入曲轴箱，使润滑油变质，黏度下降。

↓

（8）曲轴主轴承、连杆轴承及凸轮轴承配合间隙过大而泄漏。

↓

（9）机油滤清器堵塞，使旁通阀开启压力过高或卡住，机油不能进入主油道。

↓

（10）机油集滤器堵塞。

维修方法：

（1）首先拔出机油尺，检查曲轴箱内机油油面。若机油不亏，应检查机油表、传感器；若机油严重不足，能听到曲轴轴承和连杆轴承异响，应及时补充机油。

（2）检查机油传感器。接通点火开关，将其导线拆下，使端头与缸体接触，查看机油表指针，若能迅速上升“到头”，说明机油表良好，故障在传感器；若表针不动或上升不多，表明机油表失效或导线接地不良。

捷达轿车在发动机润滑系统内，设置两个机油压力开关。一个为30kPa的压力开关，位于发动机缸盖上；另一个为180kPa的压力开关，位于机油滤清器支架上。

当接通点火开关时，机油压力指示灯即亮，启动发动机，当机油大于30kPa时，指示灯应灭。在低速运转时，如机油压力低于30kPa，则30kPa的压力开关触点闭合，油压指示灯亮。当转速大于2 150r/min时，如机油压力达不

到180kPa时，则180kPa的压力开关断开，油压指示灯即亮，同时蜂鸣器报警。

若机油足够，则应检查压力开关。若油压低于30kPa，报警指示灯不闪烁，说明低压开关触点烧蚀或接触不良。若低于180kPa时，报警指示灯不闪烁，说明高压开关触点断不开。

（3）发动机运转时，机油压力突然降低，应及时停车熄火，检查有无机油泄漏，如机油滤清器衬垫损坏、油管断裂等。

（4）拆下传感器（或压力开关）作短暂发动，若机油喷出无力，应检查机油滤清器、集滤器及机油泵等。

（5）检查后发现是机油滤清器损坏，更换机油滤清器后，故障排除。

四、润滑系其他常见故障维修思路

1. 发动机在运转过程中机油压力过高故障的维修

故障原因：

（1）机油黏度过大，限压阀卡住或调整不当。

↓

（2）润滑系统主油道堵塞。

↓

（3）机油滤清器芯堵塞，旁通阀不开启。

↓

（4）机油压力表或与油压传感器工作不良。

↓

（5）曲轴主轴承，连杆轴承间隙过小。

↓

（6）曲轴箱机油加注过多，机油太脏。

维修思路：

发动机机油压力过高时，应立即熄火停车检查，方法如下：

（1）首先检查机油油量。拔出量油尺，检视油面是否过高，察看机油黏度是否过大。

↓

（2）检查机油滤清器芯是否堵塞，旁通阀弹簧是否过硬，润滑油道是否堵塞，机油泵限压阀是否卡死。

↓

（3）检查机油压力高压开关是否失效。

2. 机油耗油多故障的维修

故障原因：

（1）机油渗漏，气缸衬垫和各部油封损坏。

↓

（2）机油进入燃烧室燃烧，判定如下：

→

①气缸磨损严重，活塞和气缸配合间隙过大，活塞环失去了弹性或断裂、开口间隙重合等，机油窜入燃烧室。

②气门油封老化、失效，致使机油通过气门导管和气门之间流入燃烧室，或气门杆磨损间隙增大。

③曲轴箱通风阀黏结失效，失去通风量的控制作用，致使曲轴箱中过多的机油蒸气通过曲轴箱通风管进入进气管和燃烧室。

维修思路：

（1）检查机油是否渗漏，若发现机油外部渗漏，确定其部位并更换渗漏处的衬垫或油封。

（2）测量气缸压缩力，诊断机油进入燃烧室而燃烧的具体部位，如果压缩力正常，说明是气门油封或气门的导管间隙过大所致，应更换气门油封，必要时更换气门和导管。气缸压缩力不足，排气管冒蓝烟，说明气缸或活塞环过度磨损，应检查气缸和活塞环的技术状况，根据其磨损的具体情况，更换活塞环或对发动机进行大修。

3. 外部机油泄漏故障的维修

对于外部机油泄漏故障，可参看表4-1找到故障原因及相应的维修思路。

表4-1 外部机油泄漏故障的维修

故障	故障原因	维修思路
外部机油泄漏	（1）燃油泵衬垫断裂或安装不到位	（1）更换衬垫
	（2）缸盖罩RTV密封胶断裂或涂抹不到位	（2）更换密封胶；检查缸盖罩密封胶凸缘和缸盖密封胶表面是否变形或破裂
	（3）机油滤清器盖泄漏或脱落	（3）更换盖
	（4）机油滤清器衬垫断裂或安装不到位	（4）更换机油滤清器
	（5）油底壳侧衬垫断裂、安装不到位或RTV密封胶裂开	（5）更换衬垫或修理密封胶的开裂；检查油底壳衬垫凸缘是否变形
	（6）油底壳前油封断裂或安装不到位	（6）更换油封；检查正时齿轮室盖和油底壳油封凸缘是否变形
	（7）油底壳后油封断裂或安装不到位	（7）更换油封；检查油底壳后油封凸缘；检查后主轴承盖是否破裂、机油返回通道是否堵塞或油封槽是否变形
	（8）正时齿轮室盖油封断裂或安装不到位	（8）更换油封
	（9）由于PCV阀阻塞导致曲轴箱压力过大	（9）更换PCV阀
	（10）油底壳放油塞松动或螺纹刮伤	（10）根据需要进行修理并拧紧
	（11）后油道塞松动	（11）在油道塞上涂上适当的密封胶并拧紧
	（12）后凸轮轴塞松动或安装不到位	（12）按需要将凸轮轴塞安装到位或更换和密封
	（13）分电器底座衬垫损坏	（13）更换衬垫

思考与练习

一、填空题

1. 润滑油的作用有__________、___________、___________、___________等。
2. 发动机的润滑方式有_________、__________和__________三种。
3. 机油泵按其结构的可分为________和________两类；齿轮式机油泵又分________和________两种。

二、判断题（正确的打“√”，错误的打“×”）

1. 对负荷大，相对运动速度高的摩擦面均采用压力润滑，所以活塞与气缸壁之间一般也采用压力润滑。（　）
2. 离心式机油细滤器，在发动机熄火后不应有转动声。（　）
3. 在更换机油时，应同时更换或清洗机油滤清器。（　）

三、选择题

1. 测量发动机机油存量时，应在（　）测量

A. 发动机怠速运转时　　B. 发动机停机时
C. 发动机高速运转时　　D. 发动机停止运转时

2. 正常工作的发动机，其机油泵的安全阀应该是（　）

A. 经常处于溢流状态　　B. 热机时开，冷机时关
C. 经常处于关闭状态　　D. 热机时关，冷机时开

3. （　）滤清器只允许部分机油通过

A. 分流式　　B. 全流式　　C. 两者都是　　D. 两者都不对

第五部分

冷却系统

发动机是一种把热能转化为机械能的装置，为什么还要适度冷却，不能过热呢？冷却强度是不是越强越好呢？带着这些问题，我们一起来了解冷却系统的组成，学习冷却系统的工作原理。

情境一：冷却系统维修基础

一、冷却系统的作用

冷却系统的作用是对在高温下工作的发动机零件进行冷却，保证发动机在适宜的温度范围内工作。冷却系统除了要防止发动机过热，也要防止冬季发动机过冷。发动机的正常工作温度以水温80~95℃为最佳。

二、冷却系统的分类

按发动机冷却所用的介质分类有：水冷型和风冷型，如图5-1所示。

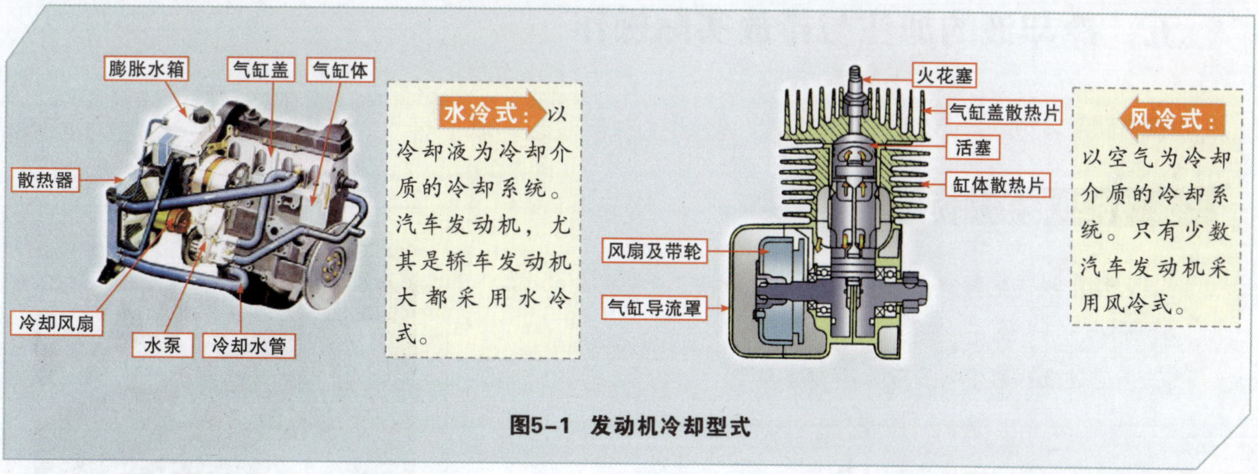

图5-1 发动机冷却型式

三、冷却系统的组成与工作原理

1. 冷却系统的组成

汽车发动机的水冷系统均为强制循环水冷系统，即利用水泵提高冷却液的压力，强制冷却液在发动机中循环流动。这种系统的组成包括水泵、散热器、风扇、节温器、膨胀水箱、发动机机体和气缸盖中的水套以及其它附加装置等。

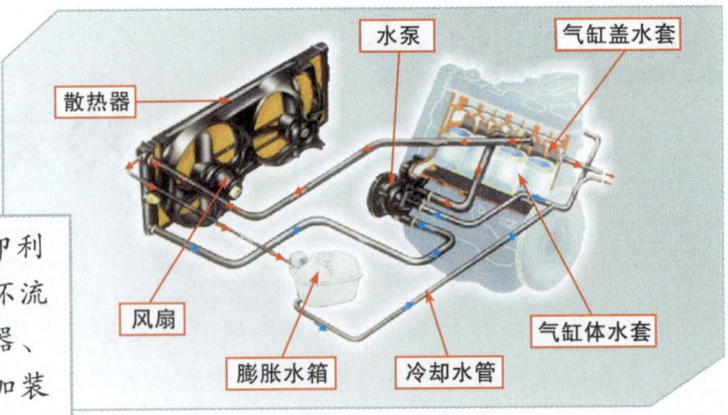

图5-2 发动机水冷系统的组成

2. 工作原理

水泵将冷却液从机外吸入并增压，使之经分水管进入发动机的机体水套。冷却液从气缸壁吸热而升温。然后向上流入气缸盖水套，继续吸收热量，受热升温后的冷却液经出水管流入散热器。汽车在行驶时，外部气流由前向后从散热器中高速流过；散热器后部有风扇的强力抽吸。受热后的冷却液在散热器中自上到下流动，把热量散失到大气中，从而得到冷却。冷却液流到散热器的底部后，又在水泵的作用下，再次流向气缸体、气缸盖水套，如此循环，使发动机在高温下工作的零件得到适当的冷却。

四、冷却液

冷却液是水与防冻剂的混合物。冷却液用水最好是软水。否则会在发动机水套和水管内产生水垢，阻碍传热，使发动机过热。

现代轿车普遍采用防冻液，以提高冷却液的防冻和防沸能力。有的冷却液还添加有防锈剂、泡沫制剂等，有利于减轻冷却系统锈蚀和冷却液泡沫产生，提高冷却效果。

冷却液一般呈深绿色或深红色，有一定的毒性，使用时应注意。

五、冷却液的加注与排放实际操作

以捷达轿车为例：

1. 冷却液的排放

（1）打开膨胀箱盖。

↓

（2）通过散热器下软管放出冷却液。

↓

（3）从连接管上拆下冷却液软管。

↓

（4）拧下螺栓，将连接管连同O形密封环和冷却液节温器一起取下。如图5-3所示。

图5-3 取下节温器

2. 加注冷却液

（1）慢慢注入冷却液，直到膨胀箱上最大标记处，注入时间约5min。

（2）盖上膨胀箱盖并拧紧。

（3）启动发动机，直到电扇开启。

（4）检查冷却液液面的高度，如需要，补充冷却液，热机时液面应在最大标记处；冷机时，液面应在最小（min）和最大（max）标记之间，如图5-4所示。

图5-4 冷却液加注位置

3. 检测冷却液冰点

（1）冷却液冰点计如图5-5所示。将冰点计用蒸馏水洗净，在冰点计观察盖板上用滴管滴一滴冷却液，并盖上盖板，如图5-6所示。

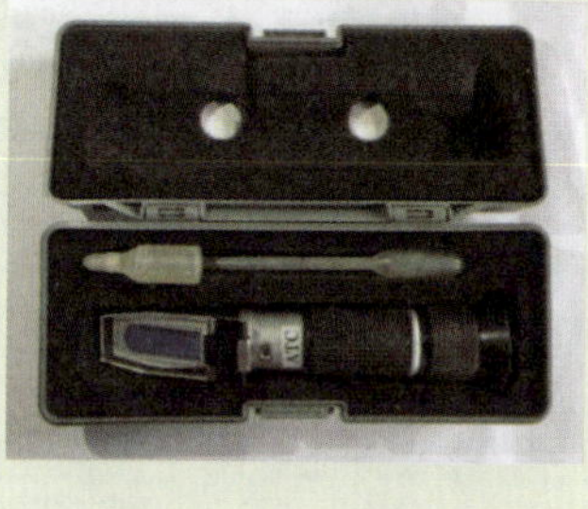
图5-5 冷却液冰点计

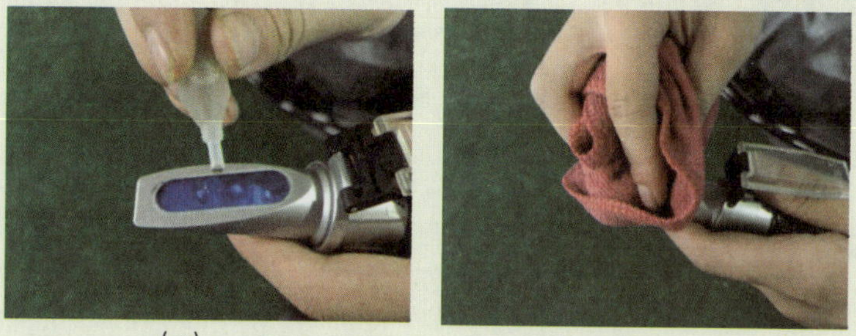
（a） （b）
图5-6 洗净冷却液冰点计

（2）选一光亮处，通过观察孔观察冷却液冰点颜色，并判断其是否符合维修手册要求，如图5-7所示。使用完毕后，用蒸馏水清洁冰点计。

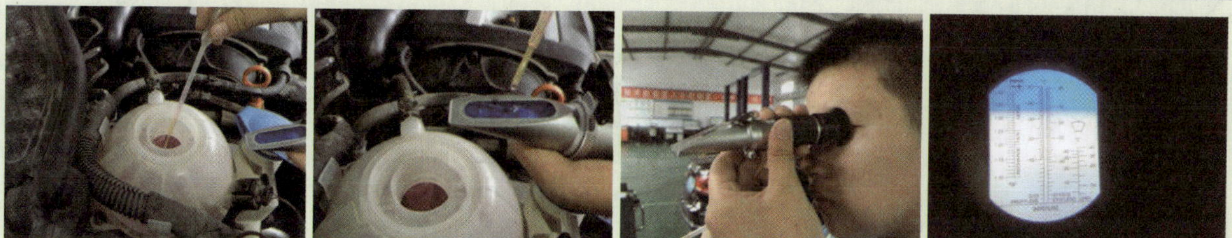
（a） （b） （c） （d）
图5-7 观察冷却液冰点颜色

一辆捷达轿车，发动机冷却液充足，但在行驶中冷却液温度过高，冷却液沸腾（俗称“开锅”）。

这是一例发动机过热故障，要排除该故障，我们必须了解冷却系统主要零部件的构造及工作原理，掌握主要零部件的检修方法。

情境二：冷却系统结构与检修

一、水冷系统主要部件的构造与工作原理

1. 水泵

（1）作用与结构

水泵的作用是对冷却水加压，使冷却水在冷却系统内循环流动。汽车发动机广泛采用离心式水泵。其基本结构由水泵壳体、水泵轴、叶轮及进、出水管等组成，如图5-5。

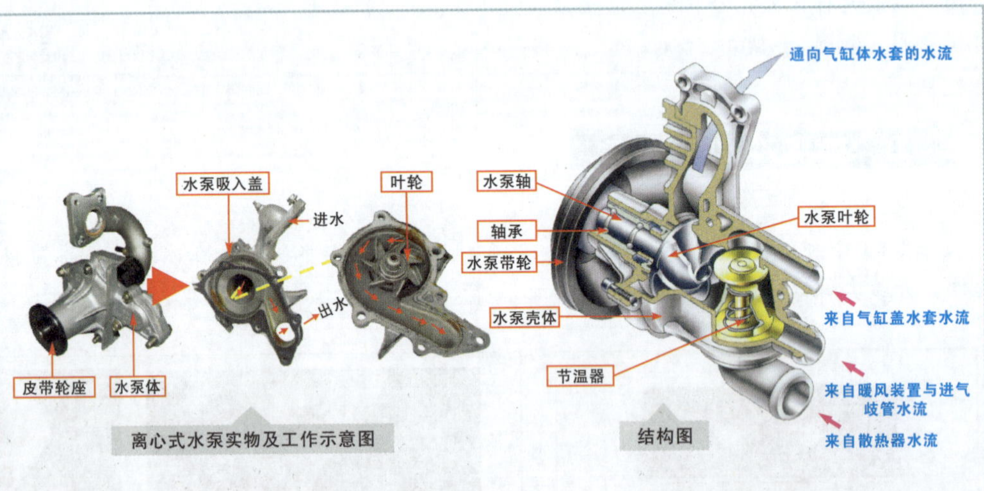

图5-5 水泵

（2）工作原理

当水泵叶轮按图示方向旋转时，水泵中的冷却液被叶轮带动一起旋转，并在离心力的作用下甩向水泵壳体的边缘，然后经与外壳上与叶轮成切线方向的出水管被压送到发动机水套内。同时，叶轮中心处压力降低，散热器内冷却液经过进水管吸入泵腔，使整个冷却系统内的冷却液循环流动。

水泵一般由曲轴通过V形带驱动。有些发动机的水泵由凸轮轴直接驱动。

2. 节温器

（1）作用与结构

节温器的作用是根据发动机的工作温度自动控制冷却液的流量和循环路线。

汽车发动机装用的节温器基本是蜡式节温器，主要由主阀门、副阀门、推杆、节温器壳体和石蜡等组成。如图5-6所示。

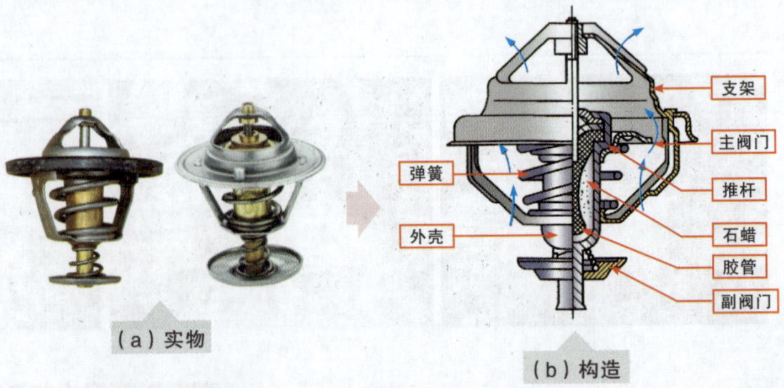

图5-6 蜡式节温器

→（2）工作原理

温度低时，石蜡呈固态，主阀门被主阀门弹簧压紧在阀座上，处于关闭状态。此时，副阀门开启，冷却液进行小循环。

温度升高时，石蜡逐渐熔化成液体，体积膨胀，迫使胶管收缩对推杆端部产生向上的推力，由于推杆固定在支架上，推杆对胶管、节温器壳体产生向下的反推力。当冷却液温度升高到一定值时，反推力克服弹簧的弹力使胶管、节温器壳体向下运动，主阀门开始开启，同时副阀门开始关闭。当水温超过一定值时，主阀门完全打开，而副阀门也正好关闭小循环水路，此时来自气缸水套的冷却水全部经过散热器进行大循环。

蜡式节温器的工作原理如图5-7，水冷系统大、小循环示意图如图5-8所示。

当发动机冷却液温度处于大、小循环的温度范围内时，节温器主阀门和副阀门部分开启，冷却液大、小循环都同时存在，以调节发动机温度，使之稳定在最适宜的工作范围内。

3. 散热器

（1）散热器的作用

散热器的作用是将冷却液在机体内吸收的热量传给外界空气，冷却液温度降低。

（2）散热器的种类

按照散热器中冷却液流动的方向分有：纵流式、横流式两类，如图5-9所示。大多数新型轿车均采用横流式散热器。

（3）散热器的构造

散热器由上水室、下水室、散热器芯、散热器盖、放水开关等组成。如图5-10所示。

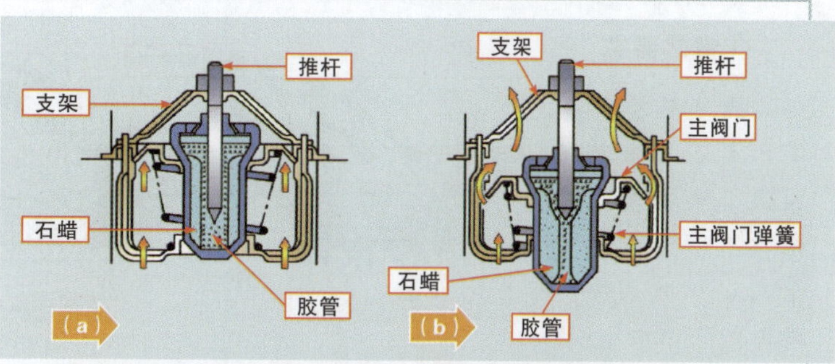

图5-7 蜡式节温器的工作原理

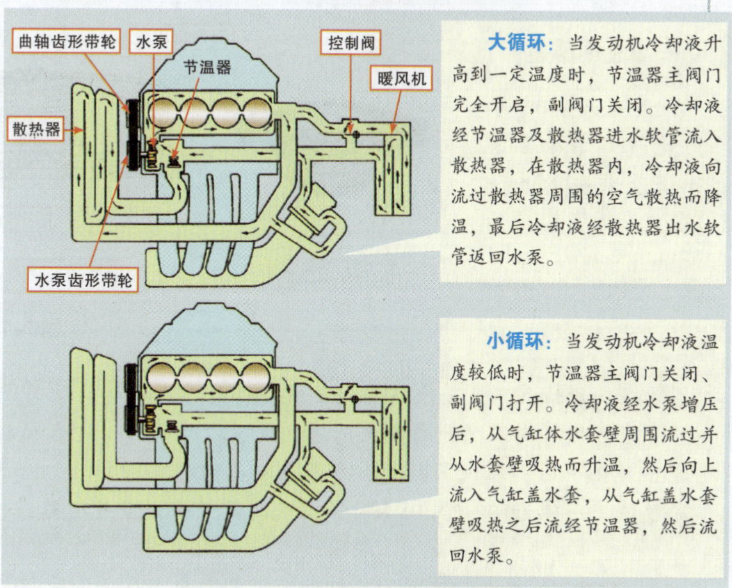

图5-8 发动机水冷系循环路线

图5-9 散热器的种类

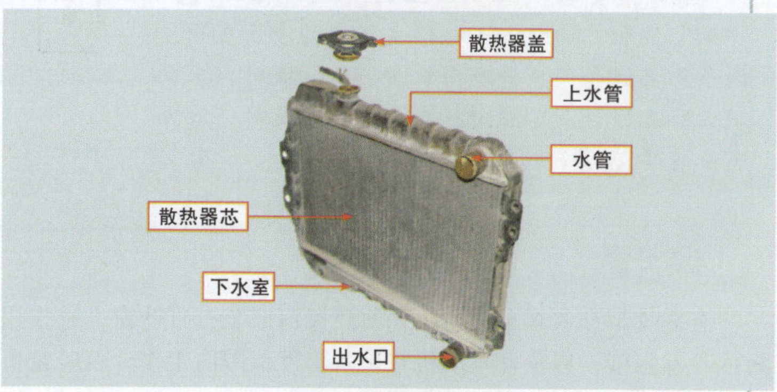

图5-10 散热器

①散热器芯

散热器芯由许多冷却管和散热片组成。散热器芯的结构有管片式、管带式、板式三类，如图5-11所示。

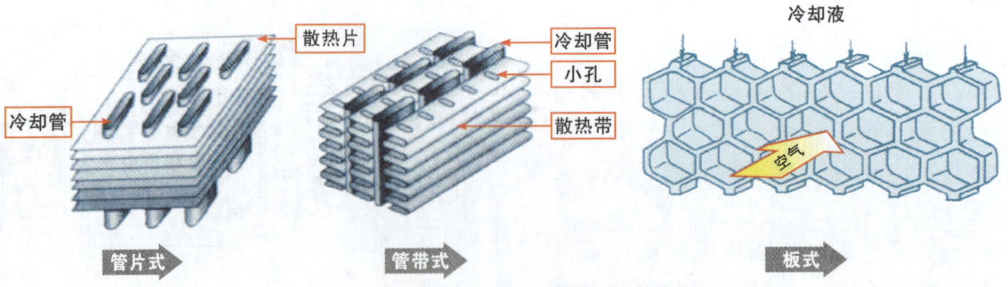

图5-11 不同结构形式的散热芯

②散热器盖

散热器盖的作用是密封水冷系统并调节系统的工作压力。散热器盖结构如图5-12所示。

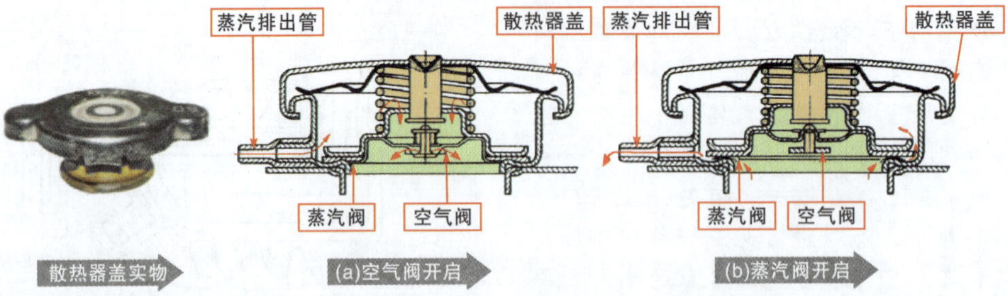

图5-12 散热器盖

在一般情况下，蒸汽阀和空气阀在弹簧作用下均处于关闭状态。

当散热器内温度升高产生蒸汽，使压力升高到一定数值时（一般为26～37kPa，某些轿车散热器盖可达0.1MPa）时，蒸汽阀打开，水蒸气从蒸汽排出管排出。当水温下降，冷却系统中产生的真空度达到一定数值（一般为10～20kPa）时，空气阀被吸开，空气从蒸汽排出管进入散热器。

注意：务必在散热器内冷却液温度低并且无压力时才能打开散热器盖，防止被冷却液烫伤。

③补偿水桶

补偿水桶也称储液罐、膨胀箱、副水箱。如图5-13所示，补偿水桶由塑料制造并用软管与散热器加冷却液口上的溢流管连接。当冷却液受热膨胀时，部分冷却液流入补偿水桶；而当冷却液降温时，部分冷却液又被吸回散热器，所以冷却液不会溢失。

在补偿水桶的外表面上刻有两条标记线："低"线和"高"线，补偿水桶内的液面应位于两条标记线之间。若液面低于"低"线时，应向桶内补充冷却液。在向桶内添加冷却液时，液面不应超过"高"线。

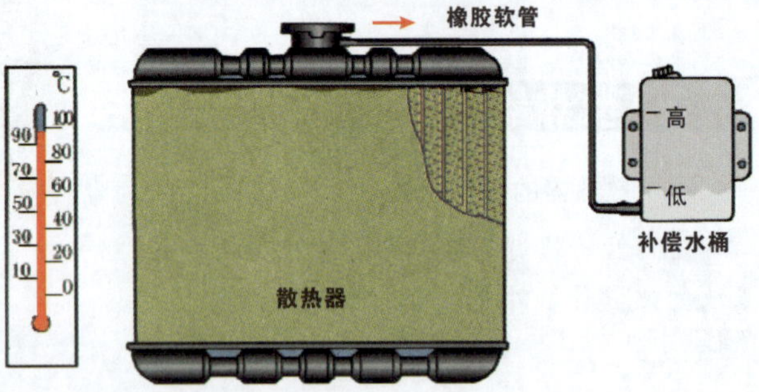

图5-13 补偿水桶

④百叶窗

有些货车和大客车发动机在散热器前面装有百叶窗，其作用是通过改变吹过散热器的空气流量来调节发动机的冷却强度，以保证发动机在正常温度范围内工作。百叶窗可由驾驶员通过驾驶室内的手柄来操纵其开闭，也可由感温器自动控制。

4. 冷却风扇

冷却风扇的作用是当风扇旋转时吸进空气使其通过散热器，以增强散热器的散热能力，加快冷却液的冷却速度。

冷却风扇置于散热器后面。风扇的转速与发动机在各种工况下的运行有很大关系。在现代轿车中，常采用各种措施来控制风扇的转速，如采用硅油液力离合器、电动风扇等。

硅油液力离合器：

在风扇和风扇带轮之间布置一个硅油离合器，利用流经散热器的空气温度来控制风扇转速的变化。

电动风扇：

电动风扇由电动机驱动（图5-14），其工作状态通过温度传感器受冷却液温度控制，不受发动机转速的影响。

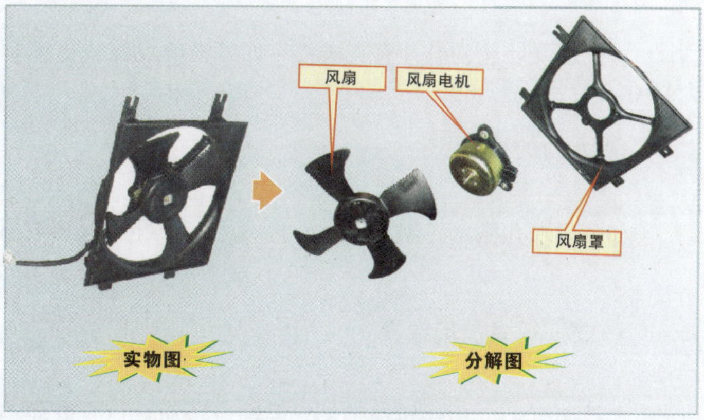

图5-14 电动风扇

二、水泵的拆装

1. 水泵的拆卸

（1）放出冷却液。

（2）拆下多楔带。

（3）从冷却水泵的同步带轮上取下同步带。

（4）拧下紧固螺栓，取下冷却水泵，如图5-15所示。

图5-15 水泵的拆装

2. 水泵的安装

（1）用冷却液浸润新O形密封环。

（2）装上冷却水泵，**注意：**外壳上的堵塞向下。

（3）将冷却水泵装到气缸体上并拧紧紧固螺栓。拧紧力矩为15N·m。

（4）安装同步带，调整配气相位。

（5）加注冷却液。

三、水冷系统主要零部件的检修

1. 水泵的检修

水泵常见的损伤有：泵壳体渗漏及破裂、叶轮松脱或损伤、水封损坏、水泵轴与轴承磨损等。

（1）泵壳的检修

检查泵壳和带轮有无损伤。泵壳裂纹可进行焊接或更换。壳体与盖结合面变形大于0.05mm，应予以修平。轴承座孔磨损可采用镶套法修复或更换。

（2）水泵轴的检修

水泵轴弯曲度大于0.05mm时，应冷压校直；水泵轴与轴承内径的配合间隙，应不大于0.03mm。轴端螺纹损坏应予更换。

（3）水泵叶轮的检修

检查水泵叶轮的叶片有无破损，如破损应焊修或更换。

（4）水封的检修

水泵泄水孔漏水，则为水封密封不严。水封是水泵中的易损件，一般在拆修水泵时，都应更换新水封。

（5）水泵装合后的检验

水泵装合后，用手转动带轮，泵轴应转动自由，叶轮与泵壳应无碰擦感觉；堵住水泵进水孔，将水灌入水泵腔中，转动水泵轴，泄水孔应无漏水现象。

2. 节温器的检查

把节温器放在盛有水的器皿中，然后加热，检查主阀门开始开启和完全开启时的温度，以及全开时主阀门升程。如图5-16所示。

如捷达两阀电喷系列轿车所用节温器主阀在86℃时，节温器开始打开；当水温达102℃时，节温器主阀应全部开启，其开启行程应不少于7mm。

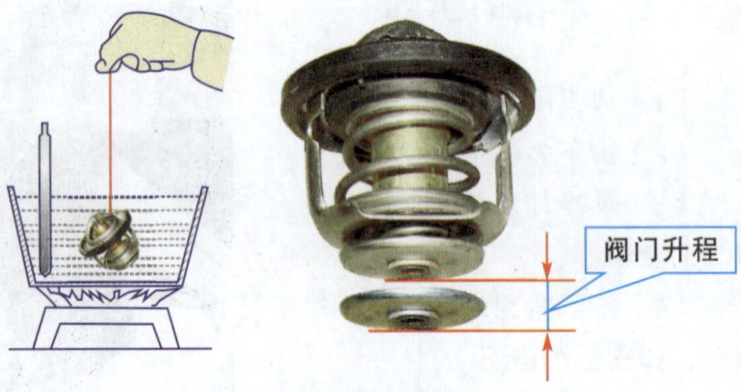

图5-16 节温器的检查

3. 散热器的检修

（1）散热器的清洗

散热器在使用过程中，会因腐蚀和积垢等原因影响冷却效果。清洗时最好采用循环法，即先用酸性溶液洗涤，再用碱性溶液冲洗中和。

（2）散热器的密封性检测

连接散热器压力检测器，如图5-17所示。在散热器内充入0.1MPa以上压力的压缩空气，观察压力检测器的压力下降值，若2min内压力下降超过0.015MPa，则散热器以及冷却水道等有泄漏。

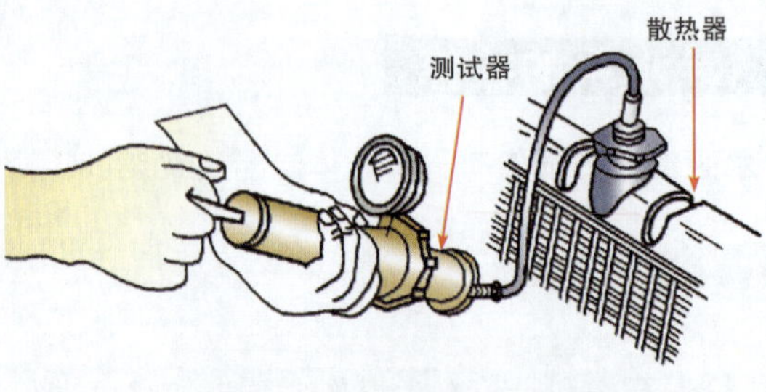

图5-17 散热器密封性检测

（3）散热器盖阀门密封性检测

检查密封衬垫（图5–18），如果弯曲或变形则需更换；

将散热器盖旋装在压力检测器上，如图5–19所示，用手推测试器，直至压力阀打开为止。压力阀在压力0.026～0.037MPa时打开，若压力低于0.026MPa时，应更换散热器盖。

图5–18
检查散热器盖的密封衬垫

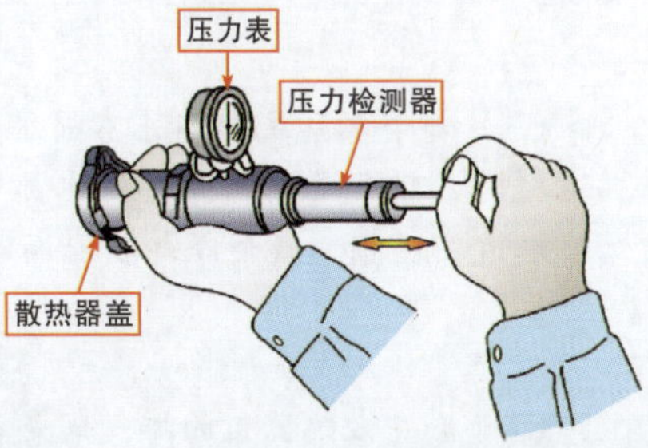

图5–19 散热器盖压力阀密封性的检查

4. 冷却风扇的检修

以捷达轿车为例检查散热器风扇及热敏开关：

捷达轿车散热器风扇是受冷却液温度控制的热敏开关控制。风扇一挡，接通温度为92～97℃，断开温度84～91℃；风扇二挡，接通温度99～105℃，断开温度91～98℃。

当冷却液已达到风扇转动温度但风扇没有旋转时，应首先检查熔丝是否熔断。如果熔丝良好，应再拔下热敏开关插头，将两插片短路，此时若风扇仍不转，表明电动风扇损坏，应更换。若两插片接通后风扇转动，表明热敏开关损坏，应更换热敏开关。

四、发动机过热故障维修思路

对于发动机过热故障，有两种情况，一种是冷却液不足，发动机过热；另一种是冷却液充足，发动机过热。

1. 冷却液不足，发动机过热故障维修思路

故障原因：

（1）散热器漏水。

↓

（2）散热器盖的进、排水阀失效。

↓

（3）冷却水套或散热器积垢过多或堵塞。

→

（4）水泵水封不良或叶轮密封垫圈磨损过多而漏水。

↓

（5）冷却系其他部位漏水。

↓

（6）气缸垫水道孔与气缸相通。

↓

（7）气门室内壁破裂漏水。

维修思路：

（1）首先应检查散热器是否良好，冷却系统外部是否漏水。若不能找到故障点，则应检查散热器和气缸体水套内水垢沉积和堵塞情况。

↓

（2）检查水泵泄水孔是否漏水。可将一干木条伸到水泵的泄水孔处，若木条上有水，则说明水泵漏水。

↓

（3）若冷却系统外部并不漏水，而冷却液消耗仍然较快，则应检查冷却系统内部有无漏水。若发动机运转时，排气管排出大量的水蒸气或机油中有冷却液（可拔出机油尺进行察看），则为水套破裂或气缸垫水道孔破损，致使冷却液泄漏。

↓

（4）检查散热器盖的排气阀是否失效。

2. 冷却液充足，发动机过热故障维修思路

故障原因：

有两个方面：冷却系统的散热能力下降；发动机产生的热增加。

冷却系统本身的原因有：

（1）百叶窗开度不足。

（2）风扇皮带太松或因油污而打滑。

（3）散热器出水管老化吸瘪或内壁脱层堵塞。

（4）冷却风扇装反或风扇规格不对。

（5）电动风扇不转或硅油风扇离合器损坏，使风扇不转或转速过低。

（6）节温器失效，使冷却液大循环受阻。

（7）水套水垢沉积过多或分水管堵塞，分水不畅。

（8）散热器内芯管堵塞或散热片倾倒过多。

（9）水泵损坏。

其他系统的原因有：

（1）点火时间过迟。

（2）混合气过浓或过稀。

（3）燃烧室积炭过多。

（4）气缸垫烧穿或缸盖出现裂缝，使高温气体进入冷却系统。

（5）发动机机油量不足或机油散热器工作不良。

维修思路：

（1）检查百叶窗是否开度不足。若开度足够，再检查风扇的转动情况及风扇带是否打滑。如风扇不转或转速太低，可调整风扇带松紧度，或检查硅油风扇离合器，或检查风扇电机及温控开关的好坏，若损坏则应更换。

↓

（2）若风扇转动正常，再用手分别感觉散热器和发动机的温度。若散热器温度低而发动机温度高，说明冷却液循环不良，应检查散热器出水胶管是否被吸瘪或胶管内壁有脱层堵塞。若胶管被吸瘪应更换。

↓

（3）如散热器出水良好，再拆松散热器进水管，启动发动机试验，冷却液应有力排出。否则说明水泵或节温器有故障。或进一步拆下节温器试验，若散热器的进水管仍不排水，则说明水泵有故障；若拆下节温器后，散热器的水管排水有力了，则故障就在节温器，应更换。

↓

（4）检查散热器各部温度是否均匀。如果冷热不均，说明散热器内部芯管有堵塞或散热片倾倒过多。

↓

（5）检查发动机各部温度是否均匀，如发动机的后端温度高于前端，则说明分水管已损坏或堵塞，应更换。

↓

（6）若以上检查正常，在冷却液温度过高的同时，发动机动力明显下降，并从散热器的加水口处涌出高温气体或从排气管处排出水蒸气，则应检查气缸垫是否烧坏。

↓

（7）对于长期未清洗水垢的发动机，若出现过热无法排除时，应考虑水套内积垢太多，可采用化学溶剂法清洗水垢。

↓

（8）若发动机及冷却液温度正常，冷却液位也正常，而水温表指示水温过高或水温过高报警灯点亮，则为水温表、报警灯电路故障。

五、发动机过热故障维修实际操作

学习完水冷系统知识，掌握了发动机过热故障的维修思路后，下面我们一起来维修前面遇到的捷达轿车发动机过热故障。

维修过程：

（1）检查风扇，发现转动良好。

↓

（2）用手分别感觉散热器和发动机的温度。发现散热器温度低，说明冷却液循环不良。

↓

（3）检查散热器出水胶管，无吸瘪现象，出水也良好。

↓

（4）拆松散热器进水管，启动发动机试验，无大量冷却液排出。说明水泵或节温器有故障。

↓

（5）拆下节温器后，散热器的水管排水有力了，说明故障在节温器。

↓

（6）更换节温器后，发动机冷却度正常，不再出现“开锅”现象。

思考与练习

一、填空题

1. 散热器盖有两个阀门（即蒸汽阀和空气阀），当温度________时，蒸汽阀打开；当温度_____时，空气阀打开。

2. 按照散热器中冷却液流动的方向可将散热器分为__________和__________两种。

3. 水泵一般由________驱动。其作用是对冷却液________，使冷却水在冷却系统________循环流动。

二、判断题（正确的打"√"，错的打"×"）

1. 冷却系统的作用是对在高温下工作的发动机零部件进行冷却，因此发动机的工作温度在水温85℃以下为最佳。（　　）

2. 冷却系统的大小循环线路由百叶窗来控制。（　　）

3. 节温器主阀门在低温时打开。（　　）

三、选择题

1. 以下哪个不是冷却液添加剂的作用（　　）

A. 减小冷却系统压力　　B. 防腐、防垢、防泡沫

C. 提高冷却介质沸点　　D. 降低冷却介质冰点

2. 发动机温度过热时，以下哪个描述是错误的（　　）

A. 将使发动机熄火困难　　B. 将使汽油机爆燃或早燃

C. 将使柴油机容易发生工作粗暴　　D. 将使发动机经济性变好

3. 蜡式节温器中的蜡泄漏时，会使（　　）

A. 大、小循环都不能进行　　B. 水流只能进行大循环

C. 水流只能进行小循环　　D. 大、小循环都能进行

第六部分

供给系统

为全面地学习燃油供给系统，本情境将向你介绍化油器式燃料供给系的作用与组成、主要部件的结构与工作原理、主要部件的检修方法及化油器式燃料供给系常见故障维修思路。

情境一：化油器式汽油发动机检修

一、化油器式燃料供给系作用与组成

1. 燃料供给系作用

燃料供给系的作用是根据发动机不同工况的要求，配制一定数量和浓度的可燃混合气，供入气缸。汽油机燃料供给系统分化油器式和燃油喷射式两种。本情境将介绍化油器式燃油供给系统。

2. 化油器式燃料供给系组成

化油器式燃料供给系统主要由汽油箱、汽油滤清器、汽油泵、化油器和供油管道等组成，如图6-1所示。

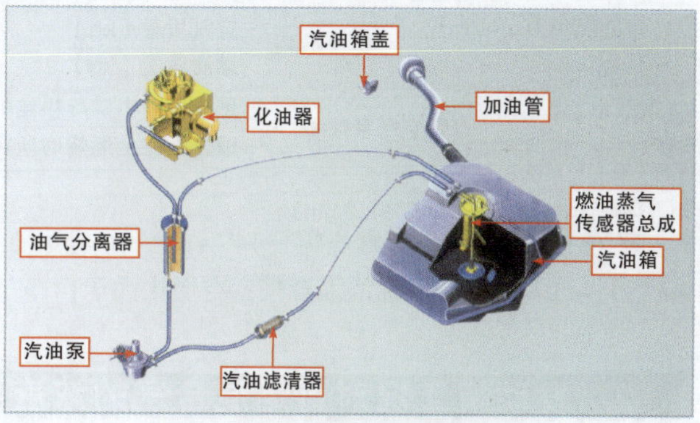

图6-1 化油器式燃料供给系统

二、汽油燃烧过程

1. 正常燃烧过程

汽油机的正常燃烧过程包括着火和燃烧两个阶段。

着火： 是指火花塞产生火花，促使火花附近的混合气急剧氧化，温度升高到出现火焰的过程。

燃烧： 火焰按一定的速度（一般为30~70m/s）逐层向四周推进，火焰前锋到达未燃混合气时将其点燃，直到可燃混合气烧完为止，如图6-2所示。

图6-2 燃烧

2. 不正常燃烧

汽油的不正常燃烧包括爆震燃烧和表面点火。

爆震燃烧(简称爆燃):

燃烧室内末端（相对于火花塞的位置而言）混合气在火焰前锋到达之前产生的自燃，形成许多新的燃烧中心，同时放出大量热量，产生强烈压力波，冲击气缸产生尖锐的金属敲击声，这种现象称为爆燃。

轻微的爆燃是允许的，剧烈的爆燃将导致发动机过热，功率下降，油耗增加，甚至造成零件损坏。使用抗爆性强的汽油可以避免爆燃的产生，即提高汽油的辛烷值，使其抗爆性增强。

表面点火:

凡不是电火花点火，而是由炽热表面（如排气门头部、火花塞电极、积炭等）点燃混合气而引起的不正常燃烧现象，称为表面点火。表面点火分为非爆燃性表面点火和爆燃性表面点火。

防止表面点火的措施有：清除燃烧室积炭和冷却水道内的水垢，保证冷却效果，防止燃烧室壁面温度过高。另外，要避免汽车长时间地低负荷运行以及频繁地减速和加速行驶。

三、可燃混合气

1. 可燃混合气浓度

汽油经过雾化并蒸发，按一定比例与空气混合的气体叫可燃混合气。可燃混合气中汽油含量叫可燃混合气浓度。混合气浓度用空燃比“A/F”和过量空气系数“ϕ_α”表示。

$$空燃比A/F=\frac{空气质量（kg）}{燃油质量（kg）}$$

$$过量空气系数\ \phi_\alpha=\frac{燃烧过程中实际供给的空气质量（kg）}{理论上完全燃烧时所需要的燃油质量（kg）}=\frac{实际空燃比}{理论空燃比}$$

理论上1kg汽油完全燃烧需要14.7kg空气。空燃比为14.7（$\phi_\alpha=1$）的混合气称理论混合气；空燃比小于14.7（$\phi_\alpha<1$）的混合气称浓混合气；空燃比大于14.7（$\phi_\alpha>1$）的混合气称稀混合气。

2. 发动机工况对可燃混合气的浓度要求

发动机工况是发动机工作情况的简称。它主要包括发动机的负荷和转速情况。负荷的大小多用节气门开度的百分数表示，负荷为100%，节气门全开；负荷为0，节气门全关，其间有许多个工况。发动机有启动、怠速与小负荷、中等负荷、大负荷与全负荷和加速等工况。

（1）启动：节气门开度稍大，需极浓混合气（ϕ_α=0.2~0.6）。

（2）怠速与小负荷：节气门开度很小，发动机以无负荷最低稳定转速运转，需浓混合气（ϕ_α=0.6~0.8）。

（3）中等负荷：节气门开度25%~85%，都是中等负荷，需要由浓到稀的混合气（ϕ_α=1.05~1.15），发动机大部分时间在中等负荷下工作。

（4）大负荷与全负荷：节气门开度在85%以上到100%需要浓混合气（ϕ_α=0.85~0.95）。

（5）加速：节气门突然开大，只有在瞬时加浓混合气，及时供给浓混合气，才能迅速提高发动机转速。

四、化油器式燃料供给系主要部件

1. 化油器

化油器是汽油机供给系统的核心，如图6-3所示。它由简单化油器、主供油系统、怠速系统、加浓系统、加速系统、启动系统等部分组成。

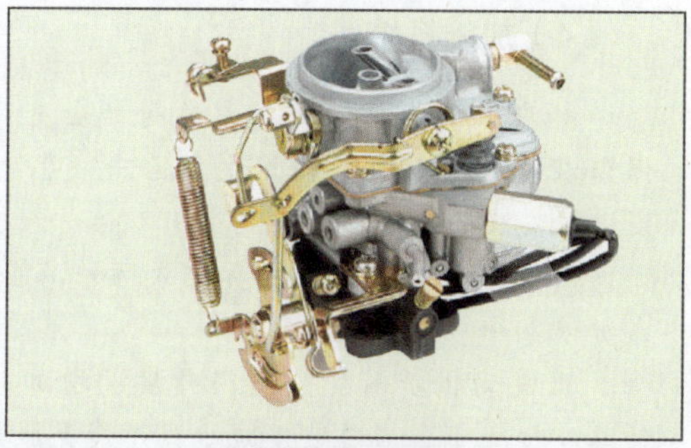

图6-3 化油器

（1）简单化油器

简单化油器由进油装置、进气雾化装置和喷油装置三部分组成，如图6-4所示。

进油装置：

由浮子室、浮子和针阀组成。由汽油泵来的汽油，经针阀进入浮子室，并保持浮子室内油面的高度基本不变。

进气、雾化装置：

由喉管、混合室和节气门组成。喉管的咽喉部是化油器进气道的最窄处。空气流经喉管咽喉处，因断面减小而流速增大，压力降低，产生真空度，使处于咽喉部的主喷管喷油，喉管以下至节气门处称为混合室，是汽油和空气混合的地方。节气门是用来调节进入气缸的混合气量的，其开度越大，进入气缸的混合气量越多。

喷油装置：

由主喷管和主量孔组成。主喷管的出油口一端在喉管的咽喉处，其切口应朝下以便喷油，喷口高出浮子室油面2～5mm，主量孔装在主喷管的一端，用来准确地控制汽油的流量。

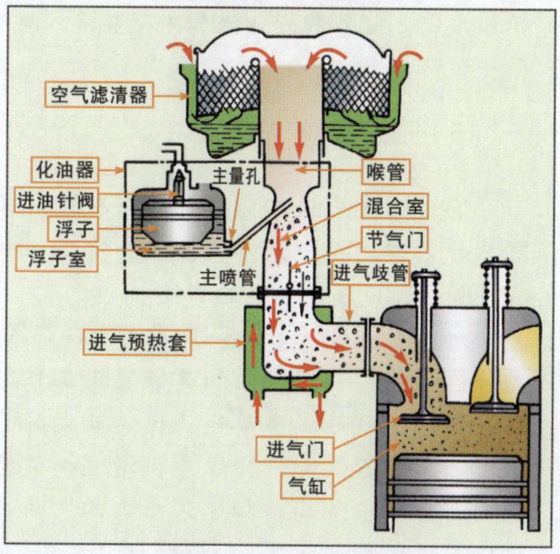

图6-4 简单化油器

（2）主供油系统

主供油系统的作用是保证发动机在中、小负荷下，供给随节气门开度增大而逐渐变稀的经济混合气（ϕ_α 由0.8左右逐步变化到1.1左右）。

在汽车发动机的全部工况范围内，除了怠速工况和极小负荷工况以外，主供油系统都起供油作用。主供油系统结构如图6-5所示。

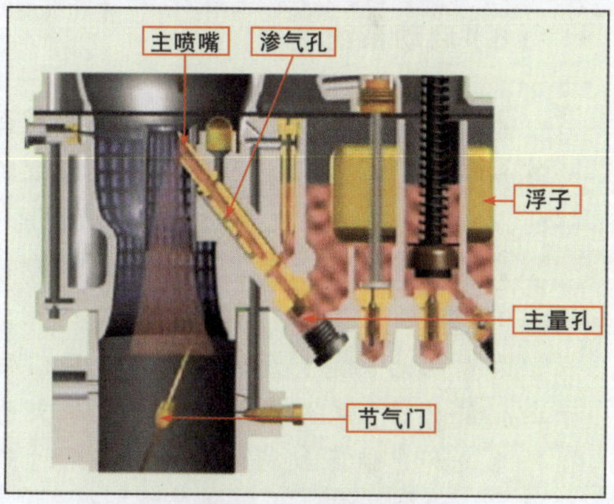

图6-5 主供油系统

（3）怠速系统

怠速系统功用是保证在怠速和很小负荷供给少而浓的混合气（ϕ_α=0.6～0.8）。

怠速时，发动机转速低，节气门近于全闭，节气门上方的喉管处真空度很低，不能将汽油从主喷管吸出，但此时节气门下方的真空度却很高，可利用这个条件，另设怠速油道，其喷口设在节气门下方。

另外，为了使发动机能够从怠速工况圆滑地过渡到小负荷工况，而不致于因混合气突然过稀，甚至供油中断而引起发动机熄火，所以在怠速喷口上方不远处还设有一个怠速过渡喷口，如图6-6所示。

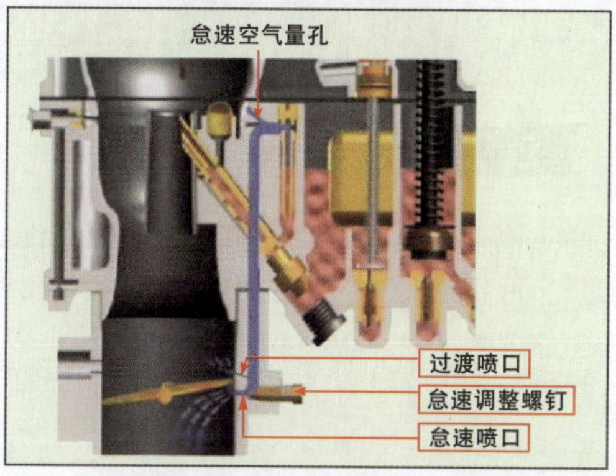

图6-6 怠速系统

（4）加浓系统

加浓系统的作用是在大负荷和全负荷时额外供油，保证在全负荷时得到较浓的混合气（ϕ_α=0.8～0.9），使发动机发出最大功率。

加浓系统分机械式和真空式两种，图6-7所示为真空式加浓系统。

当发动机负荷（节气门开度）增加时，节气门下面的真空度减小，当真空度减小到不能克服弹簧的弹力和真空加浓活塞的自重时，弹簧伸张，使推杆、活塞落下并推开加浓阀，额外的汽油经加浓量孔流入主喷嘴，以加浓混合气。

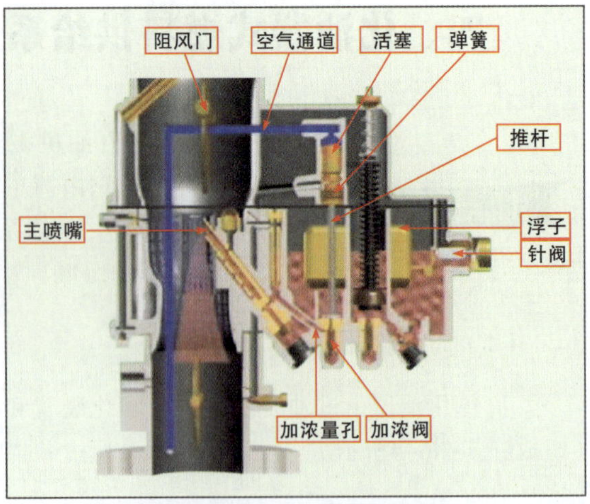

图6-7 真空式加浓系统

（5）加速系统

其作用是当汽车需要加速行驶或超车时，在节气门突然开大瞬间将一定量的燃油一次喷入喉管，使混合气瞬时加浓，以满足加速的需要。

加速泵也有活塞式和膜片式两种。图6-8所示为活塞式加速系统结构图。在加速装置不工作时，汽油经进油阀进入加速泵腔。当节气门迅速开大时，加速泵活塞迅速下移，加速泵缸的油压急剧增大，使进油阀关闭，同时顶开旁通出油阀，加速泵缸内的汽油在加速泵活塞的推压下经旁通出油阀从加速喷口喷入喉管中。

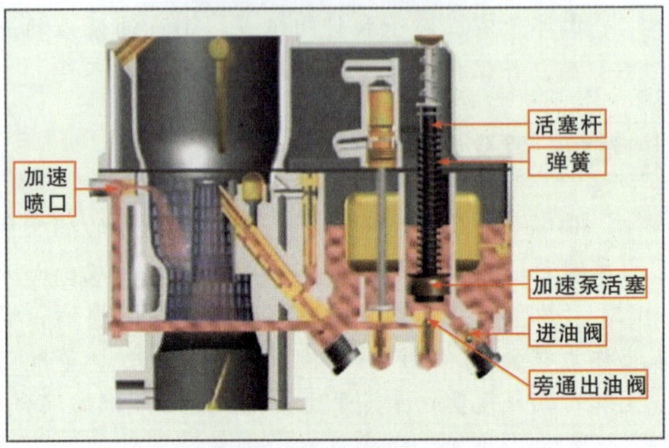

图6-8 活塞式加速系统

（6）启动系统

启动系统作用是当发动机在冷态下启动时供给极浓的混合气（ϕ_α=0.2～0.6），使进入气缸的混合气中有足够的汽油蒸气，以保证发动机能够顺利启动。

最常用的启动装置是在喉管之前装一个阻风门，如图6-9所示。

发动机启动前，通过拉钮将阻风门关闭。启动机带动曲轴旋转时，在阻风门后面产生很大的真空度，使主供油系统和怠速系统同时供油，而通过阻风门边缘的空隙流入的空气量很少，故混合气极浓。

当发动机由启动工况转入怠速工况时，应逐渐开启阻风门，同时使节气门开度减小到通常的低怠速位置。

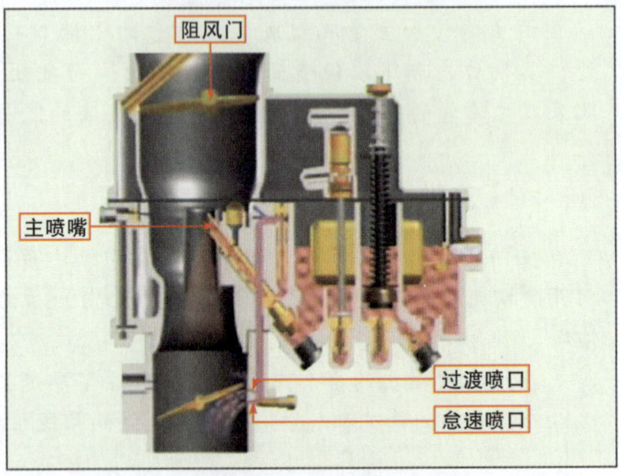

图6-9 启动系统

2. 汽油箱

汽油箱（图6-10）的作用是储存汽油。其数目、容量、形状及安装位置均随车型而异。汽油箱的容量应使汽车的续驶里程达200～600km。汽油箱由钢板或塑料制造。在汽油箱上还装有油面指示传感器、出油开关、油箱盖和放油螺塞等。汽油箱内通常有挡油板，为的是减轻汽车行驶时汽油的振荡。

图6-10 汽油箱

3. 汽油滤清器

汽油滤清器安装在汽油箱与汽油泵之间，其作用是滤除汽油中的水分和杂质，保证汽油泵和化油器正常工作，如图6-11所示。

根据滤芯的材质，汽油滤清器分为金属式、陶瓷式和纸质式等。

图6-11 汽油滤清器

4. 汽油泵

汽油泵的作用是将汽油从汽油箱吸出，经油管和汽油滤清器泵入化油器浮子室。汽车上采用的汽油泵有机械膜片式和电动式两种。

机械膜片式汽油泵（图6-12）安装在发动机曲轴箱一侧，由发动机凸轮轴的偏心轮驱动，内部有上体、下体、膜片和进出油阀等。

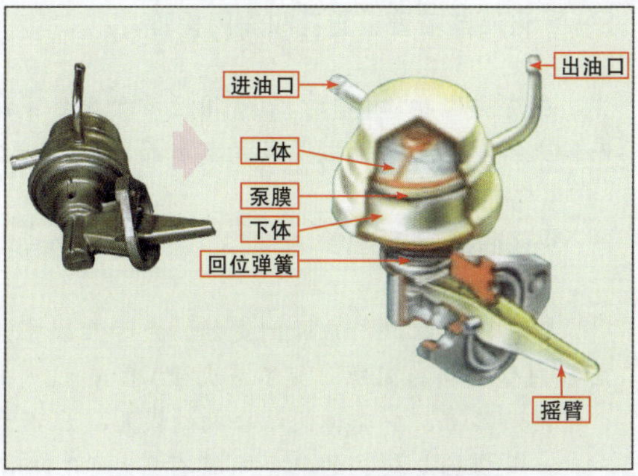

图6-12 机械膜片式汽油泵

当发动机工作时，凸轮轴转动，偏心轮驱动摇臂运动，摇臂带动拉杆使泵膜向下拱曲，直到最低位置，泵膜弹簧被压缩。此时，泵膜上方的泵室容积增大，产生真空度，使进油阀开启，出油阀关闭，汽油经进油口、进油阀流入泵室内。当偏心轮的偏心部分转离摇臂后，在回位弹簧作用下，泵膜向上移动，使泵室容积减小，油压增大，于是进油阀关闭，出油阀开启，汽油便从出油阀压出。

五、化油器式燃料供给系主要部件检修

1. 化油器检修

化油器容易出现的故障有：油道及量孔堵塞；各运动机件磨损、变形后运动不灵活、密封不严等现象。因此，需要对化油器进行清洗、检修和调整。

（1）化油器清洗

一般性清洗，只需将化油器上盖拆下，不需要全部解体。分解后的零件应用化油器清洗剂清洗或用汽油浸泡，然后用软刷仔细清洗。除去各量孔、油道和喷管中的污垢和胶质，清除节气门周围的积炭，并用压缩空气吹净。

(2)化油器检修

①浮子检修

在检查铜浮子渗漏时，可摇动浮子，查听其中是否有液体的晃动声，如有，则为浮子渗漏。也可将浮子浸入到60～80℃的水中保持1分钟，如有气泡从浮子中冒出，则浮子有渗漏。

浮子渗漏，铜质浮子可用焊锡封焊；塑料浮子可黏接修理。修理后的浮子重量不应超过原重量的5%～6%。

浮子凹瘪的修理方法是在凹瘪处焊上一根铜丝，向外拉拔铜丝，将凹处拉平，然后去掉铜丝。

②针阀密封性检修

浮子室进油阀不密封会使浮子室内油面过高。针阀的密封性可用嘴吸试，也可用专用仪器检验。

③化油器喷管、量孔和油阀检验

在清洗这些零件时，不要用硬质金属丝穿通，以免将量孔刮伤和扩大。量孔可能在使用中因磨损和腐蚀而增大，也可能由于胶质物的沉积而减小。一般可通过对量孔的流量试验来确定。

④化油器壳体检修

节气门、阻风门应开闭灵活，无卡阻现象。将节气门定位螺钉退出，使节气门和阻风门全闭，它们与化油器内壁之间的间隙一般不应大于0.10mm。

化油器上、中壳体间结合面的误差就应不大于0.10mm，否则应进行研磨。

节气门轴与轴孔的配合间隙不应大于0.15mm，修复时可加铜套。

加速泵活塞在泵孔内应能上、下活动，无卡滞现象，活塞皮碗也不得有破损、硬化和收缩现象，否则应更换新件。

(3)化油器调整

①浮子室油面高度调整

将车停放在平坦地面上，通过化油器浮子室油面观察窗检查油面高度，发动机怠速时，油面应位于观察窗中央处，否则应通过浮子室盖上的油面调节螺钉进行调整。

②怠速调整

应在点火系工作正常，水温60℃以上，化油器阻风门全开，进气系统无堵塞和漏气现象的情况下调整发动机的怠速。

方法是：

慢慢旋出节气门开度调节螺钉，使发动机转速略有降低，但不熄火；正反旋转怠速混合气调节螺钉（图6-13），使混合气浓度恰当，发动机转速略有提高；重复上述两项操作，直至怠速稳定在规定转速，发动机排放符合规定。随后略旋进节气门开度调节螺钉，使发动机转速略微提高（约50转）。

怠速调整好后，要求节气门突然关闭时，发动机不熄火；节气门突然开大时，发动机能很快提高转速而无阻滞。

图6-13 怠速混合气调整螺钉

2. 汽油滤清器维护

对于陶瓷滤芯滤清器，一般汽车行驶12 000km左右应清洗滤芯一次，清洗时应将滤芯浸泡在汽油中用软刷刷洗滤芯外面。洗后用压缩空气吹通、吹干滤芯后再装上使用。

现代轿车汽油滤清器大多为一次性滤清器，应按车辆使用说明书规定的周期更换。

汽油滤清器维护

3. 汽油泵检修

汽油泵如果摇臂磨损、进出油阀关闭不严、膜片破损等会引起供油压力不足或不供油、密封性差等故障。

(1) 汽油泵摇臂检修

汽油泵摇臂与凸轮轴上的偏心轮接触部位磨损超过0.20mm时，应进行堆焊或更换。内摇臂的接触端发生磨损也应进行堆焊修复。

(2) 进、出油阀检修

单片式进、出油阀表面腐蚀或不平，可将其磨平或翻面使用；组合式进、出油阀如有胶质，可用酒精或丙酮清洗，经修磨或清洗无效时，应更换新件。

(3) 泵膜及泵膜弹簧检验

膜片如老化、破裂，应更换；泵膜弹簧长期使用后弹力下降，会使泵油压力降低，经检查弹簧弹力不足，应换新件。

(4) 汽油泵壳体检修

汽油泵上、下壳体结合面的平面度应不大于0.10mm，如超过规定值应在平板上用细砂纸磨平；汽油泵壳体的裂纹可进行焊补或黏接修复。

六、化油器式汽油发动机常见故障维修思路

化油器式汽油发动机常见故障有：不来油或来油不畅、混合气过浓、混合气过稀、怠速不良、加速不良、加浓不良等故障。下面以最常见的不来油或来油不畅、混合气过稀故障为例，介绍化油器式汽油发动机故障维修的思路。

1. 不来油或来油不畅的检修

故障现象：

发动机不能启动或工作中逐渐熄火；用手油泵泵油，关闭阻风门或多踩几下加速踏板后能发动，但很快又熄火。

原因分析：

（1）油箱开关未打开或油箱内无油。
（2）油箱吸油管至化油器进油管接头中某一部位有堵塞、渗漏等。
（3）汽油泵失效或工作不良。
（4）化油器进油针阀卡死，浮子高度失调，进油口滤网堵塞，主量孔堵塞。
（5）汽油中有水，不易燃烧或不能燃烧，冬季水结冰堵塞油路。
（6）在夏季高温条件下，油管中产生气阻现象，导致油流中断而产生来油不畅故障。

维修思路：

检查化油器浮子室内油面是否正常

油面正常 →

检查内油路故障。抖动节气门操纵臂，查看加速喷口是否喷油，若不喷油，表明加速装置工作不良，此故障使发动机冷车难以启动；若喷油，发动机仍不来油或来油不畅，表明化油器主量孔或主油道堵塞，应拆检、清洗化油器。

无油或油平面过低 →

检查外油路故障。先确认燃油箱开关已打开，燃油箱内有油。再将化油器进油管接头拆下，用汽油泵手拉杆泵油，若不出油，表明燃油箱内存油不足、燃油箱至油泵间有堵塞或漏气、汽油泵工作不良。

↓

检查外油路是否堵塞或漏气。用打气筒打气时，油道应畅通；堵住出气端打气时，各密封处不应有漏气现象；向燃油箱内打气时应能听到吹泡声。

↓

以上检查正常但泵不出油，表明故障在汽油泵。若转动曲轴时，油泵不出油，手拉杆泵油时出油，则为汽油泵摇臂磨损过量或离偏心轮过远。

↓

转动曲轴，化油器进油管出油正常，而浮子室内油面过低或无油，应检查化油器进油滤网是否堵塞、针阀是否卡死。

→ 结束

2. 混合气过稀故障检修

故障现象：

（1）发动机不易发动。
（2）怠速不稳并容易熄火。
（3）踏下加速踏板转速不易提高，伴有“回火”现象，排气管有时“放炮”。
（4）行驶时动力不足，加速不良。
（5）发动机过热。

故障原因：

（1）化油器进油针阀开度不足或浮子高度失调而造成浮子室油面过低。
（2）从油箱至化油器进油管接头有堵塞、渗漏或汽油泵效能欠佳，导致供油不足。
（3）化油器主量孔或主供油道堵塞。
（4）可调式主量孔调节针旋入过多。
（5）油管内有气阻现象。
（6）进气歧管衬垫或化油器座衬垫严重漏气。
（7）主供油装置空气量孔、怠速空气量孔松动。

维修思路：

（1）检查化油器油面是否过低，如过低应调至正常。

↓

（2）化油器油面正常，将阻风门适当关闭后情况有所好转，应检查进气歧管衬垫、化油器底座节气门轴等处是否漏气；检查化油器主量孔、主油道是否堵塞。

↓

（3）化油器有主量孔配剂针，应检查是否旋入过多而导致混合气过稀。

↓

（4）化油器油面调至正常，发动机中、高速运行一段时间后，若又过低，则为化油器进油滤网堵塞或外油路来油不畅，按来油不畅故障的诊断来检查。

思考与练习

一、填空题

1. 汽油机的正常燃烧过程包括________和________两个阶段；汽油的不正常燃烧包括________和________。
2. 爆震燃烧的危害有________、________、________和________。
3. 汽油发动机燃油的供给方式有________式和________式两种。

二、判断题（正确的打“√”，错误的打“×”）

1. 汽油机过量空气系数在1.05～1.15范围内的可燃混合气叫做过浓混合气。（　）
2. 点火提前角过大，容易造成爆燃。（　）
3. 化油器真空加浓装置起作用的时刻只与发动机转速有关。（　）

三、选择题

1. 以下哪项故障易使发动机混合气过稀（　）

A. 浮子室液面过高　B. 空气滤清器堵塞　C. 主量孔磨损变大　D. 进气歧管漏气

一辆捷达王轿车发动机出现怠速不稳，加速不良故障。根据经验，基本可判断为空气流量计不良，但也不能完全排除点火及喷油系统有故障。到底是哪个部位的故障，怎样去判定故障部位呢？

我们将学习电控汽油机喷射系统的结构和工作原理，掌握该系统主要部件的拆装及维修方法。

情境二：电控汽油喷射发动机检修

一、电控汽油机喷射系统分类与组成

汽油机电喷系统以电控单元为控制中心，利用发动机上各种传感器检测发动机的工作状况，经计算机计算、判断，精确地控制燃油的喷射量、喷射时刻和点火时刻，使发动机在不同工况下都能获得最佳的可燃混合气，从而达到良好的经济性和排气性。

1. 电控汽油喷射系统分类

电控汽油喷射系统种类繁多，分类方式有以下几种：

（1）按进气量检测方式分类

有直接测量方式（L型）（图6-14）和间接测量方式（D型）（图6-15）。

L型电控燃油喷射系统的特点：利用空气流量计直接测量发动机的进气量，电脑不必进行推算，即可根据空气流量计信号计算与该空气量相应的喷油量。其测量的准确程度高于D型，故对混合气浓度的控制更精确。

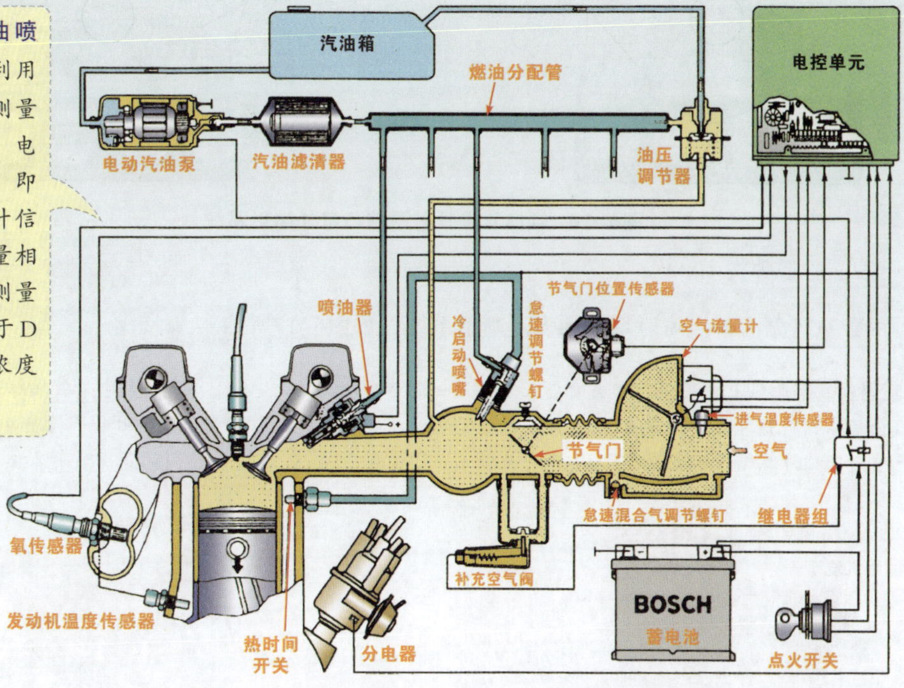

图6-14 直接测量汽油喷射系统（L型）

D型电控燃油喷射系统的特点：利用绝对压力传感器检测进气管内的绝对压力，电脑根据进气管内的绝对压力和发动机转速推算出发动机的进气量，再根据进气量和发动机转速确定基本喷油量，如图6-15所示。

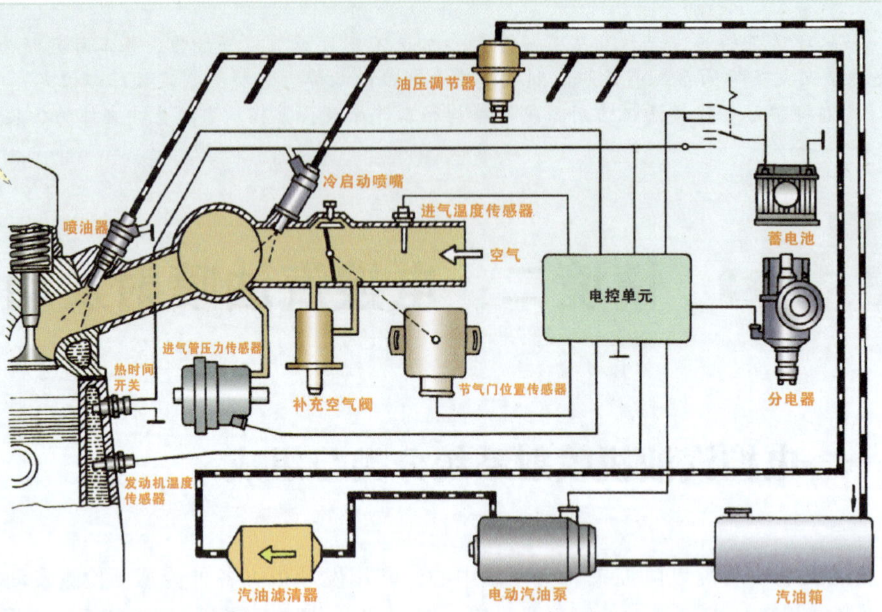

图6-15 间接测量汽油喷射系统（D型）

（2）按喷油器布置方式分类

按喷油器布置方式分有缸内直接喷射和缸外喷射，如图6-16所示。

缸内直接喷射：是将喷油器安装在气缸盖上，把燃油直接喷入气缸内，配合缸内组织的气体流动形成可燃混合气，容易实现分层燃烧和稀混合气燃烧，可进一步提高汽油发动机的经济性和排放性。

缸外喷射：是指在进气支管或进气门前喷射。缸外喷射应用广泛。

图6-16 缸内直接喷射系统与缸外喷射系统

（3）按喷油器数量分类

按喷油器的数量可分为单点喷射系统和多点喷射系统，如图6-17所示。

单点喷射：在节气门上方装一个中央喷射装置，用一二只喷油器集中喷射。汽油喷入进气流中，形成的可燃混合气由进气歧管分配到各气缸中。单点喷射又称为节气门体喷射（TBI）或中央喷射（CFI）。

多点喷射：在每缸进气门处装有一个喷油器，由电子控制单元（ECU）控制喷油，因此多点喷射又称为多气门喷射。

图6-17 单点喷射系统与多点喷射系统

(4) 按喷射时间分类

按喷射时间分有顺序喷射、分组喷射和同时喷射，如图6-18所示。

各缸的喷油器采用并联方式，所有喷油器由ECU的同一个喷油指令控制，同时喷油、同时断油。

将各缸的喷油器分成几组，同一组的喷油器同时喷油或断油。

各喷油器由ECU分别控制，按发动机各缸的工作顺序喷油。

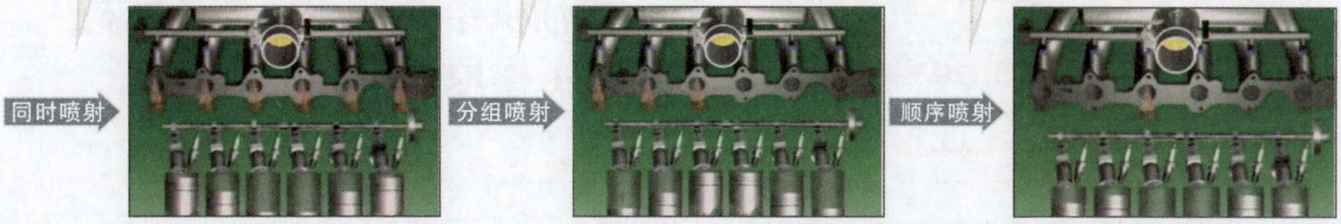

图6-18 顺序喷射系统、分组喷射系统和同时喷射系统

(5) 按技术发展分类

按技术发展分有机械式、机电结合式、电子控制式三种。近年来，电子控制汽油喷射系统发展迅速，已广泛地应用。电子控制汽油喷射系统按有无反馈又可分为开环控制式和闭环控制式两种。

2. 汽油机电喷系统组成

汽油机电控燃油喷射系统可分为燃油供给系统、空气供给系统和电子控制系统三个主要部分。

(1) 燃油供给系统

燃油供给系统的作用是提供汽油喷射所需的压力燃油，并在ECU的控制下将燃油喷入进气歧管。其结构及布置如图6-19所示。

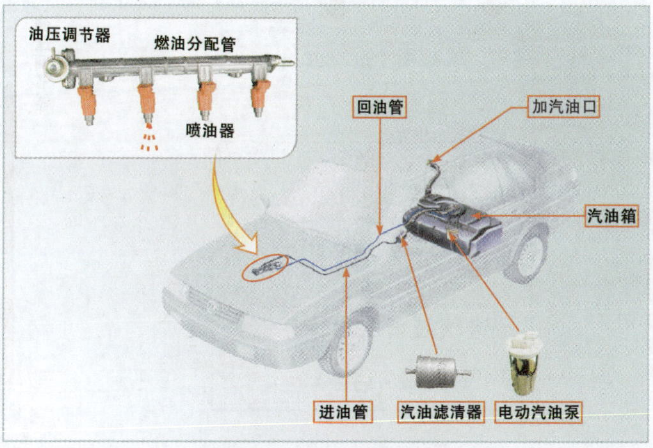

图6-19 燃油供给系统

(2) 空气供给系统

空气供给系统的作用是向发动机提供新鲜的空气，其工作流程如图6-20所示。

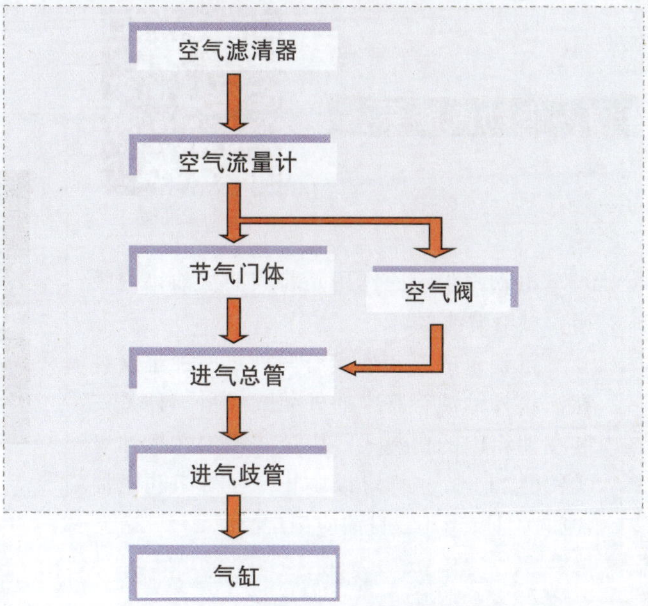

图6-20 空气供给系统工作流程图

(3) 电子控制系统

电子控制系统的作用是根据发动机和汽车不同的运行工况，对喷油时刻、喷油量及点火时刻等进行确定和修正，检测各传感器的工作，并将工作参数储存和输出。电子控制系统工作示意图如图6-21所示。

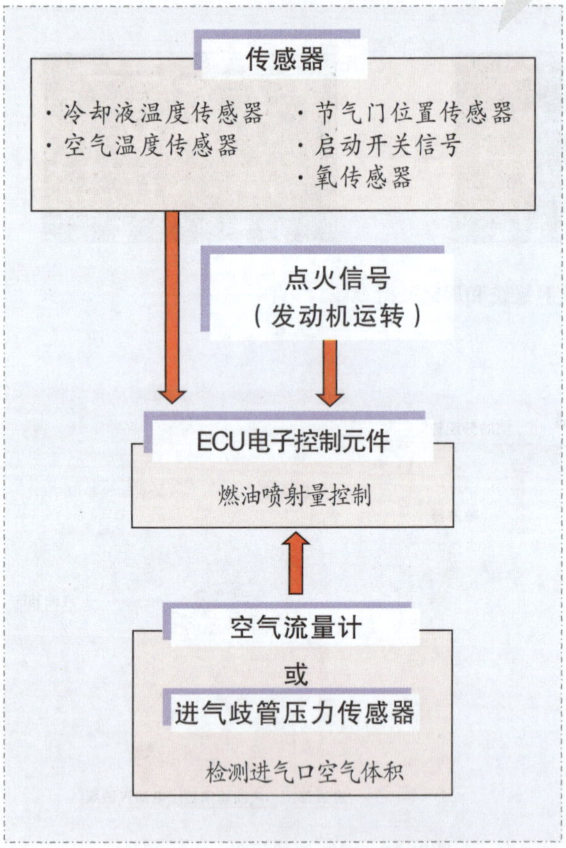

图6-21 电子控制系统工作示意图

二、燃油供给系统主要部件结构与工作原理

电控汽油喷射系统中的燃油系统由汽油箱、电动汽油泵、燃油滤清器、油压调节器、喷油器、燃油管路等组成，如图6-22所示。

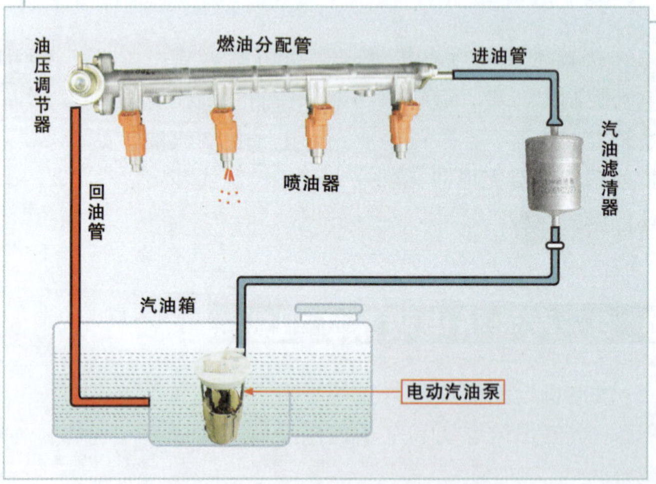

图6-22 燃油供给系统结构

1. 电动汽油泵

电动汽油泵

电动汽油泵的作用是将汽油从油箱内吸出，供给喷油器。

汽油泵的安装型式有两种：一种是安装在油箱外输油管路中的外装式；另一种是安装在油箱内的内装式。内装式浸泡在燃油里（图6-23），这样可以防止产生气阻和燃油泄露，且噪声小，目前应用广泛。

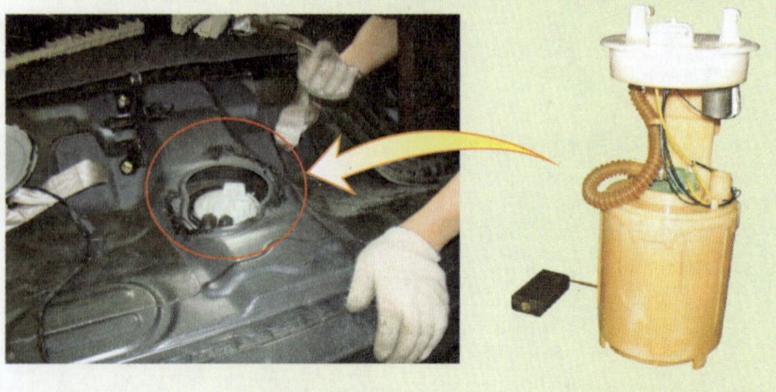

图6-23 内装式汽油泵

电动汽油泵按结构分有：滚柱式、叶片式和齿轮式等。

（1）滚柱式电动汽油泵

滚柱式电动汽油泵结构如图6-24所示。泵壳的一端是进油口，另一端是出油口。带滚柱泵的转子偏心地安装在泵体内由电动机驱动，滚柱装在转子的凹槽中。当油泵旋转时，由于离心力的作用，转子槽内的滚子向外移动，紧压在泵体壁面上。滚柱随转子一同旋转时泵腔容积发生变换，进油口一侧的工作腔容积增大，成为低压吸油腔，汽油经进油口被吸入工作腔内。在出油口一侧的工作腔容积减小，成为高压油腔，高压汽油从高压油腔经出油口流出。油泵出油口处有一单向阀，在油泵不工作时阻止燃油倒流回燃油箱，若因汽油滤清器堵塞等原因使油泵出油口一侧油压过高，与油泵一体的限压阀即被顶开，使部分燃油回到进油口一侧，以保护电动汽油泵。

滚柱式电动汽油泵运转时噪声较大，泵油压力脉动大，使用寿命较短，现代汽车越来越多地采用叶片式电动汽油泵。

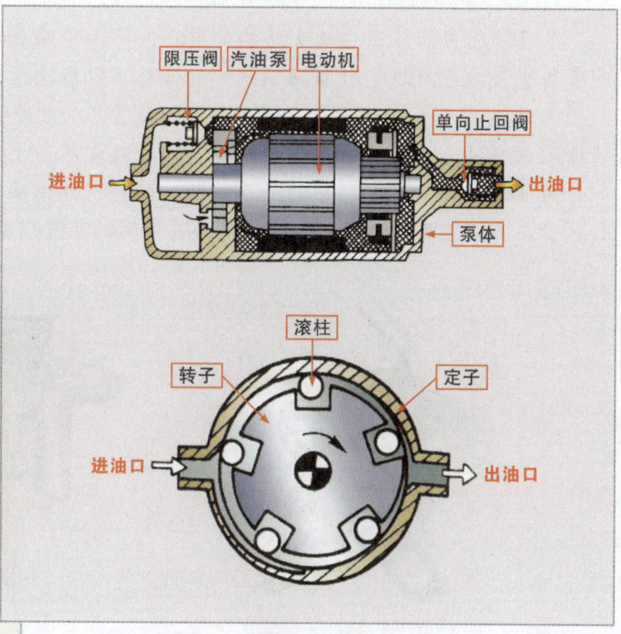

图6-24 滚柱式电动汽油泵结构

（2）叶片式电动汽油泵

叶片式电动汽油泵结构如图6-25所示。叶轮是一个圆形平板，周围开有小槽，形成叶片。当叶轮旋转时，小槽内的汽油随同叶轮一同高速旋转。由于离心力的作用，使出口处油压增高，而在进口处产生真空，从而使汽油从进口吸入，从出口泵出。叶片式电动汽油泵泵油量大，噪声小，油压脉动小，叶片磨损小，使用寿命长。

在出油口还设置有一个单向阀，当油泵停转后，油路内燃油仍保持一定压力，减少气阻现象，以便于发动机重新启动。为了防止油压过高，设置有限压阀，当出口侧压力超过一定值时，限压阀打开，高压燃油流回油箱。

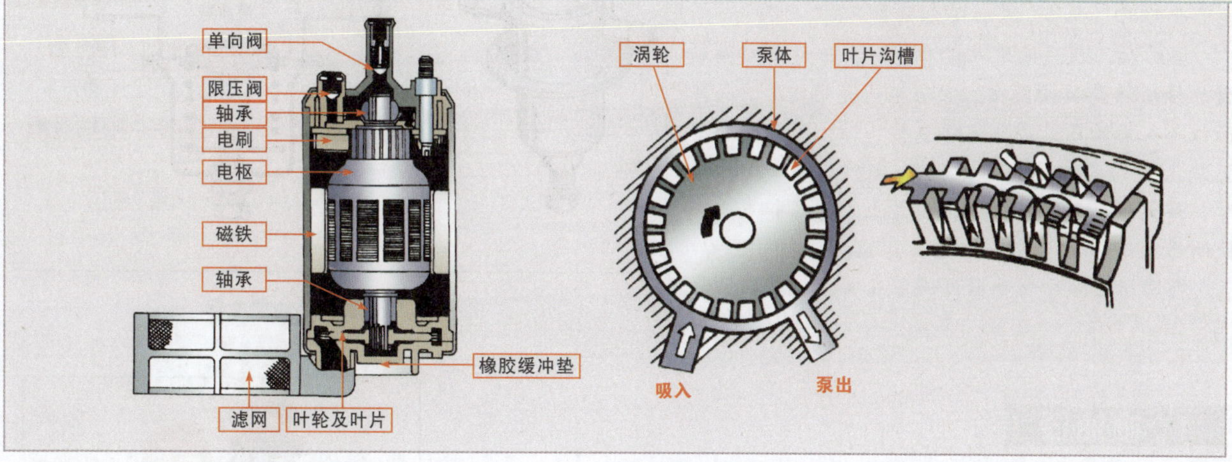

图6-25 叶片式电动汽油泵结构

2. 汽油压力调节器

汽油压力调节器安装在燃油分配总管的一端，其作用是保证喷油器喷油压力与进气管压力之差为恒定值。这样，喷油器的喷油量只与喷油时间有关，ECU通过控制喷油时间来控制喷油量。

汽油压力调节器实物及结构如图6-26所示。油压调节器壳体内腔被膜片分成两个小室，上室内有一通气管与进气歧管相连，使供油系统中的油压不仅取决于弹簧预紧力，而且还取决于进气歧管内的气体压力，当输入的汽油压力低于弹簧预紧力和进气歧管压力之和时，弹簧紧压在膜片上，使回油阀关闭，油压升高；当输入的汽油压力高于弹簧预紧压力与进气歧管压力之和时，汽油推动膜片向上压缩弹簧，打开回油阀，使部分汽油流回油箱，油路中的油压降低。这样就使喷油压力随进气歧管的压力而变化，从而使喷油压力与进气歧管压力之差保持不变，使喷油压力在不同的节气门开度下保持定值。

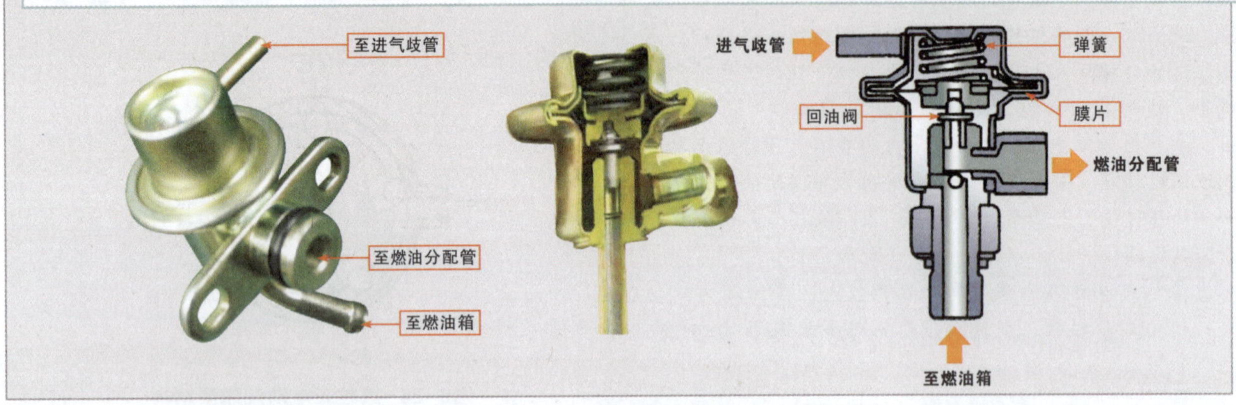

图6-26 汽油压力调节器

3. 燃油压力脉动缓冲器

燃油压力脉动缓冲器又称燃油脉动衰减器，其作用是减小燃油管路中因汽油泵运转、喷油器喷射和油压调节器回油阀开闭引起的油压脉动和脉动噪声，并能在发动机停机后保持一定的燃油压力，以利于发动机的重新启动。

燃油压力脉动缓冲器的结构如图6-27所示。它主要由膜片、弹簧、壳体等组成。

当脉动油压汽油进入缓冲器时，脉动压力通过膜片传给弹簧而被吸收，从而起到缓冲作用，具体动作是：当油压升高时，弹簧被压缩，膜片下移，膜片上方的容积增大，使油压减小；当油压降低时，弹簧伸长，膜片上移，膜片上方的容积减小，使油压升高。

燃油压力脉动缓冲器可安装在回油管或燃油分配管上。

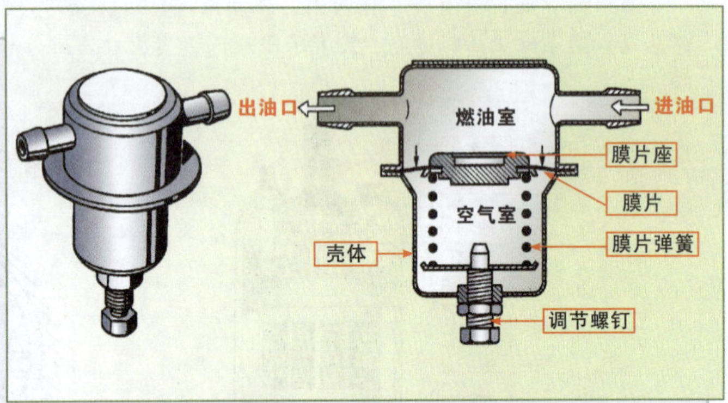

图6-27 油压脉动缓冲器

4. 喷油器

（1）作用

喷油器的作用是按照电控单元的指令将一定数量的汽油以雾状喷入进气道或进气管内。电控汽油喷射系统中都采用电磁式喷油器，如图6-28所示。

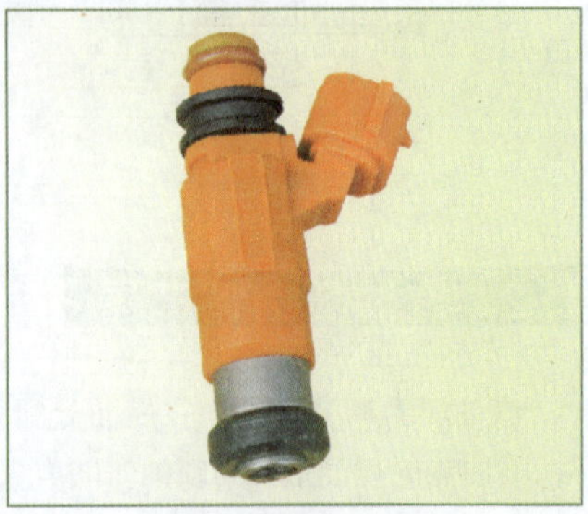

图6-28 喷油器

（2）分类

汽油喷射系统的喷油器种类繁多，其分类如下：

- **按用途分有：**单点喷射用喷油器和多点喷射用喷油器。
- **按燃料的进入位置分有：**上方供油式和侧方供油式。
- **按电磁线圈阻值分有：**低阻式和高阻式。
- **按驱动方式分有：**电流驱动式和电压驱动式。
- **按喷口形式分有：**孔式和轴针式。

（3）结构及工作原理

①轴针式喷油器

轴针式喷油器结构如图6-29所示。喷油器主要由滤网、电磁线圈、磁心、针阀、阀体、弹簧、壳体等组成。

当喷油器的电磁线圈无电流通过时，阀内弹簧将针阀紧压在锥形密封阀座上；当电磁线圈通电时，产生磁场，衔铁被吸引，同衔铁一体的针阀也被一起吸起，喷油口打开，燃油沿通路从喷油口喷出。

喷油器的燃油喷射量取决于针阀升程、喷油孔尺寸、喷油压力、喷油持续时间等，喷油压力由燃油压力调节器调节为恒定值，对于一定形式的喷油器，其喷油量就取决于喷油持续时间，即线圈通电时间。

轴针式喷油器的喷口不易堵塞，但质量较大，动态响应较差。

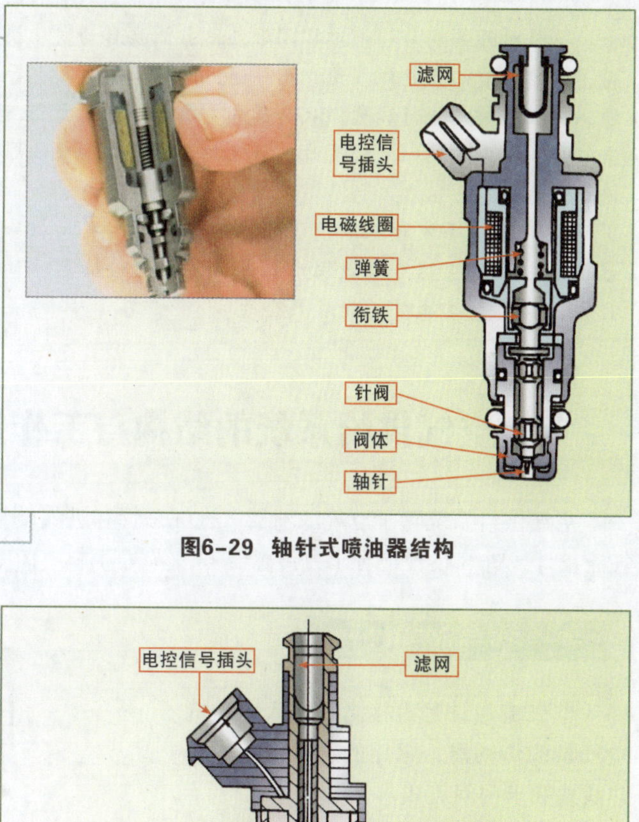

图6-29 轴针式喷油器结构

②孔式喷油器

孔式喷油器针阀的前端没有轴针，故针阀不露出喷孔。孔式喷油器的喷孔数有一个或二个，阀门一般为锥形或球形，也称球阀式喷油器，其结构如图6-30所示。球阀的阀针是由钢球、导杆和衔铁焊接成的一个整体，其质量只有普通轴针式的一半，且导向杆也较轴针式的短。

孔式喷油器雾化质量较好，响应速度快，缺点是易堵塞。

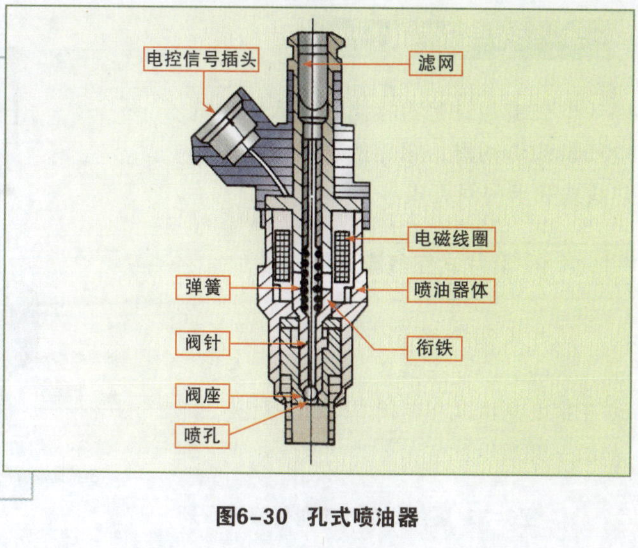

图6-30 孔式喷油器

5. 冷启动喷油器

发动机在低温冷启动时，需要极浓的混合气，有些车型的汽油喷射系统在发动机冷启动时，除了通过延长各缸喷油器的喷油时间来增加喷油量外，还在进气总管的中央部位装有冷启动喷油器（又称冷启动阀）。

冷启动喷油器与安装在进气歧管上的各缸喷油器相似，也是一种电磁阀，结构如图6-31所示。它主要由电磁线圈、衔铁、弹簧等组成。其中针阀与衔铁制成一体，被弹簧紧压在阀座上。当冷车启动时，电磁线圈通电产生磁场，将衔铁吸起，汽油通过旋流式喷嘴喷出。

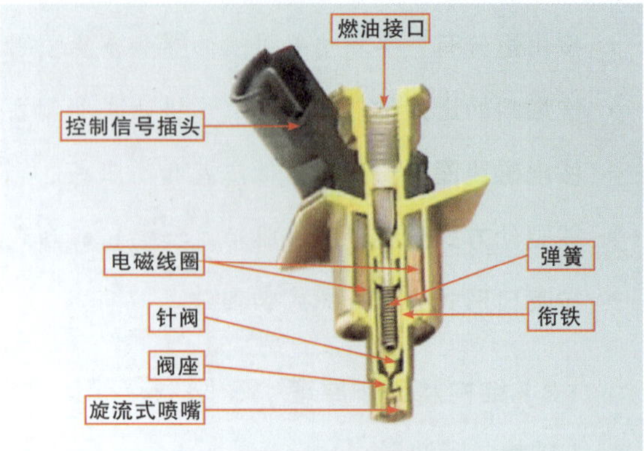

图6-31 冷启动喷油器

冷启动喷油器的开启持续时间取决于发动机的温度，由热限时开关控制。热限时开关是一个温控开关（图6-32），以螺纹连接方式安装在发动机冷却水路上。热限时开关内部有一对常闭触点，当低温启动发动机时，冷启动喷油器电磁线圈电路导通，同时加热线圈也导通，将双金属片进行加热，双金属片受热后会弯曲变形，当双金属片弯曲到一定程度时，触点打开，冷启动喷油器停止喷油。

现在有很多发动机取消了冷启动喷油器，发动机冷启动时，ECU根据冷却液温度信号，延长主喷油器喷油时间，以增加喷油量，加浓混合气。

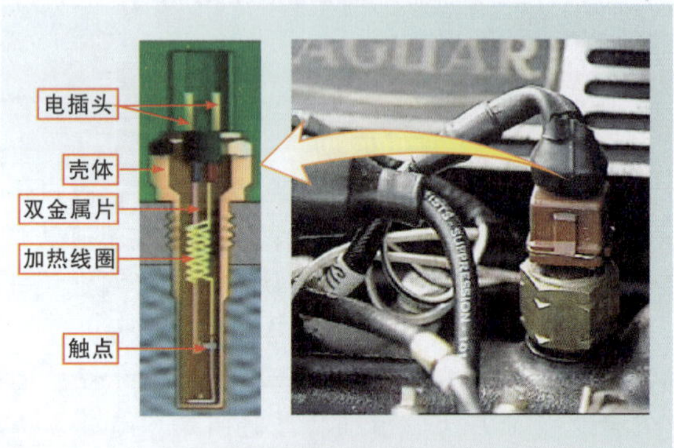

图6-32 温控开关

三、空气供给系统的结构与工作原理

空气供给系统除了空气滤清器、进气总管和进气歧管外，还有电控汽油喷射系统特有的空气计量装置（空气流量计或进气歧管绝对压力传感器）、节气门体、节气门位置传感器和怠速控制阀等。

1. 空气流量计

空气流量计是直接测量进入发动机空气量的传感器，常用的有：翼片式、热线式和卡门涡旋式。

（1）翼片式空气流量传感器

翼片式空气流量传感器由测量翼片、缓冲片、复位弹簧、电位计、旁通空气道及怠速混合气调节螺钉等组成，如图6-33所示。

图6-33 翼片式空气流量传感器 →

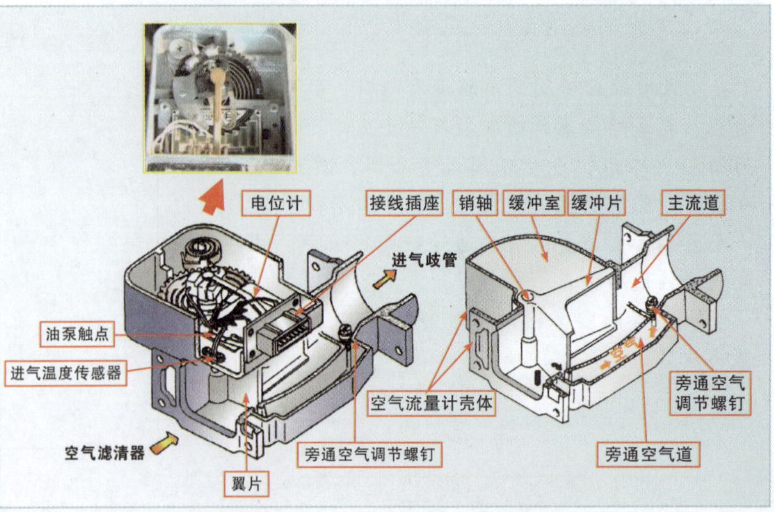

发动机工作时，空气通过空气流量计并推动测量翼片偏转，使其开启。翼片开启角度大小取决于空气气流对翼片的推力与复位簧弹力的平衡状况。当气流推力与测量翼片平衡时，测量翼片便停留在某一位置上，进气量越大，测量翼片开启的角度也越大。销轴上连着一个电位计，它把翼片开启角度的变化（即进气量的变化）转换成电信号输送到ECU。ECU再根据进气温度传感器的信号进行修正，即可测出实际的进气流量。

缓冲室和缓冲片用于衰减加速或减速时引起的测量翼片摆振，使电位计能够准确地检测进气流量，防止进气管内气流的脉动引起误差。

进气通道旁还有一个旁通空气道，旁通空气道上设有怠速混合气调节螺钉（也称CO调整螺钉），用于调整怠速混合气的浓度。

空气流量计上还设有电动汽油泵开关，当发动机运转时，翼片偏转，使开关触点闭合，电动汽油泵电路才接通。

（2）热线式空气流量计

热线式空气流量计由感知空气流量的铂热线、温度补偿电阻（冷线）、控制电路以及壳体等组成，如图6-34所示。根据铂热线在壳体内安装部位的不同，可分为主流测量方式和旁通道测量方式。

发动机启动后，空气流过铂热线周围，铂热线温度就会降低。铂热线的电阻减小，使电桥失去平衡。这时混合电路将自动增加供给铂热线的电流，以保持铂热线温度恒定。空气流量越大，需要的电流越大。将这种因空气流量变化而引起的流过铂热线的电流的变化，转化成电压输入给电控单元，即可测得实际的空气流量。

这种空气流量计可提供精确的进气空气流量，但造价太高，主要运用于高级轿车中。

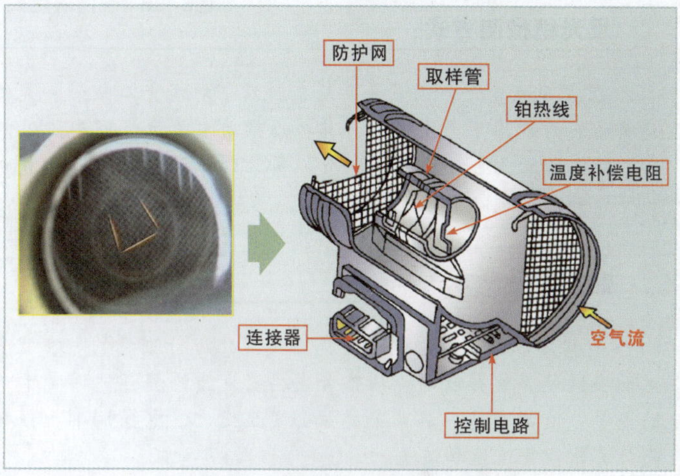

图6-34 热线式空气流量计结构

（3）热膜式空气流量计

热膜式空气流量计的工作原理与热线式空气流量计基本相同，都是用惠斯登电桥工作的。所不同的是热膜式空气流量计是由铂金属片固定在树脂薄膜上制成的（图6-35），其工作可靠性和使用寿命比热线式空气流量计更高。这种空气流量计已大量使用于各种电控汽油喷射系统中。

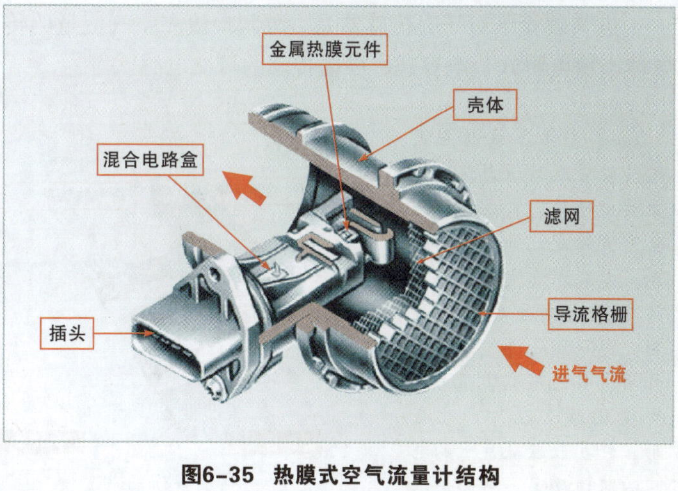

图6-35 热膜式空气流量计结构

（4）卡门涡旋式空气流量计

卡门旋涡式空气流量计通常与空气滤清器外壳安装成一体，在其空气通道中央设置一锥体状的涡流发生器，在涡流发生器后部将会不断产生称之为卡门旋涡的涡流串，测出卡门旋涡的频率即可感知空气流量的大小，该空气流量计又分为反光镜检测方式和超声波检测方式两种，如图6-36所示。

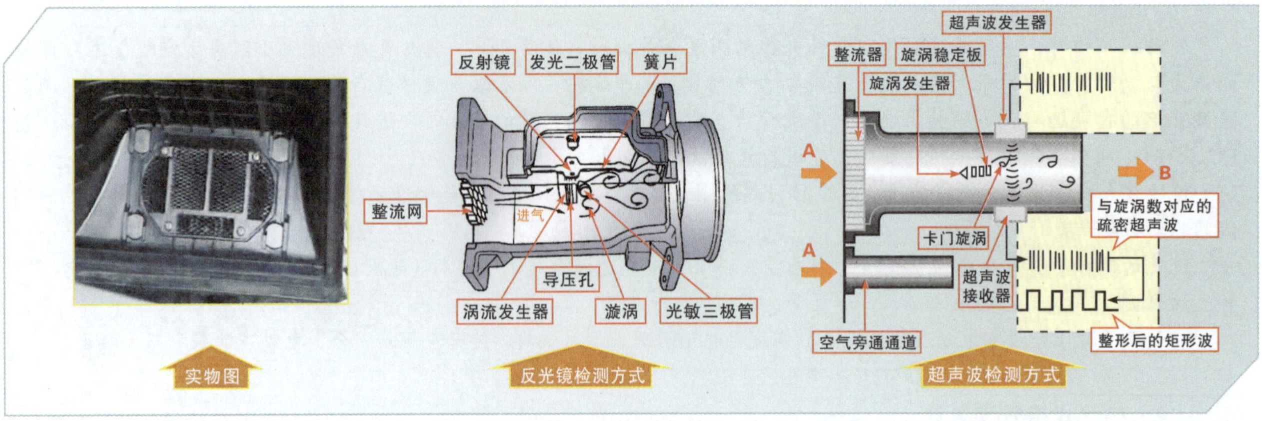

图6-36 卡门涡旋式空气流量计

反光镜检测方式:

在空气流量计内设置一个反射镜及一对发光二极管和光敏三极管，反射镜安装在很薄的簧片上，簧片在气流漩涡的压力作用下产生振动，其振动频率与单位时间内流过的漩涡数量成正比。这时，发光二极管通过反射镜射到光敏三极管上，使光敏三极管以簧片的振动频率导通和截止。根据光敏三极管的导通和截止的频率，电控单元就可计算出空气流量。

超声波检测方式:

是利用卡门旋涡引起的空气密度变化进行测量的。在空气流动方向的垂直方向安装超声波信号发生器，在其对面安装超声波接收器。从信号发生器发出的超声波因受卡门旋涡造成的空气密度变化的影响，到达接收器时有的变早，有的变晚，其频率相位会发生变化，电控制单元根据这一变化便可计算出单位时间内流过的漩涡数，从而计算出空气流速和流量。

2. 进气歧管绝对压力传感器

进气歧管绝对压力传感器是一种间接检测空气流量的传感器。其种类繁多，根据信号产生的原理可分为半导体压敏电阻式、电容式、膜盒传动的可变电感式等。

半导体压敏电阻式进气歧管绝对压力传感器主要由硅片，集成电路、真空室组成，如图6-37所示。封装在真空室内的硅片由于一侧受真空的作用，另一侧受进气压力的作用，当进气歧管压力发生变化时，硅片产生变形，使扩散在硅片上的电阻的阻值改变，从而使输出电压发生变化。

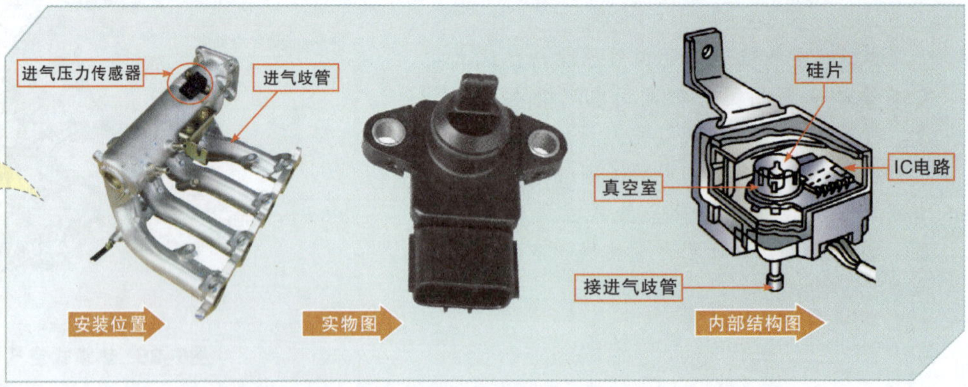

图6-37 半导体压敏电阻式进气管绝对压力传感器

3. 节气门体

节气门体是控制电喷发动机进气量的一套装置，不同车型的节气门体的结构和原理基本相同。其结构主要包括：节气门、节气门位置传感器、怠速控制阀等，如图6-38所示。

发动机怠速时，节气门处于全关闭的位置，怠速运转所需要的空气经怠速空气旁通气道进入进气总管。

发动机低温启动后，为加快暖机过程，在发动机的进气系统中设置了辅助空气阀（也称快怠速控制阀），以增加暖机过程中所需的空气量。由于空气量增加，ECU使喷油器的喷油量增加，从而使发动机怠速转速提高。当发动机温度升高后，通过辅助空气阀的空气被自动切断。此时，所需的空气由怠速旁通气道供给，发动机恢复到正常的怠速转速。

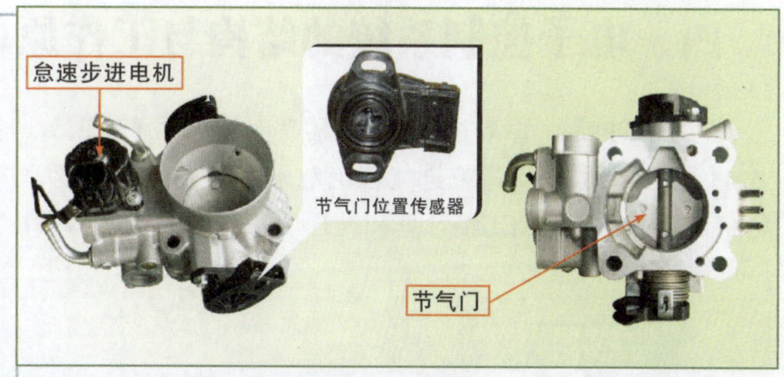

图6-38 节气门体

4. 节气门位置传感器

节气门位置传感器安装在节气轴上，与节气门联动，如图6-38所示，用来检测节气门的开度，并将其转换成电信号输送给电控制单元，作为判定发动机运行工况的依据。

电控汽油喷射系统中的节气门位置传感器有线性式、触点式等。

（1）线性式

节气门开度的输出电压与节气门开度成线性关系，传感器结构及原理如图6-39所示。传感器有两个与节气门联动的可动触点。一个在电阻体上滑动，当节气门开度变化时，测得的输出电压也成线性变化。根据电压值，可知节气门开度。另一个触点在节气门全关闭时与怠速触点接触，给ECU提供怠速信号，ECU据此判断发动机处于怠速状态。

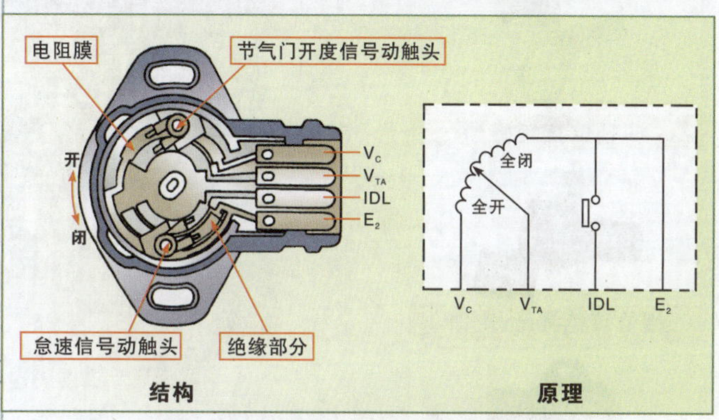

图6-39 线性式节气门位置传感器

（2）触点式

触点式节气门位置传感器有一个活动触点和两个固定触点构成，如图6-40所示。

当节气门处于全关闭状态时，活动触点与怠速触点接触，ECU根据此信号判定发动机处于怠速状态，从而对混合气进行调整；当节气门开度超过一定角度时，活动触点与全负荷触点接触，ECU根据此信号判定发动机处于大负荷状态，从而加浓混合气。

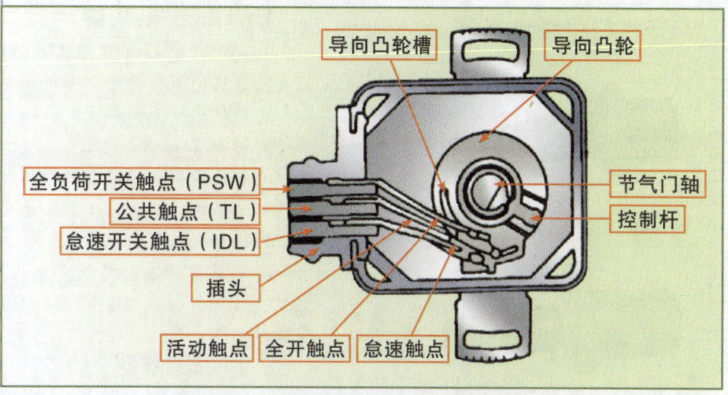

图6-40 触点式节气门位置传感器

5. 怠速控制阀

怠速控制阀通常安装在节气门体上，其作用是自动控制发动机怠速。怠速转速的调整是通过控制旁通节气门体的空气量来实现的。怠速控制阀有步进电机式、脉冲电磁阀式、石蜡式等。

步进电机式怠速控制阀是应用最多的一种怠速控制装置。它主要由转子、定子线圈、进给丝杆及阀芯等部分组成，如图6-41所示。发动机ECU根据不同的冷却液温度，通过改变传到怠速控制阀的信号强度来控制怠速控制阀阀芯的位置，即发动机ECU输出步进信号进行转换控制，使转子可以正转，也可以反转，从而使进给丝杆（阀芯）进行伸缩运动以达到调节旁通空气道截面的目的，从而稳定怠速，并达到理想的怠速转速。

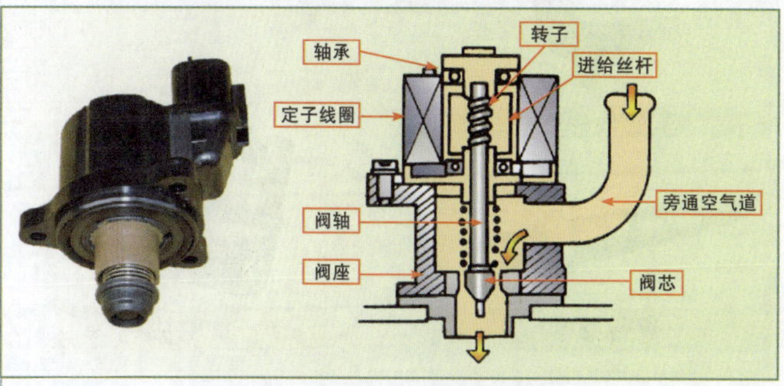

图6-41 步进电机式怠速控制阀

四、电子控制系统的结构与工作原理

电控汽油喷射系统主要由传感器、电控单元（ECU）、执行器等组成，如图6-42所示。

传感器将进气流量或进气管绝对压力、冷却液温度、进气温度、发动机转速、节气门位置、排气中氧含量等信号输入ECU。ECU经计算和处理后，向相关执行器发出指令，以控制最佳喷油量和点火时刻。

图6-42 电子控制系统的组成方框图

1. 电控单元ECU

电控单元ECU（Electronic Control Unit）是以微处理器为核心的计算机控制装置，一般由输入接口电路、微处理器和输出接口电路等构成，如图6-43所示。

5V稳压电源电路

将12V电源转变成5V输出电源，供给ECU内部使用，且为水温传感器、空气流量计、曲轴位置传感器等提供参考电压。

输出电路

输出电路是微机与执行器之间的连接部分，它将微机发出的控制指令转变成控制信号，驱动执行器工作，起着控制信号生成和放大等功能。

CPU

是整个汽车电脑的核心部件，是控制系统的神经中枢，其功用是根据工作需要，利用其内存程序和数据对各传感器输送来的信号进行运算处理，并将处理结果（如喷油脉冲信号、点火控制信号等）送往输出回路。

输入电路

对各种输入信号进行预处理，如除去杂波、把正弦波转换成矩形波及电平转换；将预处理后的信号送入微型计算机。

12V稳压电源电路

接收蓄电池电压输入，并将输入电压保持在12V左右。

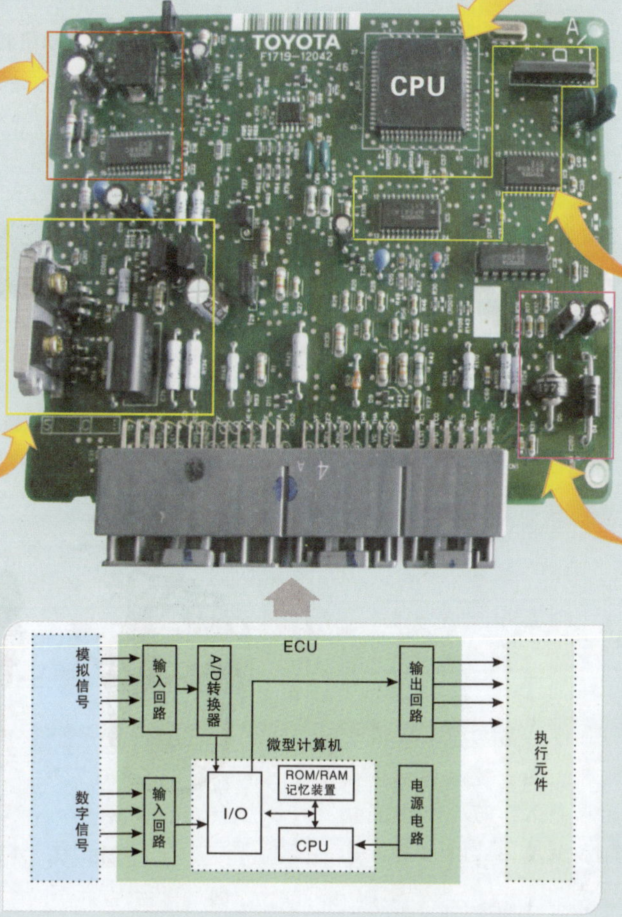

图6-43 ECU的组成

2. 传感器

发动机电控系统中的传感器，主要有空气流量传感器（MAF）、进气管绝对压力传感器、发动机转速/曲轴位置传感器、节气门位置传感器、进气温度传感器、发动机冷却液温度传感器、氧传感器、爆燃传感器等。

在前面部分的学习中我们已经对空气流量传感器（MAF）、进气管绝对压力传感器、节气门位置传感器有所了解，在此只对其他几个传感器做介绍。

（1）发动机转速/曲轴位置传感器

发动机转速传感器检测发动机转速信号，曲轴位置传感器检测活塞上止点及曲轴转角。发动机转速与曲轴位置传感器是发动机电子控制系统中主要的传感器之一，是控制点火时刻和喷油时刻不可缺少的信号源。发动机转速与曲轴位置传感器有3种类型，即：电感应式、霍尔感应式和光电感应式，安装位置可在曲轴前端、飞轮上、凸轮轴前端和分电器内，如图6-44所示。

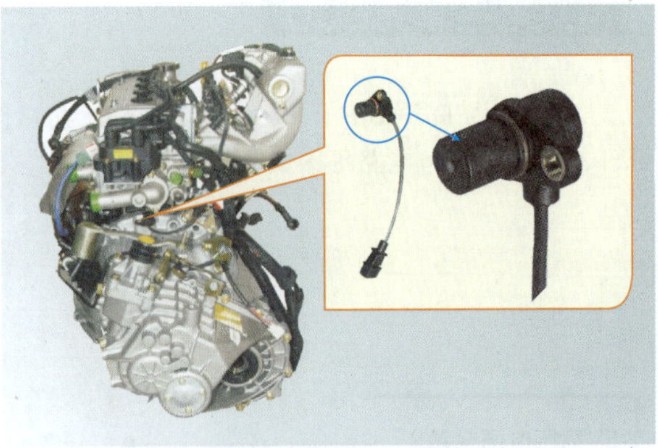

图6-44 发动机转速/曲轴位置传感器

（2）进气温度传感器

进气温度传感器的作用是检测进气温度，并将检测信号输送给ECU，作为修正喷油量的参考依据之一。它是一个NTC热敏电阻，该热敏电阻的阻值变化与温度成反比，进气温度低时，电阻值较高；进气温度升高时，电阻值降低。

进气温度传感器通常安装在空气流量计内或空气滤清器之后的进气管上，用于测量进气温度，如图6-45所示。

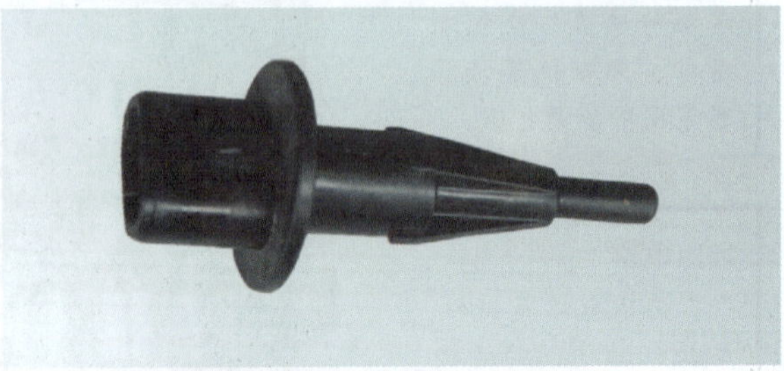

图6-45 进气温度传感器

（3）冷却液温度传感器

发动机冷却液温度（ECT）传感器向ECU提供一个随冷却液温度变化的模拟信号。这种传感器通常安装在发动机气缸体或气缸盖的水套上，与冷却水直接接触，用于测量发动机的冷却水温度，其特性与进气温度传感器类似，如图6-46所示。

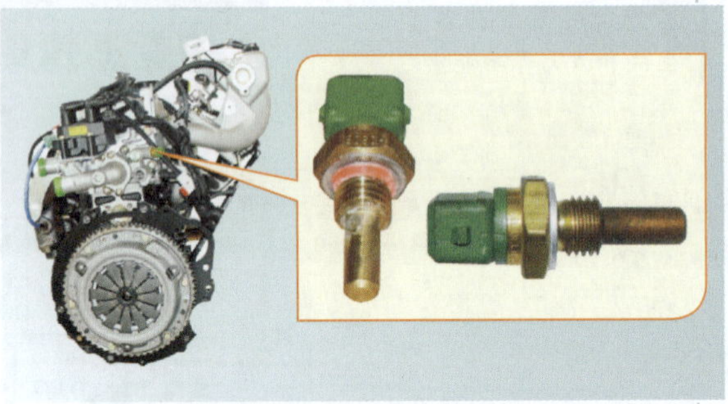

图6-46 冷却液温度传感器

（4）氧传感器

氧传感器是发动机燃油喷射闭环控制的重要检测元件，其作用是测定发动机排气中氧气含量，确定汽油与空气是否完全燃烧。它安装在发动机排气管上，如图6-47所示。

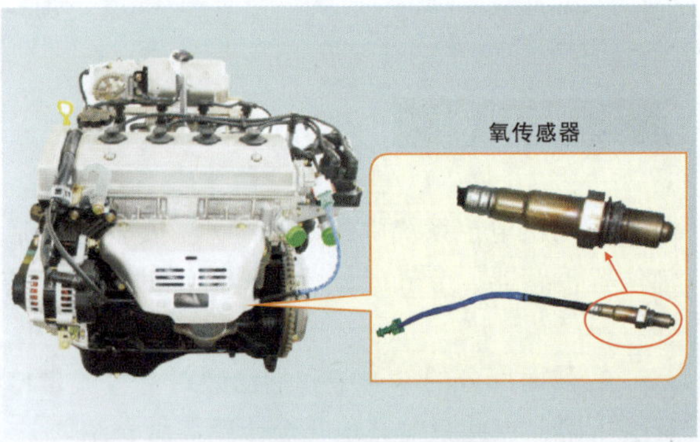

图6-47 氧传感器

（5）爆燃传感器

爆燃传感器的作用是检测发动机有无爆燃现象，并将信号送入发动机微机控制装置。爆燃传感器由压电元件制成，压电元件是一种受到机械挤压时能够产生电信号的晶体。爆燃传感器一般安装于发动机气缸壁上，如图6-48所示。

图6-48 爆燃传感器

3. 执行器

电控系统的执行器包括喷油器、怠速控制阀、电动燃油泵等，这些部件在前面已做了介绍，在此不再讲解。

五、电喷燃油供给系统主要部件的拆装

1. 汽油泵拆装

拆卸：

（1）关闭点火开关，断开蓄电池接地线。

（2）拆下油箱盖。

（3）从燃油泵连接法兰上拔下供油和回油管插头，如图6-49所示。

（4）用专用工具从连接法兰上拧下紧固螺母。

（5）从油箱口处拔下燃油表传感器和密封圈的连接法兰。

（6）向左拧，从插座上松开燃油泵，并从油箱上取下。

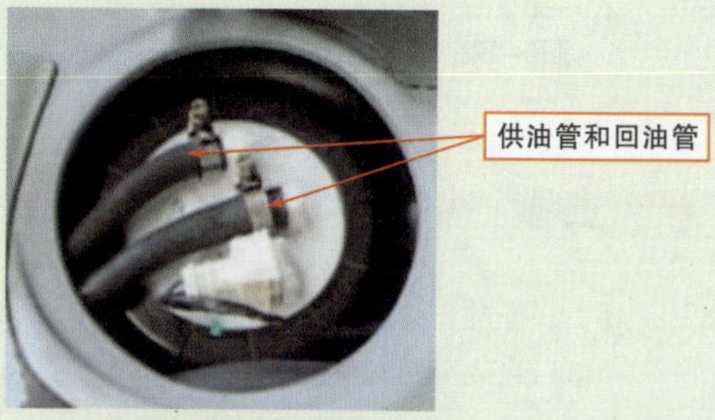

图6-49 拔下供油管和回油管

安装：

可按与拆卸相反的顺序进行。

说明：更换连接法兰时应注意，不要损坏燃油表传感器。安装连接法兰密封圈应用燃油浸润。

注意：拆卸汽油泵必须隔绝火源和热源，使用防爆灯，避免汽油发生燃烧。

2. 喷油器和油压调节器拆装

拆卸：

（1）松开喷油器固定螺钉，取下燃油分配器总成，如图6-50、6-51所示。

图6-50 松开喷油器固定螺钉

图6-51 取下燃油分配器总成

（2）从燃油分配器上取下喷油器和密封圈，如图6-52所示。

（3）用工具取出燃油调节器的固定夹，然后拔出燃油调节器，如图6-53、图6-54所示。

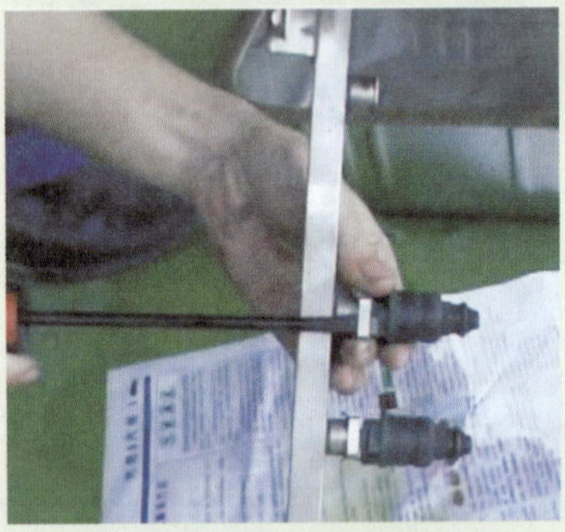

图6-52 取下喷油器

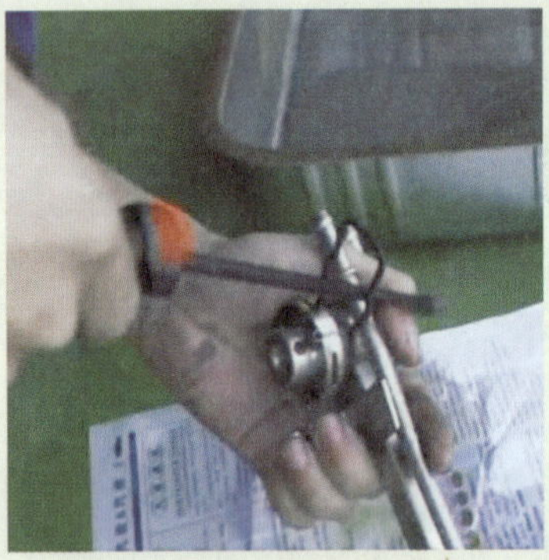

图6-53 取出燃油器固定夹

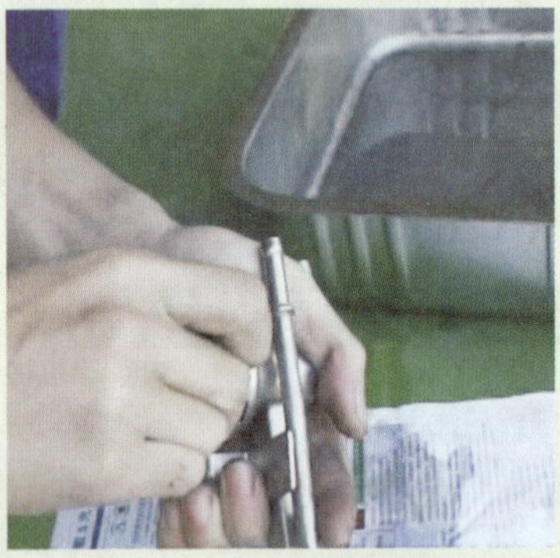

图6-54 拔出燃油调节器

安装：

（1）将喷油器按正确的方位装入燃油分配器中，如图6-55所示。

（2）装入燃油压力调节器，如图6-56所示。

（3）压入燃油压力调节器固定夹，如图6-57所示。

（4）将燃油分配器总成安装到歧管预置孔中，并拧上固定螺钉，如图6-58所示。

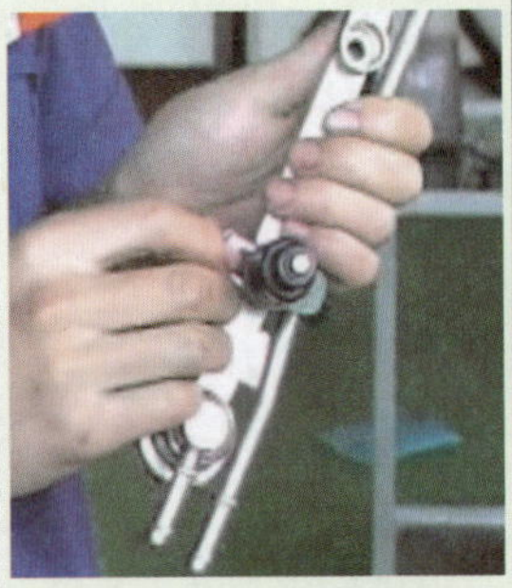

图6-55 将喷油器装入燃油分配器

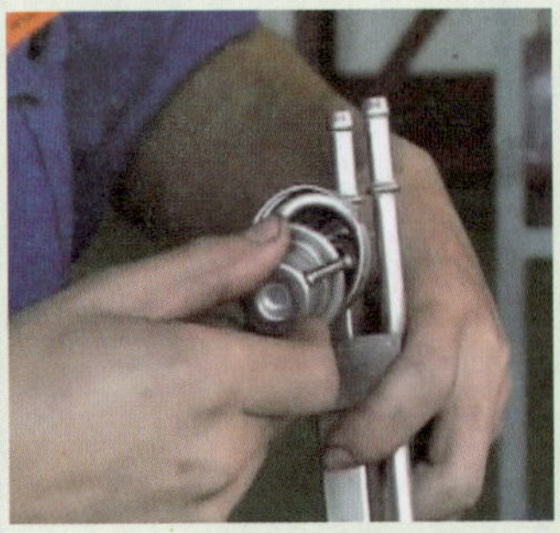

图6-56 装入燃油压力调节器

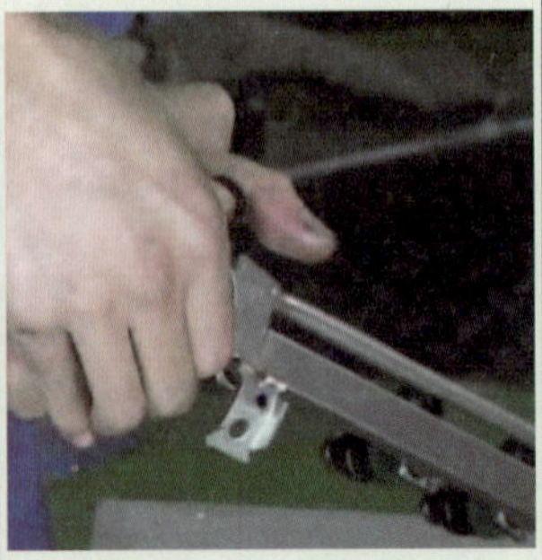

图6-57 压入燃油压力调节器固定夹

图6-58 安装燃油分配器

六、电喷燃油供给系统主要部件的检修

1. 电动汽油泵检修

(1) 就车检查电动汽油泵是否工作

①打开油箱盖，然后打开点火开关（不要启动发动机），在油箱口处仔细听有无电动汽油泵运转的声音。如在打开点火开关后，能听到电动汽油泵运转3～5 s后又停止，说明电动汽油泵工作正常。

②若在油箱口处听不清电动汽油泵运转的声音，可以在打开点火开关或启动启动机后，在发动机上方仔细听有无"嘶嘶"的燃油流动声，也可以用手检查进油软管有无压力。如有"嘶嘶"的燃油流动声，或进油软管有压力，说明电动汽油泵工作正常。

(2) 就车测量电动燃油泵的压力

电动汽油泵能运转，但并不说明其工作完全正常，还应通过测量电动汽油泵的最大供油压力和保持压力来判断其有无泵油压力过低、出油单向阀泄漏等故障。

就车测量电动汽油泵最大压力和保持压力的方法：

在空气流量计内设置一个反射镜及一对发光二极管和光敏三极管，反射镜安装在很薄的簧片上，簧片在气流漩涡的压力作用下产生振动，其振动频率与单位时间内流过的漩涡数量成正比。这时，发光二极管通过反射镜射到光敏三极管上，使光敏三极管以簧片的振动频率导通和截止。根据光敏三极管的导通和截止的频率，电控单元就可计算出空气流量。

①释放燃油系统的油压。

②拆下蓄电池负极电缆。

③将油压表接在燃油管路上（图6-59），并将出油口塞住。

④接上蓄电池负极电缆。

⑤用一根导线将电动汽油泵的两个检测插孔短接。

⑥打开点火开关，持续10s左右（不要启动发动机），使电动汽油泵工作，同时读出油压表的压力，该压力称为电动汽油泵的最大供油压力。如不符合标准值，说明电动汽油泵性能不良，有可能导致电喷发动机动力不足等故障，应更换电动汽油泵。

⑦关闭点火开关，5min后再观察油压表压力，此时的压力称为电动汽油泵的保持压力，如图6-60所示。如不符合标准值，说明电动汽油泵出油口处的单向阀有泄漏，此故障有可能导致电喷发动机启动困难，应更换电动汽油泵。

⑧释放燃油系统的油压。

⑨拆下蓄电池负极电缆。

⑩拆下油压表。

⑪接好燃油管道。

⑫接上蓄电池负极电缆。

⑬预置燃油系统的油压。

图6-59 接压力表

图6-60 电动气油泵的保持压力标准
（正常在200kPa以上）

（3）电动燃油泵拆下后的检查

①用万用表测量电动燃油泵两接线柱之间的电阻。正常电阻值应为2～3Ω。
②用蓄电池电源短时间加在电动汽油泵两接线柱上，应能听到电动汽油泵转子高速转动的声音。以上检验如有异常，应更换电动汽油泵。

2. 汽油压力调节器检修

（1）系统油压过低的检查

在正常情况下，发动机怠速运行时，汽油压力应上升到一定的值（如捷达轿车为250kPa左右，如图6-61所示）。

图6-61 正常油压

发动机怠速运行时，用包上软布的钳子将油压调节器的回油管夹紧，如图6-62所示。如油压上升到400kP以上，说明油压调节器有故障。

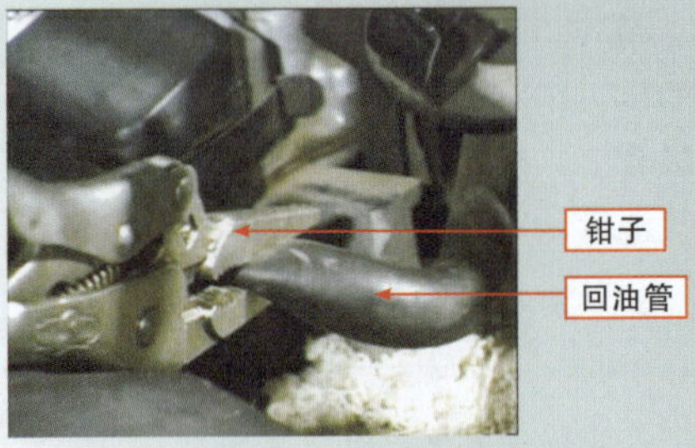

图6-62 夹回油管

发动机怠速运行时，拔下油压调节器上的真空软管，检查燃油压力，此时的燃油压力应比怠速运转时的燃油压力高50kPa左右，如图6-63所示。如压力变化不符合要求，即说明油压调节器工作不良，应更换。

图6-63 拔真空管后的油压

（2）系统油压过高的检查

当油压过高时，首先对系统卸压（图6-64），拆下油压调节器上的回油管，套上准许的容器，接通点火开关，观察油压调节器的回油量，如回油量少或没有回油，则油压调节器损坏，应更换。

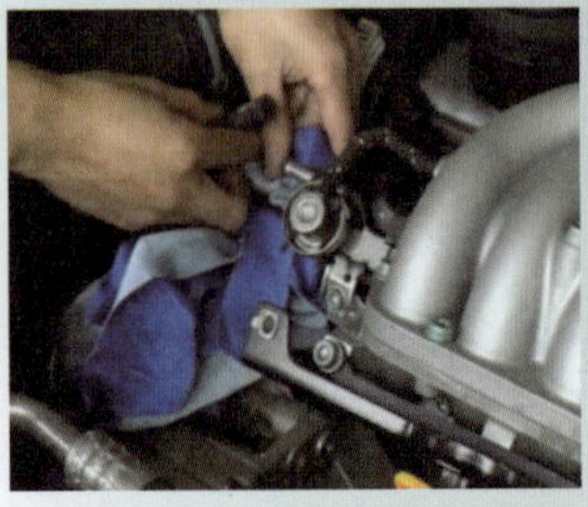
图6-64 对燃油系统进行卸压

3. 喷油器检修

（1）检查喷油器电磁阀是否动作

发动机热车后使其怠速运转；用螺丝刀或听诊器测听各缸喷油器工作的声音。

①在发动机运转时，应能听到喷油器有节奏的“嗒嗒”声，这是喷油器在电脉冲作用下的工作声（可用拔掉喷油器线束插头后测听响声是否消失的方法，来确认是否为喷油器工作的声音）。若各缸喷油器工作声音清脆均匀，则说明各喷油器工作正常。

②若某缸喷油器的工作声音很小，则说明该喷油器工作不正常，可能是针阀卡滞，应做进一步的检查。

③若听不见某缸喷油器的工作声音，说明该喷油器不工作。对此，应检查喷油器控制线路或测量喷油器电磁线圈电阻。若控制线路及电磁线圈正常，则说明喷油器针阀完全卡死，应更换喷油器。

（2）喷油器电磁线圈电阻的测量

拔下喷油器线束插头，用万用表测量喷油器两接线柱间电阻值（图6-65），如正常，应能导通，其电阻应为12～16Ω（高阻抗型）或3～5Ω（低阻抗型）。

图6-65 测量喷油器的电阻值

（3）性能测试

①在检测喷油器工作性能前，先进行喷油器超声波清洗。将喷油器放入超声波清洗池（图6-66），在控制面板设定“超声波清洗”功能进行超声波清洗。时间为10分钟。

②喷油器工作性能的检测。

工作性能的检测：主要包括均匀性检测、雾化性检测、密封性检测、喷油量检测等。

雾化检测：超声波清洗完后，关闭超声波清洗器电源，将喷油器接在分油器支架偶件上，在控制面板上设置压力、转速、脉冲、时间等工作范围，按“运行”键，观看每个喷油器喷油雾化是否良好，是否有直线射流现象，否则需更换，如图6-67所示。

密封性检测：在控制面板设定相关参数后，检测喷油器在一分钟之内至多漏油二滴，否则应更换。

喷油量检测：在控制面板上设定相关的参数，检测喷油器在设定时间喷油量是否一致，如相差太多，则应更换喷油器。

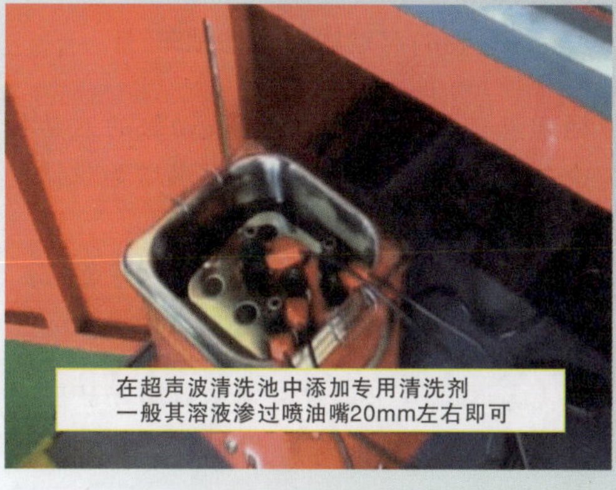

图6-66 清洗喷油器

图6-67 雾化检测

4. 冷启动喷油器检查

关闭点火开关，拔下冷启动喷油器的电插头，用万用表欧姆挡测量冷启动喷油器电磁线圈（STA端与STJ端）的电阻值，正常应为2～4Ω（20℃），如电阻值不符合要求，应更换冷启动喷油器。

七、电控汽油喷射系统常见故障维修思路

电控汽油喷射系统常见的故障有：不能启动、启动困难、怠速不正常、发动机熄火、加速不良等。

（一）不能启动故障维修思路

1. 发动机不能启动且无着车征兆

故障现象：

发动机不能启动且无着车征兆。

故障原因：

燃油箱内无油、启动操作方法不正确、点火系统故障、燃油供给系统故障（如电动汽油泵、喷油器、燃油压力过低）、发动机气缸漏气等。

检修思路：

（1）检查油箱存油情况

打开点火开关，若汽油表指针不动或油量警告灯亮，则说明燃油箱内无油，应加满汽油后再启动。

（2）采用正确的启动操作方法试车

通常电子控制汽油喷射式发动机的启动控制系统要求在启动时不踩加速踏板。如果在启动时将加速踏板完全踩下或反复踩加速踏板以求增加供油量，往往会使控制系统的溢油消除功能起作用，从而导致喷油器不喷油，造成不能启动。

（3）检查点火系统

点火系不能点火最常引起不能启动故障。**注意：**在检查电子控制汽油喷射式发动机的电子点火系统有无高压火花时，要采用正确的操作方法，以防损坏点火系统中的电子元件。

正确的检查方法是：

从分电器上拔下高压总线，让高压总线末端距离缸体5~6mm，或从缸体上拔下高压分线，将一个火花塞接在高压线上；将火花塞接地；接通启动开关，用启动机带动发动机运转，同时观察高压总线末端或火花塞电极处有无强烈的蓝色高压火花。

如果没有高压火花或火花很弱，说明点火系统有故障。在查找故障部位之前，可先进行发动机故障自诊断，检查有无故障代码。现代汽油喷射式发动机的故障自诊断系统，通常能检测出点火系统中的曲轴位置传感器及点火器的故障。如有故障代码，则可按显示的故障代码查找故障部位；如无故障代码，则应分别检查点火系统中的高压线、分电器盖、高压线圈、点火器、分电器、曲轴位置传感器及点火控制系统。其中最容易损坏的零件是点火器，捷达轿车点火线圈安装位置如图6-68所示。

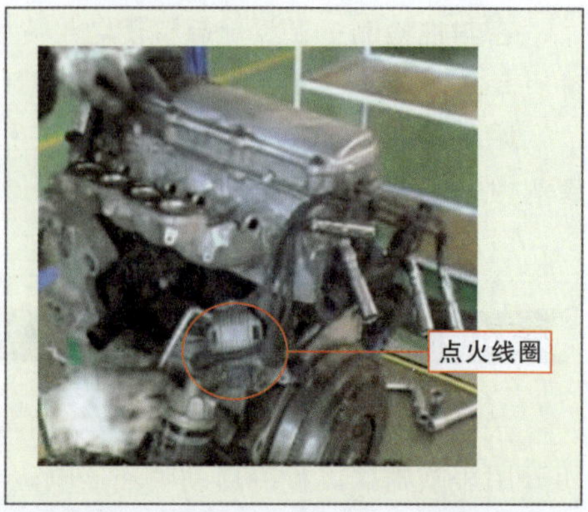

图6-68 捷达轿车点火线圈安装位置

（4）检查电动汽油泵是否工作正常：

可用导线将蓄电池电源直接接至汽油箱上的电动汽油泵线束插头，让电动汽油泵运转，此时应能从油箱口处听到汽油泵运转的声音；用手捏住进油管时能感觉到进油管的油压脉动；拆下油压调节器上的回油管，应有汽油流出。

如果电动汽油泵不工作，应检查熔断器、继电器及电动汽油泵控制电路等。如果电路正常，则说明电动汽油泵有故障，应更换。

如果在检查中电动汽油泵工作，可试一下在这种状态下发动机能否启动。若可以启动，说明是电动汽油泵控制电路有故障，使汽油泵在发动机启动时不工作。对此，应检查电动汽油泵控制电路。

（5）检查喷油器是否喷油：

如果点火系统和电动汽油泵工作正常，则应进一步检查喷油控制系统。在启动发动机时，检查各喷油器有无工作的声音。如果喷油器不工作，可用一个大阻抗的试灯接在喷油器的线束插头上。如果在启动发动机时试灯能闪亮，说明喷油控制系统工作正常，喷油器有故障，应更换。

如果试灯不闪亮，则说明喷油控制系统或控制线路有故障。对此，应检查喷油器电源熔断丝有无烧断，喷油器降压电阻（早期的汽油喷射系统）有无烧断，喷油器与电源之间的接线是否良好，喷油器与电脑之间的接线是否良好，电脑的电源继电器与电脑之间的接线是否良好。如果外部电路均正常，则可能是电脑内部有故障，可用电脑检测仪或采用测量电脑各接脚电压的方法来检测电脑有无故障；也可以用一个好的电脑换上试一下。如能启动，可确定为电脑故障。对此，应更换。

（6）检查燃油系统压力：

燃油系统油压过低会造成喷油量太少，也会导致不能启动。在电动汽油泵运转时检查燃油系统油压。在发动机未运转的状态下正常的燃油压力应达300kPa左右。如果燃油压力过低，可用钳子包上软布，将油压调节器的回油管夹住，阻断回油通路。此时，若燃油压力迅速上升，说明是油压调节器漏油造成油压过低，应更换油压调节器，如图6-69所示；若燃油压力上升缓慢或基本不上升，则说明油路堵塞或电动汽油泵有故障。对此，应先拆检汽油滤清器。如有堵塞，应更换；如滤清器良好，则应更换电动汽油泵。

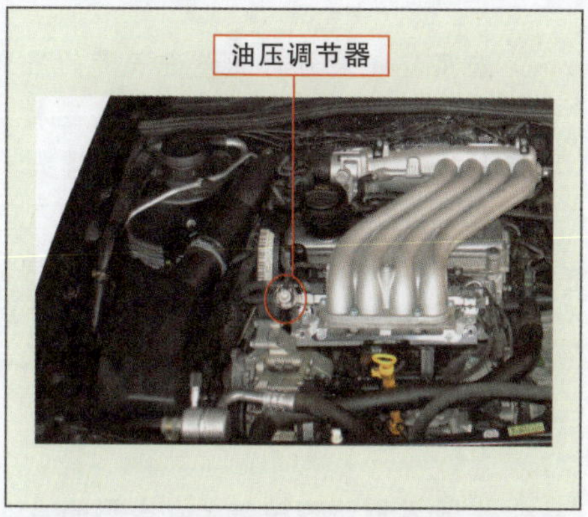

图6-69 捷达轿车油压调节器安装位置

（7）检查气缸压缩压力：

若气缸压缩压力低于0.8MPa，则说明发动机机械部分有故障，应拆检发动机。

2. 发动机有着车征兆但不能启动

故障现象：

发动机有着车征兆但不能启动。

修车经验：

对于有着车征兆而不能启动的故障，一般应先检查点火系统，然后再检查进气系统、燃油系统、控制系统，最后检查发动机气缸压力。

检修思路：

（1）先进行故障自诊断，检查有无故障代码

如有故障代码，则可按显示的故障代码查找相应的故障原因。

维修提示： 所显示出的故障代码不一定都与发动机不能启动有关系。这是因为，有些故障代码是发动机在以往的运行过程中偶发性故障所留下的，有些故障代码所表示的故障则不会影响发动机的启动性能。会影响起动性能的部件有：曲轴位置传感器、水温传感器、空气流量计等。

（2）检查高压火花

除了检查分电器高压总线上的高压火花是否正常外，还要进一步检查各缸高压分线上的高压火花是否正常。若总线火花太弱，应更换高压线圈；若总线火花正常而分线火花较弱或断火，说明分电器盖或分火头漏电，应更换。

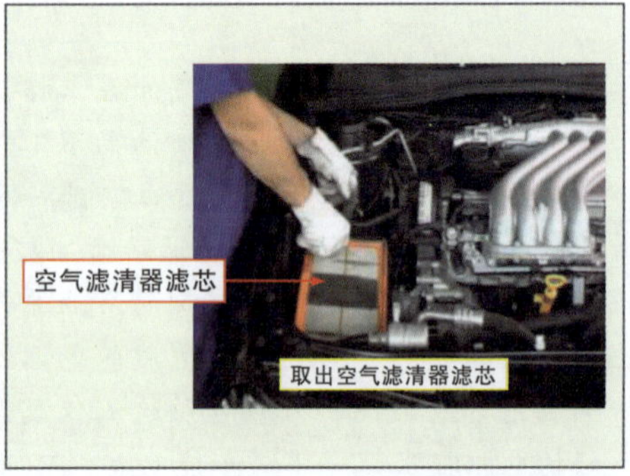

图6-70 检查空气滤清器滤芯（捷达轿车）

（3）检查空气滤清器

如果滤芯过脏堵塞，可拆掉滤芯后再启动发动机。如能正常启动，则应更换滤芯，如图6-70所示。

（4）检查进气系统有无漏气

采用空气流量计测量进气量的汽油喷射系统，只要在空气流量计之后的进气管道有漏气就会影响进气量计量的准确性，从而使混合气变稀。严重的漏气会导致发动机不能启动。检查中应仔细查看空气流量计之后的进气软管有无破裂，各处接头卡箍有无松脱，谐振腔有无破裂，曲轴箱强制通风软管是否接好。

此外，燃油蒸发回收系统和废气再循环系统在启动及怠速运转中是不工作的。如因某种原因而使它们在启动时就进入工作状态，也会影响启动性能。将燃油蒸发回收软管或废气再循环管道堵塞住，再启动发动机。如在这种状态下发动机能正常启动，说明该系统有故障，应认真检查。

（5）检查火花塞

火花塞电极间隙太大也会影响启动性能。火花塞正常间隙一般为0.8mm，有些高能量的电子点火系统火花塞间隙较大，可达1.2mm。

（6）检查喷油器

①如果火花塞表面只有少量潮湿的汽油，说明喷油器喷油量太少。对此，应先检查启动时电动汽油泵有无工作。可用一根导线将电动汽油泵的两个检测插孔短接，再启动发动机。如能启动，则说明电动汽油泵在启动时不工作，应检查控制电路。如果电动汽油泵有工作而不能启动，应进一步检查燃油压力。如果燃油压力太低，应检查汽油滤清器、油压调节器及汽油泵有无故障。

②如果火花塞表面有大量潮湿汽油，说明气缸中已出现“呛油”现象，这也会造成发动机不能启动。对此，可拆下所有火花塞，将其烤干，再让气缸中的汽油全部挥发掉，然后装上火花塞，重新启动。如果仍会出现“呛油”现象，应拆卸喷油器，检查喷油器有无漏油。

（7）检查空气流量计和水温传感器

喷油量太大或太小也可能是空气流量计或水温传感器故障所致。

（8）调整点火正时

如果将点火提前角调大或调小后就能启动，则说明点火正时不正确。对此，应将点火正时调整准确。

（9）检查冷启动喷油器有无工作

拔下冷启动喷油器线束插头，用试灯或电压表测量。在启动时，线束插头内应有电压。如无电压，应检查冷启动喷油器控制电路。

（10）检查气缸压缩压力是否正常

若低于0.8MPa，则说明气缸压力过低，应拆检发动机。

3. 发动机熄火后不能启动

故障现象：

正常行驶中突然熄火后无法再启动。

故障现象：

（1）汽油箱内无油或电动汽油泵不工作。

（2）点火系统部件损坏，不能点火。

（3）发动机点火系统、燃油系统或控制系统的电源熔断丝烧断。

（4）正时皮带折断。

维修思路：

（1）检查发动机点火系统，如能点火，则通常是燃油系统有故障，应检查汽油箱中有无汽油、电动汽油泵能否工作、燃油压力是否正常、汽油滤清器是否堵塞等。

（2）如果在启动启动机时发动机点火系统不能点火，则应先检查在启动启动机时发动机的凸轮轴能否正常转动，如凸轮轴没有转动，说明发动机的正时带已断裂，这种情况往往是正时带长期使用后没有及时更换，或发动机水温过高，或机油滤清器堵塞使凸轮轴得不到润滑而卡死等原因所致。机油滤清器安装位置如图6-71所示。

（3）除了更换正时带外，还应注意检查发动机的进、排气门有无受活塞顶撞击而损坏。

图6-71 机油滤清器安装位置（捷达轿车）

正确的检查方法是：

可转动凸轮轴检查各缸进、排气门有无卡滞，或更换正时带后启动启动机检查各气缸的压力是否正常。如个别气门有卡滞，或个别气缸没有压缩压力，则为气门有损，应拆下气缸盖进行检修。

（4）如果凸轮轴能正常转动而发动机点火系统不能点火，应检查点火系统的电源电路。如电源正常，则为点火系统的某个部件有故障，可分别检查点火线圈、点火控制器、曲轴位置传感器等。

（二）启动困难维修思路

1. 熄火一段时间后难以启动

故障现象：

发动机运转正常，熄火后立即启动时可以顺利启动，但熄火一段时间后，虽然发动机仍为热车，却难以启动，要多次启动后才能启动。

故障原因：

这种故障通常是由于某些原因导致启动时混合气太浓或太稀，例如：

（1）电动汽油泵的出油单向阀或油压调节器出现泄漏，导致启动时燃油压力过低，造成混合气太稀。

↓

（2）油压调节器堵塞。由于燃油没有在管路中循环流动，发动机熄火后由于温度过高，油管中的汽油蒸发产生汽油蒸气，在启动时喷油器处没有燃油，导致混合气太稀。这种故障在天气炎热时尤为严重。

↓

（3）喷油器漏油。在发动机熄火后，有部分燃油经喷油器滴入进气管，导致启动时混合气太浓而无法顺利启动。

↓

（4）油压调节器的真空膜片破裂。发动机熄火后有部分燃油经油压调节器的真空膜片和真空软管进入进气管，导致启动时混合气太浓而无法顺利启动。

维修思路：

（1）先判断在难以启动时混合气是太浓还是太稀。

↓

判断方法：

观察发动机的排气管，如果在启动后的瞬间有大量黑烟排出，说明启动时混合气太浓。如果启动后的瞬间没有大量黑烟排出，在启动前向进气管内喷入少许清洗剂，若此时可以顺利启动，说明启动时混合气太稀。

（2）将汽油压力表接入油路中，测量燃油压力。如果燃油压力太高，应检查油压调节器有无堵塞；如果燃油压力在发动机熄火后很快下降，应检查油压调节器或电动汽油泵的单向阀有无漏油。

判断方法：

在熄火后立即用包上软布的钳子将回油管夹紧，使燃油无法回流。若在此情况下燃油压力没有很快下降，则说明油压调节器有漏油，应更换。如果将回油管夹紧后燃油压力仍然很快下降，可在熄火后立即将进油管夹紧，若在此情况下燃油压力没有很快下降，则说明电动汽油泵的单向阀有泄漏，应更换电动汽油泵。如果在上述两种情况下燃油压力仍会下降，则为喷油器或油压调节器的真空膜片破裂漏油。拔下油压调节器的真空软管，如图6-72所示，如果发动机熄火后有少量燃油从软管内流出，则为油压调节器的真空膜片破裂漏油，否则为喷油器漏油，应更换新件。

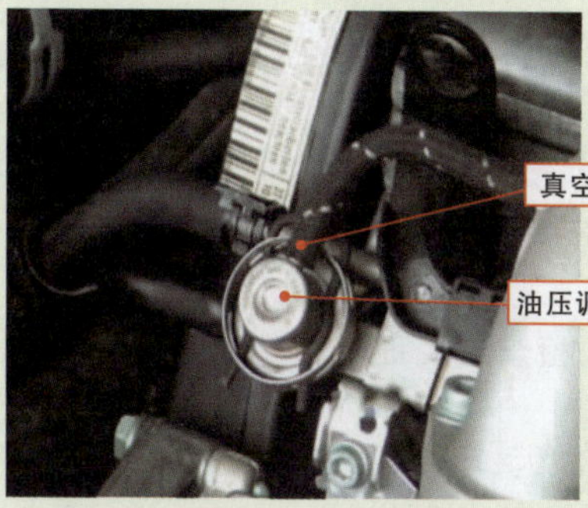

图6-72 油压调节器的真空软管位置（捷达轿车）

2. 车辆在任何时候都难以启动

故障现象：

车辆启动困难，每次启动都要几次才能成功。

故障原因：

进气系统故障、燃油供给系统故障、点火系统故障、启动开关或线路接触不良、发动机气缸漏气、发动机ECU故障等。

故障思路：

（1）进行故障自诊断

如有故障代码，则按故障代码查找相应的故障原因。

（2）检查怠速时进气管的真空度

若真空度小于66.7kPa（500mmHg），说明进气系统中有空气泄漏，应检查进气管各个管接头、衬垫、真空软管等处，以及废气再循环系统、燃油蒸发回收系统。

（3）检查空气滤清器

如果滤芯堵塞，应清洗或更换。

（4）检查怠速控制阀

如果节气门在1/4左右开度时发动机能正常启动，而节气门全关时启动困难，应检查怠速控制阀及附加空气阀是否工作正常。在冷车怠速运转中，拔下怠速控制阀线束插头，或者在冷车怠速运转时将附加空气阀进气软管用钳子夹住。如果发动机转速没有下降，说明怠速控制阀工作不正常，应检查怠速控制阀及其控制电路。

（5）检查燃油压力

用一根导线将电动汽油泵的两个检测插孔短接，然后打开点火开关，让电动汽油泵运转。在这种状态下，燃油压力应达300kPa左右。如果压力太低，应检查油压调节器有无漏油，汽油滤清器有无堵塞，汽油泵最大泵油压力是否正常。

（6）检查冷却液温度传感器和空气流量计

拔下冷却液温度传感器和空气流量计线束插头，用万用表测量冷却液温度传感器和空气流量计各接线端之间的电阻。如果阻值不符合标准，应更换。

（7）检查点火正时

在怠速运转时检查点火正时。如不符合标准值，应予以调整。

（8）检查启动开关至发动机ECU的启动信号是否正常

如果发动机ECU接收不到启动开关的启动信号，就不能进行启动加浓控制，也会导致启动困难。对此，应从发动机ECU线束插头处检查启动时有无启动开关的信号传至发动机ECU。如无信号，应检查启动开关和线路。

（9）检查气缸压缩压力

如压力过低，应拆检发动机。

（10）检查电脑

如果上述检查均正常，可换一个新的发动机ECU试一下。如有好转，则说明原发动机ECU有故障，应更换发动机ECU。

3. 冷车时启动困难

故障现象：

发动机在冷车时难启动，要启动多次才能启动，而热车时，一启动便成功。

故障原因：

冷启动喷油器、冷启动开关或控制电路、混合气过稀、气缸漏气、点火系统故障等。

维修思路：

（1）先检查该发动机有无设置冷启动喷油器

对于有冷启动喷油器的发动机，应检查冷启动喷油器工作是否正常。先检查在启动时冷启动喷油器线束插头处有无12V左右的电压。如果没有电压，则说明控制电路有故障，应检查冷启动温度开关及其控制电路；如果启动时线束插头处有电压，应检查冷启动喷油器电磁线圈电阻是否正常，喷孔有无堵塞。

(2) 检查是否因混合气过稀导致冷车启动困难

如果该发动机没有设置冷启动喷油器，则应先判断是否因混合气过稀而导致冷车启动困难，可向进气管内加入少许汽油，或向进气管内喷入少许化油器清洗剂，然后启动发动机，如果此时发动机能正常启动，则说明冷车时启动困难的原因是混合气太稀，应进一步检查水温传感器、喷油器、空气流量计或进气管压力传感器，如图6-73；如果检查均无异常，则可拆卸清洗喷油器。

图6-73 进气管压力温度传感器安装位置（捷达轿车）

(3) 检查气缸是否漏气

如果向进气管内加入少许汽油，或向进气管内喷入少许化油器清洗剂后，发动机仍然启动困难，则应测量气缸压力。

(4) 检查点火系统

若气缸压力正常，故障应在点火系统，可拆检或更换火花塞，如故障仍未排除，则应全面检查点火系统。

4. 热车时启动困难

故障现象：

发动机在冷车时启动正常，而在热车状态下不易启动（在热车状态下启动，如果打开启动开关转动曲轴超过3~4圈后才能启动，即可视为不易启动）。

故障原因：

混合气太浓或高压火花太弱。

维修思路：

(1) 在发动机运转过程中检查是否有混合气过浓的情况

检查方法：

观察排气，如排气冒黑烟或排气中有未燃尽的汽油味，则为混合气过浓。

如果混合气过浓，则应检查燃油压力、冷却液温传感器、空气流量计或进气管压力传感器等。如果检查均无异常，可在点火开关关闭后，检查燃油系统的保持压力是否正常。接上油压表测量燃油压力，在关闭点火开关（熄火）后，5min内燃油压力应保持不低于150kPa左右。如果保持压力太低，则检查油压调节器、电动汽油泵、喷油器等处是否漏油。

(2) 检查点火系统

如果混合气情况正常，应重点检查点火系统，可拆检或更换火花塞、检测点火线圈、检查高压线有无断路或漏电等故障。

（三）怠速不正常故障维修思路

怠速不正常故障主要有怠速不稳和怠速偏高或偏低故障两种。怠速不稳常表现为怠速时发动机抖动，转速上下波动。造成怠速时发动机抖动的原因很多，主要有混合气过浓或过稀、点火燃烧不完全、传感器信号不良等。

1. 冷车时怠速不稳

故障现象：

发动机冷车时，怠速不稳，而热车时怠速正常。

维修思路：

（1）进行故障自诊断，检查有无故障代码。如有，则按显示的故障代码查找故障原因。

↓

（2）检查附加空气阀。拆下附加空气阀，检查在冷车状态下附加空气阀的阀门是否开启。如有异常，应更换。

↓

（3）检查怠速控制阀。熄火后拔下怠速控制阀线束插头，待发动机启动后再插上。如果发动机转速无变化，说明怠速控制阀不工作，应检查控制电路或拆检怠速控制阀。

↓

（4）测量冷却液温度传感器（图6-74）。如有短路、断路或阻值不符合标准，应更换水温传感器。如果没有被测车型冷却液温度传感器的检测标准数据，也可拔下冷却液温度传感器线束插头，用一个4～8kΩ的电阻代替冷却液温度传感器。如果发动机怠速恢复正常，说明冷却液温度传感器已损坏，应更换。

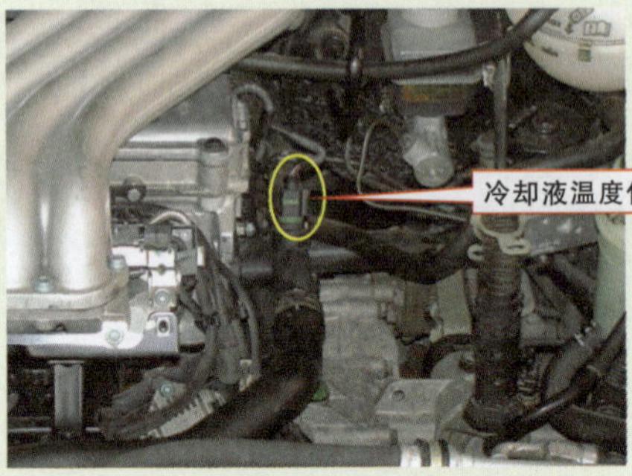

图6-74 冷却液温度传感器安装位置（捷达轿车）

↓

（5）拆检清洗喷油器。喷油器堵塞或喷油雾化不良，也会造成在冷车时怠速运转不稳而热车后又恢复正常的故障，可拆检清洗喷油器后装复试车。

2. 热车时怠速不稳

故障现象：

冷车时怠速正常，热车后怠速不稳。

维修思路：

（1）进行故障自诊断。如有故障代码，则按所显示的故障代码查找故障原因。

↓

（2）按该规定程序检查发动机的初始怠速转速。若过低，应予以调整。

↓

（3）检查冷却液温度传感器。如果拔下冷却液温度传感器线束插头后，怠速不稳现象消除，则说明冷却液温度传感器有故障，应更换。或者测量冷却液温度传感器的电阻，如不符合标准值，应更换冷却液温度传感器。

↓

（4）检查怠速控制阀有无工作。拔下怠速控制阀线束插头，若发动机转速无变化，则说明怠速控制阀工作不良，应检查控制电路或更换怠速控制阀。

↓

（5）拆下各缸火花塞，检查火花塞电极是否良好，有无磨损过甚或积炭，视情况更换或调整火花塞电极间隙。

↓

（6）拆下各缸喷油器，用试验台检查。若各缸喷油器雾化不良或喷油量不均，特别是怠速工况喷油量不均，应清洗或更换喷油器。

3. 怠速不稳，易熄火

故障现象：

发动机在冷车和热车时怠速均不稳，且易熄火。

维修思路：

（1）先进行故障自诊断，检查有无故障代码出现。如有，则按所显示的故障代码查找故障原因。

↓

（2）检查进气系统总管接头、各真空软管、废气再循环装置和燃油蒸气回收装置有无漏气。

↓

（3）检查怠速控制阀的工作是否正常。拔下怠速控制阀接线插头，如果发动机转速无变化，说明怠速控制阀或控制电路有故障，应检修电路或更换怠速控制阀。

↓

（4）怠速时逐个拔下各缸高压线，检查发动机转速的下降量是否相等。如果某缸在拔下高压线时，发动机转速基本不变，说明该缸工作不良或不工作，应检查该缸火花塞或喷油器有无故障和喷油器控制电路有无短路。

↓

（5）仔细听各缸喷油器在怠速时的工作声音。如果各缸喷油器工作声音不均匀，说明各缸喷油器喷油不均匀，应拆检、清洗或更换喷油器。

↓

（6）检查高压火花。如火花太弱，应检查点火系统。

↓

（7）拆检各缸火花塞，检查电极有无磨损过大或积炭，火花塞电极间隙是否正常。

↓

（8）检查燃油压力。怠速时的燃油压力应为250kPa左右。如燃油压力太低，应检查油压调节器、电动汽油泵、汽油滤清器。

↓

（9）按规定的程序，调整发动机怠速。

↓

（10）检查空气流量计的信号，如不符合标准，应更换。

↓

（11）检查气缸压缩压力。如压力低于0.8MPa，或各缸压力差为平均压力的10%，应拆检发动机。

↓

（12）检查调整气门间隙。

4. 怠速过高或过低故障

故障现象：

发动机在热车后仍保持较快的怠速，或发动机在热车后怠速仍过低，低于正常的怠速。

故障原因：

怠速过低的根本原因是进气量太少。发动机处于怠速工况时的进气量取决于以下几个因素：

（1）节气门的开度。
（2）怠速调整螺钉的位置。
（3）怠速控制阀的开度。
（4）附加空气阀的开度。
（5）曲轴箱通风单向阀的开度。

怠速过高的故障原因：

（1）节气门卡滞，关闭不严。

（2）怠速调整不当。

（3）附加空气阀故障。

（4）怠速控制阀故障。

（5）冷却液温度传感器故障。

（6）空调开关、动力转向器压力开关有故障。

（7）曲轴箱强制通风阀故障。

怠速过低维修思路：

电喷发动机在怠速时节气门基本上是完全关闭的，附加空气阀在热车后即处于关闭状态，曲轴箱通风单向阀在怠速时的开度也是很小的。因此，发动机怠速时的进气量，主要取决于怠速调整螺钉的位置（如果有的话）和怠速控制阀的开度。

↓

在诊断怠速转速太低的故障时，应先按规定的程序检查和调整发动机的基本怠速转速。不同年代生产的电喷发动机的基本怠速的调整方法各不相同，应根据其检修手册所规定的程序和步骤进行调整。如果调整后怠速仍然过低，则应检查其怠速控制阀的工作情况。对于脉冲电磁阀式怠速控制阀，可以在怠速时拔下其线束插头，此时若发动机转速没有下降，说明怠速控制阀或其控制线路有故障；对于步进电机式怠速控制阀和旋转电磁阀式怠速控制阀，可以在怠速运转中打开汽车空调开关，如果此时发动机转速随之下降，说明怠速控制阀或其控制线路有故障。在发动机怠速运转时，用示波器在怠速控制阀线束插头处测量有无脉冲电信号，如有信号则为怠速控制阀故障，否则为控制线路故障。如果怠速控制阀及其线路均正常，应拆卸节气门体和怠速控制阀，用化油器清洗剂将所有积炭和气道清洗干净后装复。

怠速过高维修思路：

参考怠速过低故障的检修思路进行检修。

（四）发动机熄火故障

1. 发动机经常熄火

故障现象：

汽车在正常行驶中，发动机经常熄火。

故障原因：

进气系统故障、燃油系统故障、点火系统故障、控制系统线束有故障。

维修思路：

（1）进行故障自诊断

如有故障代码，则按所显示的故障代码，检查相应的部件及其线路有无故障。

（2）检查发动机的怠速

正常的怠速应为750r/min，如有怠速转速过低、怠速不稳、怠速发抖等现象，应按怠速运转不正常的故障进行检修。

（3）检查汽车行驶中有无动力不足的现象

如有加速无力和加速反应迟缓等现象，应检查发动机的燃油系统的工作，如测量燃油压力是否正常，检查电动汽油泵的工作是否正常。如检查正常，则应拆卸清洗喷油器，如图6-75所示。

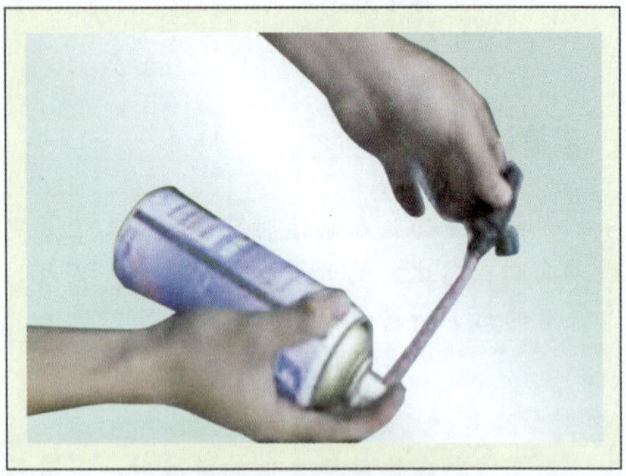

图6-75　清洗喷油器

（4）检查汽车行驶中有无突然断火的现象

如经常有断火现象，则应检查点火系统各元件。拆检各火花塞是否正常，检查各高压线有无断路，检查高压线圈有无异常，测量曲轴位置传感器是否正常等。

（5）检查发动机的搭铁线

如上述检查均正常，则应检查发动机的搭铁线有无接触不良，发动机控制系统各线束插头有无接触不良等现象。

2. 使用空调或转向时发动机易熄火

故障现象：

汽车在正常行驶中，发动机没有出现熄火现象。使用空调或转向时，发动机易熄火。

故障原因：

怠速控制阀有故障，电脑或空调开关、动力转向液压开关有故障，线束有故障。

维修思路：

（1）进行故障自诊断

有些车型的电脑能检测出怠速控制阀的工作状态。当怠速控制阀工作不正常（如线路短路或断路）时，电脑会显示出一个故障代码。也可以通过电脑解码器来检测怠速控制阀的工作状态，在汽车运转过程中检测电脑向怠速控制阀发出的指令。如有电脑指令而怠速控制阀没有相应的反应，则说明怠速控制阀或控制线路有故障；若没有指令信号，则说明电脑或空调开关、动力转向液压开关有故障。

（2）按规定的程序重新检查调整发动机的初始怠速

（3）检查怠速控制阀是否工作正常

脉冲电磁阀式怠速控制阀，可在冷车运转中拔下怠速控制阀线束插头。若发动机转速没有变化，则说明怠速控制阀不工作。步进电机式怠速控制阀应在发动机熄火后拔下线束插头，待发动机启动后再插上。若此时发动机转速无变化，则说明怠速控制阀不工作。对此，应进一步检查线束插头处有无脉冲电压。如无脉冲电压，应检查控制线路；如有脉冲电压，则说明怠速控制阀有故障，应更换。

↓

（4）检查空调开关、转向液压开关有无故障，与电脑的连接线路有无断路或短路

（五）发动机加速不良故障

引起加速不良的故障原因有：点火提前角不正确、燃油压力低、进气系统中漏气、节气门位置传感器或空气流量计故障、喷油器工作不良等。

1. 汽车起步或加速时发动机“喘振”

故障现象：

汽车起步或加速时发动机“喘振”。

维修思路：

（1）进行故障自诊断，检查有无故障代码

空气流量计、节气门位置传感器等故障都会影响汽车的加速性能。按显示的故障代码查找故障原因。

↓

（2）检查点火正时

在发动机怠速时，点火提前角应为10°～15°左右。如不正确，应调整发动机的初始点火提前角。加速时，点火提前角应能自动加大到20°～30°。如有异常，应检查点火控制系统或更换电脑。

↓

（3）检查进气系统有无漏气

测量进气管真空度，怠速时真空度应大于66.7kPa。如真空度太小，说明进气系统有漏气，应仔细检查各进气管接头处及各软管、真空管等。

↓

（4）检查空气滤清器

如有堵塞，应清洗或更换。

↓

（5）检查节气门位置传感器

在节气门全闭时，怠速开关应闭合；节气门打开时，怠速开关应断开；节气门接近全开时，全负荷开关应闭合。如有异常，应按规定进行调整或更换。

↓

（6）检查燃油压力

怠速时燃油压力应为250kPa左右，加速时燃油压力应能上升至300kPa左右。如油压过低，应检查油压调节器、电动汽油泵等。

（7）检查喷油器

拆卸、清洗各喷油器，检查喷油器在加速工况下的喷油量。如有异常，应更换喷油器。

（8）检测空气流量计（图6-76）

如有异常，应更换。

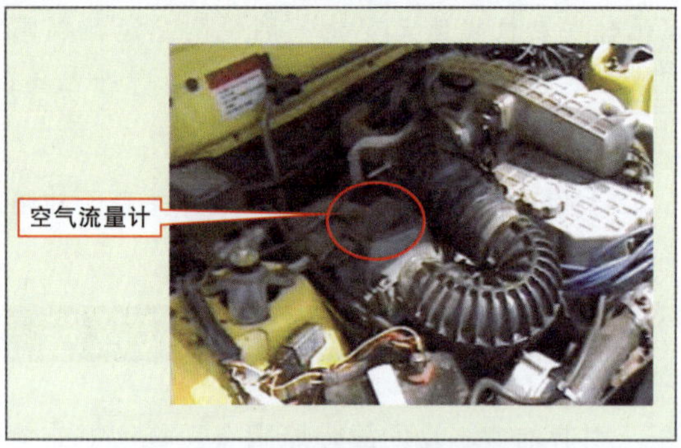

图6-76 空气流量计安装位置

（9）检查废气再循环系统

对于设有废气再循环系统的发动机，可以拔下废气再循环阀上的真空软管，并将其塞住，然后再检查发动机的加速性能。如果此时加速性能恢复正常，则说明废气再循环系统工作不正常，再循环的废气量太大，影响了发动机的加速性能。对此，应检查废气调整阀、三通电磁阀工作是否正常。如有异常，应更换。

2. 汽车上坡无力或达不到最高车速

故障现象：

汽车上坡无力或达不到最高车速。

维修思路：

（1）检查节气门

将加速踏板踩到底，检查节气门能否全开。如不能全开，应调整节气门拉索或踏板。

（2）检查空气滤清器有无堵塞

如有堵塞，应清洗或更换。

（3）进行故障自诊断，检查有无故障代码出现

影响动力性的传感器和执行器有：水温传感器、空气流量计或进气管压力传感器、点火器、喷油器等，按所显示的故障代码查找故障原因。

（4）检查节气门位置传感器

检查节气门位置传感器的怠速开关和全负荷开关是否调整正确。如不正确，应按标准重新调整。

（5）检查点火正时

在热车后的怠速运转中检查点火提前角，应为10°～15°，加速时的点火提前角应能自动提前至20°～30°。如怠速时的点火提前角不正确，应调整初始点火提前角；如果加速时点火提前角不正常，应检查点火提前控制线路及曲轴位置传感器、点火控制器等。

（6）检查水温传感器

在不同温度下，水温传感器的电阻应能按规定标准值变化。如不符合标准值，应更换水温传感器。

（7）检测空气流量计或进气管压力传感器

如有异常，应更换。

（8）检查火花塞、高压线、点火线圈

如有异常，应更换。

（9）检查燃油压力

如压力过低，应进一步检查电动汽油泵、油压调节器、汽油滤清器等。

（10）检查喷油器

拆卸喷油器，检查喷油量是否正常。如喷油量不正常或喷油雾化不良，应清洗或更换喷油器。

（11）测量气缸压缩压力（图6-77）

如气缸压力过低，应拆检发动机。

图6-77 测气缸压缩力

八、汽油发动机怠速不稳故障维修实际操作

在学习了电控汽油喷射系统的结构及工作原理，掌握了常见故障的维修思路后，下面便可以解决前面提出的故障。

维修步骤如下：

（1）故障检测

用元征电眼睛读取故障码和动态数据流。读取故障码为空气流量计不良（偶发性故障），清除故障码后，经怠速、加速等各工况运行几分钟后读码，无故障码出现。观察动态数据流，重点阅读发动机转速、负荷、喷油时间、点火提前角、进气量信号及氧传感器信号，这次测量的主要数据流如下：

01组：840r/min、4.90ms、003°、15°

02组：840r/min、4.90ms、6.71～6.80ms、8.0～8.4g/s

07组：-25%、0.685V、100%、1.00

01组的显示区1显示发动机转速840r/min；显示区2显示的4.90ms为发动机负荷，是用曲轴旋转一周理论上的喷油时间表示的，正常应为1.00～2.50ms；显示区3为节气门开度，正常为2°～5°；显示区4为点火提前角，正常为6°～12°。02组中显示区3显示的6.71～6.80ms是指喷油时间，它是经过修正的实际的喷油时间，即发动机每个工作循环（曲轴转两周），经氧传感器反馈修正，蓄电池电压修正，碳罐的汽油蒸气吸入量修正后的喷油时间，所以它并不等于发动机负荷值的2倍，正常为2.00～5.00ms，实测通常在3.8ms左右；显示区4为空气流量计吸入的空气量，正常为2.0~4.0g/s。07组显示区1为氧传感器的调节值，显示负值表示混合气太浓，电脑正在进行减油校正；显示区2的0.685V的氧传感器信号电压，正常应在0.1～0.9V之间变动。

（2）故障分析

由以上数据可以看到：进气量数值偏大且不稳，喷油时间长且不稳，发动机负荷值偏大，点火时间被电脑推迟，电脑已进行减油校正，但混合气仍然过浓。很显然，空气流量计已经损坏。用万用表测得空气流量计信号电压。怠速时为1.92V，与正常的1.4V左右相差很大。

（3）故障排除

更换空气流量计，故障排除，测得动态数据流如下：

01组：840r/min、2.10ms、003°、7.5°～8.2°

02组：840r/min、2.10ms、3.99ms、3.5g/s

07组：10.0%、0.15～0.81V、000%、1.00

用万用表测量空气流量计信号电压为1.42V，说明确实是空气流量计损坏。

思考与练习

一、填空题

1. 汽油机电控燃油喷射系统可分为______系统、______系统和______系统三个主要部分。
2. 汽车发动机电子控制汽油喷射系统，根据进气空气量的检测方式，可分为______和______。
3. 燃油压力调节器的作用是为了保持______和______之间的差值恒定，通常为______。

二、判断题（正确的打“√”，错误的打“×”）

1. 对于步进电机式怠速控制阀，发动机ECU根据不同的冷却液温度，通过改变传到怠速控制阀的信号强度来控制怠速控制阀阀芯的位置的。（ ）
2. 电子控制汽油喷射系统中，喷油器的喷油量就取决于喷油压力。（ ）
3. 进气歧管绝对压力传感器是一种直接检测空气流量的传感器。（ ）
4. 进气歧管绝对压力传感器和空气流量计都是用来测量进入发动机空气量的，其作用相同，所以一般汽车上这两种传感器只装一种。（ ）

三、选择题

1. 采用间接测量方式测量进气量的是（ ）

A. 热线式空气流量计　　B. 翼片式空气流量传感器
C. 卡门涡旋式空气流量计　　D. 进气歧管绝对压力传感器

2. 氧传感器是以测量排气中的（ ）的含量，向ECU传递混合气浓度信号。

A. 氧气　　B. NO_x　　C. CO　　D. HC

3. 翼片式空气流量计中一般设有（ ）

A. 电动汽油泵开关和进气质量传感器　　B. 油泵继电器和进气质量传感器
C. 电动汽油泵开关和进气温度传感器　　D. 油泵继电器和进气温度传感器

4. 检修喷油器喷孔时，如有积炭或胶质物，应用（ ）

A. 敲打　　B. 超声波清洗　　C. 金属丝穿通量孔　　D. 水洗

第七部分

发动机的调试与验收

发动机装配完成后，需要进行磨合和试验，用以改善发动机各系统的协调性，防止发动机非正常磨损。在此过程中也可及时地发现装配过程中的误差，并及时修正和排除。

情境一：发动机的磨合

一、磨合的作用

磨合过程实质上就是通过零件配合表面间的摩擦运动，进行一种特殊的机械加工的过程。

可以起到如下的作用：

扩大配合表面的实际接触面积；形成适应工作条件的表面粗糙度；改善配合性质；改善润滑效能；提高发动机的可靠性与耐久性。

二、磨合的阶段

发动机的磨合过程分为冷磨合与热磨合两个阶段。冷磨合是由外部动力驱动发动机运转所进行的磨合；而发动机自行运转的磨合则称为热磨合。其中发动机自行空转的磨合则称为无载热磨合；加载自运转磨合称为负载热磨合。

三、发动机磨合注意事项

1. 磨合负荷

离合的负荷最好是由无到有，从小到大，逐渐增加。因而，可将磨合分为无负荷的冷磨合和有负荷的冷磨合，无负荷的热磨合和有负荷的热磨合。在生产中目前广泛采用的是无负荷的冷磨合和无负荷的热磨合，习惯上称为冷磨、热试。

2. 磨合转速

磨合时，转速的高低，影响摩擦表面的滑动速度。

在磨合过程中，开始时选择的转速较低，然后逐渐分阶段增加转速。

3. 磨合时间

一定的负荷和转速进行磨合，随着时间的增长，磨损的速率变得越来越小。从其磨损特点上看，实际上分三个阶段：第一阶段是微观几何形状的磨合阶段；第二阶段是宏观几何形状磨合阶段；第三阶段主要是增加承载面积，使其达到最大，最终完成磨合。

四、磨合步骤与规范

1. 发动机冷磨合

（1）冷磨合步骤

①拆除发动机火花塞或喷油器，加足润滑油。

↓

②将变速器手柄放置在最低转速，启动电动机操纵离合器手柄，使其慢慢接合。

↓

③操纵变速器手柄，使其冷磨转速为400r／min。

↓

④15min后按规定表7-1的要求，不断操纵离合器手柄和变速器手柄，改变磨合转速直至冷磨结束。

表7-1 发动机冷磨合规范

发动机额定转速n_e/（r/min）	磨合转速/（r/min）	时间/min	总时间/h
≤3 200	400 600~800 800~1 000 1 000~1 200	15	1
>3 200	500 900 1 200 1 400	15	1

发动机冷磨合的起始转速不宜过高或过低，一般以400～500r／min为宜。若起始转速过高，将导致摩擦温度过高，加剧磨损；若起始转速过低，将导致润滑油压力不足，同样增加了磨损量。

（2）发动机冷磨合注意事项

①水温最好控制在95℃左右，若水温达到105℃时应及时使用风扇冷却。

②注意检查机油压力是否正常，如发现异常现象，应立即停机检查并加以排除。

③观察各机件工作情况是否正常，若有漏水、漏油或摩擦表面附近过热，各部有异常响声等异常现象时，应及时查找原因，并加以排除。

④冷磨合结束后，应将机油放出，分解发动机各部件。检查活塞、活塞环与气缸内壁、曲轴主轴承、连杆轴承与曲轴轴颈等运动件的磨合情况。要求：气缸壁表面应光洁、无异常磨损；活塞裙部磨痕均匀、无拉毛、起槽现象；活塞环外圆表面接触痕迹应不小于90%，端隙应不大于原间隙的25%；曲轴轴承和连杆轴承表面应光滑平整，接触面积应大于75%以上。然后排除发现的故障，并将折检的机件清洗干净，按规定标准装合折检的发动机，再加入发动机冬季用油，准备进行热磨合。

2. 发动机热磨合

冷磨合后的发动机重新安装在磨合台架上，启动发动机，利用发动机本身产生的动力进行热磨合。发动机热磨合包括两个阶段。

（1）无负荷热磨合

这一阶段的目的除进一步磨合外，还要对发动机的油路、电路、润滑系和冷却系进行必要的检查和调整，并及时排除故障。

无负荷热磨合规范：按规定程序启动发动机，在空载情况下，以规定转速（600~1 000r/min）运转1小时。

无负荷热磨合注意事项：

①检测润滑、燃料、冷却系统和点火正时等，使其符合标准和达到最佳状态。

②检查发动机机油压力是否符合原厂规定。如不符合，应立即停机排除故障。

③检查发动机的水温、机油温度是否正常。如不正常，应立即停机排除故障。

④若发现异响，特别是当发动机的阻力突然增大时，应立即停机检查，及时排除故障。

⑤发动机各部位应无漏水、漏油、漏气和漏电现象。

（2）有负荷热磨合

发动机经过无负荷热磨合之后，还须进行有负荷热磨合，即用试验台的加载装置对发动机逐渐加载增速进行磨合。有负荷热磨合可分为一般磨合和完全磨合两种。一般磨合所需的时间较短，但经过一般磨合后的发动机只能进行个别的测试（如最大功率点、最大转矩点和最低燃油消耗率点的转速测试）；经完全磨合的发动机可以进行整个外特性曲线的测试。对于大修的发动机，要求进行一般磨合就可以了，磨合时间一般为120min~150min。

有负荷热磨合的注意事项：

①水温、机油压力和油温应符合原厂规定。

②发动机在各种情况下应运转平稳，无异响。

③观察各部衬垫、油封、水封及油管接头有无漏油、漏水、漏气的现象。

④测量气缸压力，应符合原厂规定，即1 000~1 300kPa。否则，应拆检活塞连杆组，检查同前。

⑤放出原机油，加入清洗油（90%柴油和10%车用机油），怠速运转5 min后放出清洗油，加入合适的机油。

情境二：发动机竣工验收

按照国标《汽车发动机大修竣工技术条件》的规定，发动机修竣后，必须保证动力性能良好，怠速运转稳定，各部润滑良好，燃料消耗正常，附件工作正常，不得有漏水、漏油、漏气、漏电等现象。

发动机竣工验收的具体内容如下：

（1）检查并加足冷却液、机油和燃油。

↓

（2）用检视的方法检验发动机装备状况。要求装备齐全、有效，各零部件及附件应符合规定的技术条件。

↓

（3）启动发动机，检查其启动性能。

> ①**冷车启动：**要求在环境温度≥−5℃时应顺利启动，允许连续启动≤3次，每次启动≤5s。
>
> ②**热车启动：**要求在发动机正常工作温度下，5s内能启动。

↓

（4）燃油压力的检查。燃油压力的标准值为250±20kPa。否则，应检查其原因。

↓

（5）检查发动机运转工况。启动发动机运转至正常工作温度93～105℃。

> ①**检查怠速工况：**用转速表进行运转试验或用发动机综合仪测量，要求发动机怠速运转稳定，转速符合原设计规定，转速波动≤50r/min。
>
> ②**检查转速变化工况：**用转速表检查，发动机改变转速时应过渡圆滑，突然加速或减速时，不得有爆燃声、断火、回火、放炮等现象；最高转速不得低于4 000r/min。

↓

（6）检查发动机运转时有无异响。要求发动机在正常工况下运转时，不得有异常响声。

↓

（7）检视发动机机油压力、冷却液温度和机油温度。

↓

（8）检查气缸压力。

> ①**检查气缸压力值：**用转速表、气缸压力表检查，气缸压力应符合原厂设计规定，即1 000～1 300kPa。
>
> ②**检查各气缸压力差：**用转速表、气缸压力表或发动机分析仪测量。要求每缸压力与各缸平均压力差汽油机不大于各缸平均压力的8%，柴油机不大于10%。

↓

（9）检查发动机进气歧管真空度。用转速表、真空表检查，要求汽车发动机怠速时，进气歧管真空度应在57～70kPa。

↓

（10）检查发动机功率和转矩。将发动机运转到正常工作温度，用测功机综合测试仪进行测量，要求发动机最大功率、最大转矩不大于原设计定值的90%。

↓

（11）检查发动机燃料消耗率。用油耗计、测功机按有关规定测量，要求发动机最低燃料消耗不大于原设计要求。

↓

（12）检查发动机排放。要求汽油机排放、柴油机排放应符合现行的国家规定。

↓

（13）检查润滑油质量。用检视方法或润滑油质分析仪检查，要求发动机规格、数量、质量应符合原设计规定。

↓

（14）检视发动机“四漏”情况。要求发动机应无漏水、无漏油、无漏气、无漏电现象，但润滑油、冷却液密封接合面处允许有不致形成滴状的浸渍。

↓

（15）发动机涂漆或银粉。要求发动机外表应按规定涂漆或银粉，涂层要均匀，不得有漏涂现象。

↓

（16）竣工验收完毕。

思考与练习

一、填空题

1. 磨合一般分为__________和__________两个阶段。

2. 发动机竣工验收要求发动机应__________、__________、__________、__________现象，但润滑油、冷却液密封接合面处允许有不致形成滴状的浸渍。

二、选择题

1. 冷磨合转速实验中，起始转速为（　　），终止转速为（　　）。

A. 500 r/min，3 000 r/min　　B. 800 r/min，3 000 r/min

C. 400r/min，1 200 r/min　　D. 400r/min，800 r/min

2. 发动机磨合后，要求曲轴轴承和连杆轴表面应光滑平整，接触面积应（　　）

A. >60%　　B. >75%　　C. >90%　　D. <60%

3. 发动机总成修理竣工的一般技术要求如下，各缸压力差汽油机不大于各缸平均压力的（　　），柴油机不大于（　　）。

A. 10%，15%　　B. 10%，10%　　C. 10%，8%　　D. 8%，10%

4. 热磨合规范的总磨合时间约为（　　）

A. 15 ~60min　　B. 120~150min

C. 240~720min　　D. 120~150h

参 考 文 献

[1] 谭本忠．汽车发动机构造与维修图解教程．北京：机械工业出版社，2008

[2] 陈家瑞．汽车构造．北京：人民交通出版社，2006

[3] 蔡兴旺．汽车构造与原理．北京：机械工业出版社，2004

[4] 汤定国．汽车发动机构造与维修．北京：人民交通出版社，2007

[5] 孔宪峰．汽车发动机构造与维修．北京：高等教育出版社，2007

[6] 赵奇，任惠珠，丁宏伟，等．汽车发动机构造与维修．北京：中国劳动社会保障出版社，2005

[7] 刁毓亮．汽车发动机构造与维修．北京：中国劳动社会保障出版社，2008

[8] 冯崇毅，鲁植雄，何丹娅，等．汽车电子控制技术．北京：人民交通出版社，2005

[9] 沈云鹤．汽车发动机构造与维修．北京：高等教育出版社，2005

[10] 冯健璋．汽车发动机原理与汽车理论．北京：机械工业出版社，2003

[11] 何维廉．现代汽车技术．上海：上海科学技术出版社，2003

[12] 司利增．柴油机燃油系统结构及维修．北京：电子工业出版社，2004

[13] 简晓春，杜仕武．现代汽车技术及应用．北京：人民交通出版社，2004

[14] 徐家龙．柴油机电控喷油技术．北京：人民交通出版社，2004

[15] 王大伟，董训武．捷达电喷系列轿车维修手册．北京：机械工业出版社，2005

[16] 赵学敏，王玉东．汽车发动机构造与维修．北京：国防工业出版社，2003

[17] 倪连升．汽车发动机简明教学图解．北京：电子工业出版社，2003

[18] 张梦欣．汽车发动机构造与维修．北京：中国劳动社会保障出版社，2005

[19] 张梦欣．汽车发动机拆装实训．北京：中国劳动社会保障出版社，2006

[20] 崔长海．柴油机维修专门化．北京：人民交通出版社，2003